政治哲学十讲

李石 著

Ten Lectures on Political Philosophy

中国社会科学出版社

图书在版编目（CIP）数据

政治哲学十讲 / 李石著. —北京：中国社会科学出版社，2019.12（2022.9 重印）
ISBN 978-7-5203-4622-1

Ⅰ.①政… Ⅱ.①李… Ⅲ.①政治哲学—研究 Ⅳ.①D0-02

中国版本图书馆 CIP 数据核字（2019）第 122287 号

出 版 人	赵剑英
责任编辑	赵　丽
责任校对	郝阳洋
责任印制	王　超

出　　版	中国社会科学出版社
社　　址	北京鼓楼西大街甲 158 号
邮　　编	100720
网　　址	http://www.csspw.cn
发 行 部	010-84083685
门 市 部	010-84029450
经　　销	新华书店及其他书店
印刷装订	北京君升印刷有限公司
版　　次	2019 年 12 月第 1 版
印　　次	2022 年 9 月第 3 次印刷
开　　本	710×1000　1/16
印　　张	17.75
字　　数	231 千字
定　　价	59.00 元

凡购买中国社会科学出版社图书，如有质量问题请与本社营销中心联系调换
电话：010-84083683
版权所有　侵权必究

目　录

1	导　论
21	第一讲　自然状态
24	第一节　人类为什么需要国家？
27	第二节　平等而自由的自然状态
33	第三节　"自然状态"是否真实存在过？
37	第二讲　国家学说
40	第一节　社会契约
43	第二节　假想的契约
48	第三节　国家的本质
59	第三讲　自由
61	第一节　自由的两种概念
69	第二节　新积极自由概念
78	第三节　基本的自由项
83	第四节　自由的界限
93	第四讲　平等
95	第一节　平等的基础
100	第二节　关于什么的平等？
110	第三节　自由与平等

第五讲　民主与法治

- 117　第五讲　民主与法治
- 119　第一节　直接民主
- 122　第二节　间接民主
- 126　第三节　宪法与法治
- 129　第四节　法治与民主
- 133　第五节　古代分权与现代分权

第六讲　功利主义

- 141　第六讲　功利主义
- 143　第一节　快乐与痛苦
- 148　第二节　快乐是否有"质"的区别？
- 151　第三节　何谓功利
- 156　第四节　功利主义有什么错？

第七讲　私有权

- 161　第七讲　私有权
- 163　第一节　私有权从何而来？
- 168　第二节　私有权的限制
- 174　第三节　对"知识产权制度"的哲学反思

第八讲　自由市场

- 191　第八讲　自由市场
- 193　第一节　最小国家
- 197　第二节　自由市场及其限制
- 203　第三节　"基本需要"领域切不可过度市场化

第九讲　社会分配的基本问题

- 209　第九讲　社会分配的基本问题
- 211　第一节　社会分配的对象、主体与客体
- 213　第二节　社会分配研究的三个领域
- 218　第三节　社会分配的环境
- 220　第四节　社会分配的必要性
- 225　第五节　分配正义：一元与多元

229　　第六节　职业操守与多元分配
233　**第十讲　社会分配诸原则**
235　　第一节　严格的平等主义分配理论
238　　第二节　作为公平的正义
241　　第三节　自由至上主义的分配理论
244　　第四节　资源平等理论
248　　第五节　基于福利的分配理论
251　　第六节　基于应得的分配理论
254　　第七节　"需要原则"和充足主义
258　　第八节　优先主义分配理论

261　**参考文献**
268　**后记　当代政治哲学的新进展**

导 论

> 古今来人们开始哲理探索，都应起于对自然万物的惊异；他们先是惊异于种种迷惑的现象，逐渐积累一点一滴的解释，对一些较重大的问题，例如日月与星的运行以及宇宙之创生，作成说明。
>
> ——亚里士多德《形而上学》[①]

哲学起源于"惊异"，懵懂的人类惊讶于世界的千变万化。人们由于惊讶而产生求知的欲望。在这种强烈的求知欲的推动之下，人们不仅要探究事物变换的规律，还想要知道这所有规律背后的原因。然而，人们永无止境地追寻"知识"的过程远远超出了现象世界本身可以告知我们的全部内容。于是，人们不得不借助自己的思维去补全那些现象世界背后的部分。这部分"知识"是无法通过对自然界中各种对象的测量、实验和计算而得到的，只能借助于人们思辨性的推理和论证。由此，以推理和论证的方式探询现象世界的根本规律和原因的学问，就是哲学。

在人类产生之后，世界有了自然界和人类社会的区分。与自然界的万事万物一样，人类社会自身的各种现象也会引发人

[①] ［古希腊］亚里士多德：《形而上学》，吴寿彭译，商务印书馆1997年版，第5页。

们的"惊异":人类为什么需要国家?人与人之间是平等的吗?一个理想的人类社会是什么样子?自由交换会带来最好的资源配置吗?为了集体利益最大化可以牺牲个人吗……个人在联合起来形成人类社会的过程中产生的各种问题困扰着人们,引发无尽的思考。与对自然界的探索类似,有一些问题通过对人类社会各种现象的调查、访谈和统计都无法得到最终的答案,而只有依靠人们思辨性的推理和论证。所以,以推理和论证的方式探询人类社会的根本原则和人类社会的终极价值的学说,就是政治哲学。

一 政治哲学是什么

政治哲学(Political Philosophy)是哲学的一个分支学科,也是政治学和哲学的交叉学科。政治哲学的核心任务是以说理的方式探讨政治原则与政治价值。政治哲学的主要研究内容是:以理性思辨的方式,为人类社会所应遵循的原则和规范提供理由和根据。政治哲学,一方面为现行的社会制度提供有效的论证;另一方面为现行社会制度的改进建构理想模型。纵观人类历史,人类社会任何原则和规范能够长久地实行,都源于说理的政治,而不是基于强权的政治。所以,政治哲学所做的就是要为政治寻找"理由"。

当代学界对于何谓政治哲学,有两种著名的说法。第一种说法是美国学者列奥·施特劳斯(Leo Strauss)在20世纪50年代提出来的。施特劳斯认为,"政治哲学就是要试图真正了解政治事务的性质以及正确的或完善的政治制度这两方面的知识"。[①] 施特劳斯

---

① Leo Strauss, "What is Political Philosophy", *Journal of Politics*, Vol. 19, 1957, pp. 344 – 345.

是一个崇尚西方古典政治思想的学者,他将政治哲学的定义建立在柏拉图的"知识"和"意见"二分的基础上。在柏拉图的理念论中,世界被分为现象世界和理念世界两部分。其中,现象世界是虚幻的、不真实的,而理念世界是恒定不变的、真实的。人们对于现象世界的认识产生的是"意见",而借助理性对理念世界的认识则产生"知识"。所以,"意见"是似是而非的、不真实的,而"知识"则是对事物恒定不变的、根本性的认识。

施特劳斯借助柏拉图的理念论,认为政治哲学寻求的是知识,而不是意见。在施特劳斯看来,政治哲学就是要获得关于正当、正义或善的知识。施特劳斯在《什么是政治哲学》一文中论述道:"政治哲学就是将以关于政治事务的本性的知识取代关于政治事务的本性的意见的努力。"[①] 施特劳斯认为,对于"意见",人们总是能提出异议,所以意见让人们争吵不休。只有当人们从"意见"上升到"知识",才能从根本上结束争吵而达成共识。另外,政治事务本身并不是价值中性的,各种政见之间交织着权力和利益的纷争。而要判断这些不同的政见孰对孰错,就必须要有一个确定的标准。这个判断的标准不能是"意见",而只能是"知识"。因此,"如果政治哲学希望正确地处理它的主题,它就必须争取获得有关这些标准的真正知识。政治哲学就是要真正地既认识政治事务的本性,又认识正当的或善的政治秩序的努力"[②]。

关于政治哲学的第二种著名定义基于"事实与价值"的二分。18世纪的英国经验主义哲学家休谟从认识论角度明确地提出了"事实与价值二分"的思想。休谟认为,在他以前的道德哲

---

① Leo Strauss, *What is Political Philosophy and Other Studies*, The University of Chicago Press, 1988, pp. 11 – 12.

② Ibid., p. 12.

学家都犯了一个共同的错误，就是不加说明地从事实判断推导出价值判断，也就是从以"是"为连接词的命题推出以"应当"为连接词的命题。① 这被休谟称为"自然主义谬误"。在休谟看来，人们永远不能从有关"事实"的命题推导出任何"价值"判断。例如，从"学生上学迟到会受到老师的惩罚"这一事实命题，无法推出"学生不应该上学迟到"这样的价值判断。基于"事实与价值"的二分，许多当代学者认为政治哲学研究的是"价值"而非"事实"：政治哲学的理论不是在描述人们政治生活中的事实、现象或组织形式等人类世界的实然状态，而是在充分理解事实的基础上，为人们的政治生活构建出一种应然的理想状态。

英国政治理论家乔治·卡特琳（George Catlin）认为，如果说政治学关心的是手段，那么政治哲学主要关心的就是"目标"和"价值"。② 中国学者俞可平在《权利政治与公益政治》一书中论述道：政治哲学是"关于现存政治生活的一般准则以及未来政治生活的导向性知识，即主要关注政治价值，为社会政治生活建立规范和评估标准"。因此，"政治哲学的研究对象是政治价值和普遍的政治原理"。③

从"事实与价值二分"的角度，我们也能清晰地辨别出政治哲学和政治科学（Political Science）的区别。这两门学科虽然都是对人类社会的政治现象进行研究，但在研究对象和研究方法上都有着本质的不同。第一，在研究对象上，政治科学是以经验世界中的

---

① ［英］大卫·休谟：《人性论》，关文运译，商务印书馆1980年版，第509—510页。

② George Catlin, "Political Theory: What is It?", *Political Science Quarterly*, Vol. 72, No. 1 (Mar., 1957), pp. 1–29. 在英文中，political philosophy 和 political theory 在通常情况下是通用的。

③ 俞可平：《权利政治与公益政治》，社会科学文献出版社2003年版，第1—2页。

政治事实为研究对象，在实证的基础上判断对象的真伪；政治哲学则以先验世界中的政治价值为研究对象，用规范命题来陈述和论证价值判断。换句话说，政治科学关心的是政治现实"是什么"的问题，政治哲学关心的则是政治世界"应该是什么"或者是"为什么应该是这样"的问题。

第二，在研究方法上，政治科学主要运用社会科学的统计、调查、访谈等方法；政治哲学主要运用推理论证、概念分析、批判现实等哲学方法。政治哲学致力于为现行政治制度提供论证，意图提供的是一种"论证理由"（justification reason）或"论证理论"（justification theory）；政治科学致力于解释各种政治现象，提供的是"解释理由"（explanation reason）或"解释理论"（explanation theory）。

我们可以通过下述例子来洞察"论证理由"和"解释理由"之间的区别：假设一个人在超市里偷面包被抓住了。他为自己申辩说，自己已经好几天没有吃东西了，而且身无分文。然而，这些理由只能解释其行为发生的原因，并不能证明其行为的正当性。只有能给出其行为正当性证明的理由，才是"论证理由"。如果这个人是个残疾人，没有劳动能力，而且也没有得到任何政府救济或慈善机构的帮助。他除了从超市里拿面包吃，没有其他办法能够生存下去。在这样的情况下，其行为的正当性就得到了证明。其中的"论证理由"可以援引"自然法""自然权利""生命权"等相关理论：人拥有生命权，拥有获得维持生命所必需的食物、药品、衣物等基本物质条件的权利。如果人们通过合乎法律的方式无法满足自身的生命权，那么应该修正的是相关的法律法规，而不是让人们舍弃生命权。在这样的情况下，一个丧失劳动力的残疾人，为了维持自己的生命而在超市里偷面包吃的行为就有了正当性。要避免这种事件发生，就必须对相应的救助机制进行改良，保护极度贫困者的各项基本权利。

总之,"论证理由"并不是要解释行为发生的原因,而是要对行为的正当性作出证明。政治哲学所作的论证正是在为政治制度、政策、法律、法规等等作出正当性证明。

二 政治哲学的发展历程

"政治哲学"这一概念是20世纪50年代施特劳斯首先进行定义的。在那之后,政治哲学在当代学术研究中逐渐成为一个专门的研究学科:以理性思辨为研究方法,以政治价值、原则和规范为研究对象。然而,在"政治哲学"作为专门的学科出现之前,政治价值、原则和规范早已进入了人们的研究视野。中国传统的政治思想,从百家争鸣到独尊儒术,从宋明理学到近代史上各种政治思想的繁荣,都为政治现实提供了有效的价值规范。在西方政治思想史上,从两千多年前的古希腊到当代的英美政治哲学,涌现了像柏拉图、亚里士多德、霍布斯、洛克、卢梭、康德、黑格尔、马克思、罗尔斯等众多伟大的思想家和理论家。只是,在施特劳斯之前,人们很少以"政治哲学"称呼这部分学术,而是称为"政治思想"或者"政治学说"。当代"政治哲学"学科的产生和兴起,是在吸收中西方传统政治思想的基础上出现的。当代"政治哲学"研究与传统的政治思想有着青出于蓝的亲缘关系。可以说,正是因为当代的政治哲学研究生长在中西方政治思想传统的沃土之上,所以才能枝繁叶茂、开花结果。真可谓,"问渠那得清如许,为有源头活水来"。

纵观中西方两千多年的政治思想史,我们可以依据学界通行的对世界历史的划分,将政治思想史分为古典政治思想和现代政治思想两大阶段。人们通常认为,世界古代史和世界现代史的分界点是1640年爆发的英国革命。与人类社会的历史进程息息相关,大多数政治思想史研究者认为,古典政治思想和现代政治思想的分界点是英国政治思想家霍布斯在英国革命中写成的著作

《利维坦》①。将《利维坦》这部书作为古典政治思想与现代政治思想的分界点有三个理由：第一，在时间维度上，《利维坦》正好是在古代历史向现代历史转变的时期和背景之下写成的，必然携带着历史巨变的痕迹；第二，在政治观念上，《利维坦》第一次使得"权利"这一政治观念深入人心，而这一观念充当了推动人类历史从古代向现代转变的根本动力；第三，在论证结构上，《利维坦》第一次成功地应用了社会契约论，构建了逻辑一贯的国家学说，而这一学说成为此后人们理解个人与国家之关系的基本范式。下面，我们就来看看《利维坦》之前的政治思想与其之后的政治思想有什么根本的不同。

中西古典政治思想都带有明显的目的论色彩。所谓"目的论"，指的是政治学说预定了人生和社会的发展都有一个应然性的目的状态，而人只有在特定形式的政治生活中才能达到这一应然状态，实现人自身和人类社会的目的。因此，政治原则的正当性就可以通过这一特定的目的而得到论证。以目的论为基础的政治理论，始终关注个人道德与政治价值的相互关系，将政治秩序的稳定和社会理想的实现依托于个人道德的完善。

我们可以从"修身、齐家、治国、平天下"这一儒家信条来体会古典政治思想的这一特征。"修身"是个人的道德理想，"家庭和睦"是家庭的价值追求，"善治"是国家的政治理想，而"平天下"则是比国家更大的人类联合的最终目标。由此，在儒家的信念中，个人的道德追求与政治社会的价值追求是相互关联的。简单来说，如果每个人都能够做到"修身"，那么，家、国、天下都会成为其"应该"的样子。国家政治理想的实现，建立在个人道德完善的基础上。

---

① 在政治思想史研究中，也有一种观点将马基雅维利作为现代政治思想和古代政治思想的分界点。

在西方古典政治哲学中，柏拉图、亚里士多德、奥古斯丁都是目的论的重要代表。例如，亚里士多德在《政治学》中对"人类自然是趋向于城邦生活的动物（人类是天生的政治动物）"这一命题进行了论证：自然所造的每一种事物都有一个目的，人生的目的是实现三种"善"（goodness）：物质的富足，身体的健康，良好的道德。其中，第三种善则是人类区别于其他动物的本质。亚里士多德认为，人只有在城邦生活中才能培养良好的道德。所以，人要实现自身的目的，就必须成为城邦的成员，过城邦生活。① 在亚里士多德的论证中，我们同样看到了个人生活与城邦政治的紧密联系，个人的道德追求与城邦善的实现是一致的。

作为"目的论"的古代政治哲学告诉人们：当每个人成为好人，社会自然就是好的社会，国家就自然实现"善治"。因此，不论是西方的柏拉图、亚里士多德，还是中国的孔子、孟子，都会强调个人道德修养对于维护国家秩序的重要意义。

现代政治哲学与古代政治哲学最大的不同就是消解了个人道德在国家建构中的作用。在这一点上，15—16世纪的意大利政治思想家马基雅维利（Machiavelli）做了很重要的工作。马基雅维利在《君主论》一书中通过各种历史案例表达了一种观点：为了得到权力，君主可以不择手段。在马基雅维利的论述中，君主可以伪善、可以不讲诚信、可以残暴、可以吝啬……《君主论》一书使得政治秩序与个人道德完全脱离了干系。对于马基雅维利来说，政治并非建立在个人良善道德的基础上，政治的关键在于强制性权力的巩固。

如果说马基雅维利的工作是对古典政治哲学的"破"②，那么，

---

① 参见［古希腊］亚里士多德《政治学》，吴寿彭译，商务印书馆2008年版，第7—8页。

② 正是出于这个原因，一些当代学者，例如：昆廷·斯金纳（Quentin Skinner）、施特劳斯和约翰·博考克（John Pocock），将马基雅维利当作现代政治思想的开端。

霍布斯的政治学说就是对现代政治哲学的"立"。在马基雅维利之后，人们面对去除了个人道德理想的政治学说，不免感到彷徨：我应该做什么、应该追求什么？现代政治学说对于这个问题是不回答的，它只对人们行为的底线进行规定。这一规定就是霍布斯从古老的自然法思想中引申出来的"权利"概念。与古代政治学说要求每个人都成为"君子"不同，现代政治理论告诉人们的是：做不做好人是个人的选择，只要不侵犯他人权利，就是一个合格的公民。基于对"权利"概念的凸显，现代政治学说被称为"权利论"，而不再是古代的"目的论"政治学说。现代政治制度不是建立在个人道德修养的基础上，而是建立在尊重权利和规则（法律）的基础上。在现代政治中，人们不再追求好人与好国家，而是以平等自由的公民身份组建合法国家。

现代政治思想是在生产力大大提高、自由市场飞速发展、人们生活方式多样化的背景下产生的。生活方式的多样化使得任何一统的、完美的目的都难以获得统摄一切政治原则和行为规范的权威。正如霍布斯所言，在现代社会中，没有任何终极目的或最高的善可言，人的幸福仅在于欲望的满足，而人们的欲望是各不相同的。[①] 所以，新的政治理论只能建立在强调个人自由，维护个人偏好和基本权利的基础之上。在现代政治思想中，无论是契约论还是功利主义，都将个人权利作为政治原则的根基。

当代政治哲学研究，是在吸收古典政治思想和现代政治思想的基础上发展起来的。20世纪50年代，施特劳斯及其学生对古典政治思想进行阐释和重构，并在此基础上讨论何谓"政治哲学"。1963年，施特劳斯与其弟子还合编了一套《政治哲学史》

---

① 转引自钱永祥《为政治寻找理性：威尔·金里卡〈当代政治哲学〉推荐序》，载［加拿大］威尔·金里卡《当代政治哲学》，刘莘译，上海译文出版社2011年版，第6页。

的教材。这些学术成果标志着政治哲学学科的确立。施特劳斯对于政治哲学的建构，其目的是要复兴作为"目的论"的古典政治思想。施特劳斯认为，政治哲学的主要任务就是去寻求"善"的知识，寻求个人的美好生活形式以及社会的最佳政制（regime）。施特劳斯对政治哲学的理解与古典政治思想如出一辙，是一种将个人道德的完善与社会的善治结合在一起的政治学说。

20世纪70年代，美国学者约翰·罗尔斯（John Rawls）的政治哲学研究巨著《正义论》问世。此书为当代政治哲学研究树立了典范，同时也激起学术界对政治哲学中各种热点问题的争论。罗尔斯的政治哲学深入地发展了社会契约论这一现代国家学说，并在此基础上对另一重要的现代政治学说"功利主义"进行了系统的批驳。与施特劳斯的政治哲学不同，罗尔斯的政治哲学是在作为"权利论"的现代政治思想基础上形成的，是对于现代政治思想的重构和深化。与此同时，罗尔斯的政治哲学还开辟了政治理论的新领域——分配正义（distributive justice）。在罗尔斯之后，分配正义成为政治哲学研究的重点。近五十年来，英美政治哲学研究的绝大部分文献都围绕着分配正义的相关问题展开。不仅如此，政治哲学的研究还深刻地影响了人们的观念：公平、正义、机会平等、弱势群体利益等逐渐成为人们考虑政治社会问题的评判标准。罗尔斯的学术成果在当代政治哲学中具有不可替代的重要意义。正如《当代政治哲学》的作者威尔·金里卡（Will Kymlicka）所言："要想了解当代的各种正义理论，罗尔斯的理论是一个自然的出发点。罗尔斯的理论支配着当代政治哲学的争论，并不是因为人人都接受他的理论，而是因为其他不同的观点通常是在回应罗尔斯理论的过程中产生的。"[①]

[①] ［加拿大］威尔·金里卡：《当代政治哲学》，刘莘译，上海译文出版社2011年版，第10页。

西方当代政治哲学研究的丰硕成果引发了中国学者的极大兴趣。自20世纪80年代以来，中国学者在翻译、介绍和讨论政治哲学相关问题方面作出了卓有成效的工作。罗尔斯、诺奇克、德沃金、沃尔泽等西方学者的重要政治哲学著作相继被翻译成中文。与此同时，中国学者还在分析和批判西方学者的基础上，提出了自己对于政治社会问题的不同观点，为政治哲学的发展作出了自己的贡献。依据"中国期刊全文数据库"的数据，从1990年起，中国学界共发表了2648篇直接以"政治哲学"为题的学术文章，而以"政治哲学"作为主题或关键词的有9630篇。另据中国国家图书馆馆藏统计，自1990年以来，约有1000部与政治哲学相关的专著、译著在中国大陆正式出版发行。

总之，政治思想在中西方都走过了漫长的历程。20世纪中叶以来，古老的政治思想在经济发展、科技进步、全球化、价值多元化的背景之下孕育出新的学科——"政治哲学"，并焕发出勃勃的生机。

三 政治哲学与政治思想史研究的异同

政治哲学和政治思想史是两个极易被混为一谈的学科。相关领域的研究者，也常常二者兼顾。笔者试图在阐明这两个学科之间联系的基础上，澄清二者的本质区别。

第一，政治哲学研究和政治思想史研究的共同点在于，它们研究的素材是一致的。政治思想史和政治哲学的研究素材都是历史上对政治相关问题的著名论述，具体来说，就是著名政治思想家的作品。例如，研究中国政治思想史的学者要仔细研读先秦诸子的著作，要研读董仲舒、王阳明、朱熹、黄宗羲……研究西方政治思想史的学者要研读柏拉图、亚里士多德、西塞罗、马基雅维利、霍布斯、洛克、卢梭、康德、罗尔斯……而研究政治哲学的学者同样要研读这些文本，以及相关的二手文献。从阅读、思考和批判的对象上来说，政治思想史研究和政治哲学研究并没有任何区别。正是出于这个原因，政治哲学的研究者同样能教授政治思想史的课程。因为，政治哲学研究并不是空中楼阁，它要求研究者熟悉政治思想史上的重要"文本"，也正是这些经典"文本"构成了政治哲学研究的基石。

第二，政治哲学研究和政治思想史研究的目的不同。政治思想史研究的目的可以归结为三个方面：（1）澄清历史上政治思想家的思想体系；（2）探讨社会背景和政治思想之间的关联；（3）厘清观念史的脉络，以某种融会贯通的方式去理解某个或某些政治思想家的理论。第一种工作通常被描述为"文本解读"，是逐字逐句地去解释经典。中国传统学术中的"经学"实际上采用的就是这种研究径路。西方学界的施特劳斯学派也经常采用这种研究方法。政治思想史的第二种工作是将某一政治思想与产生这种思想的历史背景联系起来，解释这两者之间的相互作用。例如，托克维尔的《旧制度与大革命》，探讨革命观念与历史进程之间的关联，就属于这种研究。政治思想史的第三种工作是对不同的政治思想家的作品进行比较，甚至将不同的政治思想家归为不同的阵营，以期更深刻地阐释他们之间的异同。英国政治思想家以赛亚·伯林的《两种自由概念》就是这类研究的杰出作品。

与政治思想史研究的目的不同，政治哲学研究的目的是构建新的政治理论体系。政治哲学研究者通过对政治思想的"经典文本"进行研读、辨析和批判，目的是要以"他山之石"建造自己的房屋。通过推敲历史上的政治思想家们曾给出过的经典论证方式，或者去除其中不合理的论述，或者加入对新的政治现实的考量，政治哲学研究者尝试构建出更合理、对现实更有指导意义的政治理论体系。

政治哲学是哲学的分支学科，其目的不在于还原旧有政治思想之原貌，也不在于修复政治理论和历史现实之间那些不为人知的关联；而在于以旧有的观念和论证结构为基础，提出新的观念和思想，建构新的理论框架以适应和指导新的政治现实。可以说，政治思想史研究是"我注六经"，而政治哲学研究则是"六经注我"。如果用修房子来打比方的话，政治思想史做的工作是在修复中西方传统中古旧而辉煌的思想宫殿，而政治哲学则是将中西方思想宫殿中那些有用的砖块和碧玉搬出来，重新搭建一个现代人可以住进去的大楼。如果说政治思想史家是在故宫修文物的话，政治哲学家就是在建"中国尊"。

第三，研究目的的不同也决定了研究方法的不同。政治思想史的主要研究方法就是梳理文献。这些文献既包括政治思想的经典著作，也包括与当时的社会现实相关的各种历史记录，甚至还包括各种野史、小说、八卦新闻。优秀的政治思想史研究者能从这些不同渠道得来的文献中找到相互的关联，证实一些鲜为人知的"事实"，最大限度地还原历史中的政治思想、政治思想家以及政治思想家所处时代的面貌。

政治哲学当然也需要对经典文本进行文献梳理，但是，其梳理一方面不会像政治思想史研究那么细致，另一方面也会有所侧重。其重点在于厘清经典论述的论证结构，去掉其论证中不合理之处，并对该论证结构进行抽象化，甚至将其推向极致。我们可以从罗尔斯写作《正义论》——这部公认的政治哲学著作——的过程来体会这种研究方法。罗尔斯在《正义论》的开篇论述道："我一直试图做的就是要进一步概括洛克、卢梭和康德所代表的传统的社会契约理论，使之上升到一种更高的抽象水平。"[①] 罗尔斯正是在吸收和借鉴旧有政治思想的基础上，进一步抽象"社

[①] ［美］约翰·罗尔斯：《正义论》，何怀宏、何包钢、廖申白译，中国社会科学出版社1988年版，第2页。

会契约论"的论证结构，建构出自己的政治理论。由此看来，政治哲学的研究方法除了文献梳理之外，必不可少的就是思辨、推理和论证。作为哲学的一个分支学科，政治哲学是研究政治价值和政治原则的学科，而价值和原则不可能通过社会科学研究中的访谈、调查和统计而得到，只能通过研究者的理性思辨而被澄清。所以，政治哲学的核心研究方法是思辨、推理和论证。当然，政治哲学在为政治现实提供理想和原则的同时，也必须兼顾政治现实；否则，其理想就成了脱离现实的空想，成了"空中楼阁"。因此，政治哲学还有一个重要的研究方法就是批判现实：结合政治现实中的各种现象，参照人们的道德直觉，对理想和原则进行修正。

总之，政治哲学和政治思想史是两个既有关联又相互独立的学科。它们共同的研究对象是政治思想史中的经典著作，但它们的研究目的和研究方法却有很大的差别。政治思想史致力于精准地恢复旧有政治思想的原貌，而政治哲学则通过吸取旧有政治思想的营养而构建新的政治理论。政治思想史的核心研究方法是文献梳理法，政治哲学的核心研究方法是思辨、推理和论证，同时还需要研读经典和批判现实。最后，还有一点需要澄清的是：所谓的"政治哲学史"就是"政治思想史"，两者没有本质的区别，指的都是人类历史上出现过的经典的政治学说，只是每个学者喜欢用的术语各自不同而已。

四 "科学研究"与"人文研究"的区别

自16、17世纪的科学革命以来，人类学术的各门学科都受到了"科学"思维方式的巨大冲击。尤其是文学、历史、哲学这些传统的"人文学科"，被经验性的科学研究逼到学术的边缘，越来越找不到自己的立足之地。"人文学科"是以理念为基础的、非经验性的学术研究，无法以经验性的"科学方法"① 进行探索，但这并不意味着"人文学科"没有自己的研究领域和研究价值。政治哲学是"人文学科"的一种，为了进一步明确政治哲学与科学研究的不同，下面我将辨析"人文研究"与"科学研究"之间的区别，并强调"文本"在人文研究中的重要意义。

科学研究的对象是现象世界的各种事实，而科学研究的目的则是要找出不同事实之间的必然联系，并通过对这些必然联系的应用而为人类谋福利。为此，科学研究必须从事实出发，观察事物、测量事物、猜想事物之间存在着怎样的联系并通过实验对这些猜想进行验证。例如，实验心理学的研究：有心理学家猜想小孩尿床与嫉妒父母对其他兄弟姊妹的爱有关，为了证实这个猜想就需要对有兄弟姊妹的孩子的尿床情况与独生子女的尿床情况进行比较，以推导出这两个事实之间的相关性。又比如，医学研究：如果医生猜想某一食物有可能导致癌症，就给小白鼠喂大量的这种食物，看看小白鼠是否会因此而患上癌症。如此等等。

人类虽然只是大千世界的一员，是千变万化的现象中的一种，但从其诞生之初就开始构造一个不同于现象的世界。这个世界里有人类情感的表达，有人类对自己生活的理解和规范，也有人类对自然规律的解读。这些内容就构成了一个与科学研究不同的研究领域——人文。

如果说科学研究的对象是事实，那么人文研究的对象是什么呢？其研究的目的又是什么呢？对于这个问题，最易于被认可的说

---

① "科学方法"是一种知识获取的经验方法，这在17世纪以来一直是科学发展的特征。科学研究通常包括下述步骤：第一，研究者通过观察和归纳提出假设；第二，研究者设计实验验证自己的假设，并得出结论；第三，研究者以更广泛的人类经验验证自己的科研结论并形成普遍化的知识；第四，以新技术、新发明等形式对科学研究所获得的知识进行实际的应用。参见《牛津词典》对"科学方法"的定义："scientific method", *Oxford Dictionaries: British and World English*, 2016, retrieved 28 May 2016, https://en.oxforddictionaries.com/definition/scientific_ method。

法是，人文研究的对象是"价值"，人文研究的目的是通过考察人类的精神世界而向人们揭示世界的理想状态应该是什么，并为人类的发展指明方向。

就像人会思考自己应该过一种什么样的生活一样，古人们很早就已经在思考，人类社会应该是怎样的：既然人们所处的永远都不是一个理想的世界，那么"理想世界应该是怎样的"就是一个永恒的问题。正是这一永恒的问题激发了人们在人文领域的探索。由此，人们创制了许多概念去描述那个理想的世界，例如：公正、平等、和平、大同等；又由于每个人对何谓理想的人生、理想的世界的理解都不尽相同，所以人文研究中会形成不同的思想流派：在中国古代有诸子百家争鸣，在西方近现代则产生了各种主义。那么，面对浩如烟海的文献资料，一个人文学者要如何进行自己的研究呢？是在各种流派、各种"主义"之间当"和事佬"，进行似是而非的"勾兑"？还是固执己见、闭门造车，在一片平地之上建构自己的理论大厦？这两种方式大概都无法作出根基坚固而富有创见的研究成果。

人文研究的文献资料虽然浩大繁杂，但是，不同时期的研究者们遇到的问题大多是类似的，无非是：以什么概念构建理想世界？这些概念的含义是什么？以什么样的制度能够实现这些概念所展现的世界？等等。由此，在不同的历史时期、不同的文化传统以及不同的思想流派中，这些根本问题得到了非常不同的回答。而且，因为这些问题是关于理想世界的，因此很难被各种各样的事实和各个时期的历史所证实或证伪。这既是人文研究的困境，也是人文研究的魅力所在：有许多根本性的问题，也有许多经典的回答，却没有标准答案。

在这一点上，科学研究和人文研究有着根本性的区别。科学研究的大部分问题都可以通过实验而被事实所证实或证伪。所以，在实验手段不断进步、新技术层出不穷的背景下，许多科学研究的问题都得到了确定的回答。今天，研究物体运动的科学家不用再去翻阅牛顿揭示万有引力的著作《自然哲学的数学原理》，而研究发动机的科学家也不再需要重复瓦特的蒸汽实验。这也是为什么人文研究的经典著作会一版再版，而历史上科学研究的经典著作却鲜有新读者的原因。

由此看来，人文研究必须从"文本"出发。所谓"文本"指的是对研究者感兴趣之问题的经典回答。例如，研究中国语境中的伦理道德问题，就必须从《论语》《孟子》《大学》《中庸》等这些对于人伦的经典阐释开始。又比如，研究西方的"正义"问题，就不可能不首先了解柏拉图、亚里士多德、霍布斯、罗尔斯、诺奇克等经典作家对于"正义"问题的论述。再比如，研究市场经济与剥削问题，就必须从马克思以及亚当·斯密关于市场经济的阐释及批判出发。而研究中国古诗则应首先熟读《诗经》《离骚》《唐诗三百首》等古典诗篇。总之，脱离了经典文本的研究只能是无根之木，无源之水，既不牢固，也无创建。

所以，一个人文研究者在展开自己的研究时，其正确的方式应该是：第一，研究者被某个根本性的、悬而未决的问题所吸引（古往今来，这样的问题有很多，例如：人性善还是人性恶？人类为什么需要国家？人人生而平等还是不平等？真、善、美是不是可以统一？人类有没有自由意志？等等）。第二，研究者通过阅读文献，了解各个时期、各种文化传统中对这一问题的经典回答都是什么。第三，研究者在不同回答之间进行甄别，通过批判与质疑，构建出自己觉得最可信的回答，并对其进行阐释和完善。

人文研究最忌讳的就是从"二手文献"，甚至"三手、四手文献"出发，而忽略了经典论述的"一手文献"。一些研究者为了图省事，将自己的研究直接建立在别人的研究成果之上，从别人对经典文本的解读出发来进行阐释和论述，而自己并不去阅读最初的"文本"。这就像把别人嚼过的食物再嚼一遍，这种"反刍"式的研究不仅是索然无味的，而且还会造成一些重要概念的滥用。在这种"人云亦云"的研究中，由于没有仔细研读"经典文本"，研究者对自己所使用的概念不能准确地把握，只能照葫芦画瓢，看别人怎么说，自己就跟着说。如果有许多研究者都以这样的方式做研究，那么，那些当初在经典文本中给人以启示的鲜活的概念，就在持续的滥用和误传中逐渐失去了魅力，也就对人们的现实生活不再有任何感召的力量。这样的人文研究必然是失败的，就像一块璞玉没有被雕琢成精美的玉器，反而在随意的打磨中失去了原本的光泽。当然，这样的研究确实不用太费力气，不用自己去理解和分析经典文本说了什么，作者为什么这样说，这样说的背景和理由是什么等错综复杂的问题，而只需把别人整理好的答案拿过来用，甚至还可以似是而非地批评上几句。或者，把几种不同的解读对比一下、拼凑一下、剪贴一下，就形成了自己的研究成果。然而，正像脱离了"事实"的科学研究会蜕变成"八卦""迷信"一样，脱离了"文本"的人文研究只能是捕风捉影、错上加错。

科学研究从"事实"出发，人文研究从"文本"出发。两种研究之间的区别并没有使得人文研究低人一等。因为，研究对象不同，研究方法自然会有不同。但是，如果人文研究不能从经典的"文本"出发，而只是"道听途说，人云亦云"，那么，与基于事实的科学研究相比，人文研究就真的算不上是研究了。因为，这样的"研究"不创造任何新的价值，研究者应付差事地复制、剪裁和粘贴，不仅浪费自己的时间和精力，也浪费了整个社会的资源，同时，对经典文本还是一种伤害。

所以说，作为一种重要的人文研究，政治哲学必须从中西方政治思想史上的经典"文本"出发，抽象出其中的概念、论证结构、论证理由，并结合新的社会现实，以期构建出人们阐释政治现实、实现政治理想的理论大厦。

五　本书的写作

"富强、民主、文明、和谐，自由、平等、公正、法治，爱国、敬业、诚信、友善"是社会主义的核心价值观，也是规范当下中国社会的基本原则和政治价值。2017年10月18日，习近平总书记在党的十九大报告中指出，要培育和践行社会主义核心价值观。要以培养担当民族复兴大任的时代新人为着眼点，强化教育引导、实践养成、制度保障，发挥社会主义核心价值观对国民教育、精神文明创建、精神文化产品创作生产传播的引领作用，把社会主义核心价值观融入社会发展各方面，转化为人们的情感认同和行为习惯。

为了实现社会主义核心价值观向我们提出的伟大目标，我们需要首先了解这些社会主义核心价值观念的内涵，以及这些政治价值和原则如何在政治现实中塑造一种公正的政治制度。只有这样，我们才能协调个人行为与政治原则之间的关系，向公平正义的政治秩序迈进。本书的写作正是依据这样的思路：廓清政治哲学中的基本概念和基本理论，探讨政治价值与政治制度的关联，最终聚焦于当代政治哲学研究的丰硕成果。

本书第一讲讨论"自然状态"以及政治秩序的必要性，第二讲讨论以契约理论为基础的国家学说，第三讲、第四讲和第五讲分别讨论政治价值中的自由、平等、民主与法治，第六讲讨论与"公共利益"相关的功利主义国家学说，第七讲和第八讲讨论与所有权和市场经济相关的政治哲学问题，第九讲和第十讲讨论当代政治哲学研究的重点——"社会分配"的相关问题。

政治理论研究在中西方都有着悠久的历史传统，文献浩如烟海；与此同时，政治哲学研究又与政治现实中纷繁复杂的具体问题息息相关。《政治哲学十讲》这本小书的论述必然是"挂一漏万"，笔者不求面面俱到、系统完整，只愿那些曾经激发自己思考的问题能通过这本小书，开启读者对政治价值和政治原则进行探索的智慧之门。最后，希望思想海洋中那些不断激起的浪花，能时时引发人们的"惊异"，引领人们获得真正的知识。

阅读与思考

一 阅读

1. Leo Strayss, *What is Political Philosophy and Other Studies*, The University of Chicago Press, 1988.

2. ［加拿大］威尔·金里卡:《当代政治哲学》，刘莘译，上海译文出版社 2011 年版。

3. 段忠桥主编:《何为政治哲学》，《政治哲学论丛》2017 年第 1 辑，中国社会科学出版社 2018 年版。

二 思考

1. "价值"与"事实"是截然二分的吗？
2. "科学"和"人文"的联系与区别是什么？
3. 政治哲学的研究方法有什么特点？

第一讲
自然状态

人类为什么需要国家？
平等而自由的自然状态
「自然状态」是否真实存在过？

自然状态

在人类进化的历程中，为什么会演化出国家？国家是必然出现的吗？没有国家，人类的命运会怎样？人们会生活得更好，还是完全无法生活下去？国家的产生及其背后的原因，是引发人们思考的最根本的政治问题。西方政治学说中的社会契约论者为回答这个问题提供了一条经典思路：首先构想一个没有国家、没有政治社会的人类状态，构想人们在这样的状态下可能遇到的种种困境，然后推测人们可能以什么样的方式联合起来、组织起来，走出困境、延续种群的发展。这种国家形成之前、孕育着国家的人类状态，就是自然状态。可以说，自然状态就是形成国家的"理论胚胎"。

"自然状态"就是没有国家和社会的人类状态，是强制性的共同权力形成之前的人类状态。政治哲学要探寻国家和政治社会的理论根源，必须从没有国家的状态开始讨论，以确定国家学说的理论基础。从17世纪的启蒙思想家开始，现代政治理论将"自然状态"作为推导出国家学说的理论原点，并从这一状态中抽象出政治社会的种种原则。霍布斯、洛克、卢梭、康德……这些重要的现代政治思想家都对自然状态作出过经典的论述。在当代政治哲学研究中，"自然状态"在约翰·罗尔斯和罗纳德·德沃金（Ronald Dworkin）等学者的论述中进一步抽象成"原初状态"，或者"前市场"状态，成为政治哲学中不可或缺的部分。

第一节　人类为什么需要国家？

人类为什么需要国家？如果没有国家，人类将会怎样？对于这个问题的回答，取决于人类自身的状况。如果所有人都足够"善良"，而且还足够"聪明"，不仅能够处处为他人着想，而且还能时时预料自己行为的后果，那么，即使国家不存在，人们也能和谐美满地生活在一起。

在国家不存在的情况下，善良而聪明的人们会自愿为自己身边的其他人考虑，并且总是能通过自己的行动而增进其他人的利益。这将是一个"我为人人、人人为我"的美好世界。在这样的世界中，任何规则、法律、制度、暴力机关都是多余的。因为，这些东西施加给人们的总是强制，其强制的目的是让人们在增进自身利益的同时，不要侵犯他人的利益，最好还要增进公共利益（例如缴税）。但是，在人人善良而聪明的情况下，人们并不需要被强制这样做，因为人们会自愿这样做。

家庭成员之间的亲密关系，可以让我们对人性之善有一些直观的认识。在家庭中，父母处处为孩子着想，孩子时刻孝敬父母，兄弟姐妹之间相互关照，这些自然的情感让整个家庭处于和谐美好的氛围之中。在这样的情形下，人们并不能体会到规则、法律、强制这些外在约束的必要性。正像英国哲学家大卫·休谟（David Hume）所言，当人们之间充满仁慈和温情、相互关爱时，作为社会规范的正义就失去了作用。[①]

然而，在人类自然演化的过程中，国家却不可避免地出现了，这一点对于不同文化背景、不同宗教传统、不同肤色种族的人类来说都是一致的。这一事实是否向人们证明，理想的善良人性并非是

---

① ［英］休谟：《道德原则研究》，曾晓平译，商务印书馆2001年版，第36页。

普遍存在的？善良人性或许存在于某些人身上，或许存在于某些亲密关系之间，但并不普遍地存在于所有人际关系之中。在人类社会中，有些人际关系是相互冷淡的，例如，陌生人之间的关系；有些人际关系是相互敌对的，例如，竞争者之间的关系；当然，也有一些人际关系是相互关爱的，例如，亲戚朋友之间的关系。不同人际关系之间的利益纷争，时常使人们陷入矛盾冲突之中。此时，代表强制性权力的国家就成为人们和平共处的必要限制，充当着规范人们行为的强制性基础。

事实上，在社会契约论者的国家学说中，"人性本恶"是推导出国家的必要假设。这里的"恶"指的是，个人只考虑如何增进自己的利益，甚至不惜牺牲他人利益来增进自己的利益。在西方政治学说中，这通常被称为"理性人"的假设，而对于"理性"的最简化的理解即是"自我利益最大化"。正是因为每个人只考虑自己的利益，尽可能地追求自我利益最大化，很难自觉自愿地为其他人的利益着想，或者即使为他人利益着想也很难准确预测自己行为的后果，所以，国家才是必需的。为了人类群体的延续，人们必须以某种规则为每个人的自利行为划定界限，以维持人与人之间的和平相处、推进公共利益；同时还必须以一种垄断性的暴力保证这一规则的实施。只有这样，人类才不会被此起彼伏的相互侵犯所困扰，最终实现种群的延续和繁荣。

英国政治哲学家托马斯·霍布斯正是在上述推理的基础上，论证了国家的产生。霍布斯将国家不存在的状态称为"自然状态"，这一状态的本质特征是：不存在统摄所有人的"共同权力"。在这样的状态下，人们为了自己的生存和发展，任意侵犯他人，甚至伤害彼此的身体和性命。于是，所有人都时时处在暴力死亡的威胁当中。在理性的指引下，人们为了结束自然状态中这种"所有人对所有人的战争"，自愿缔结合约，让渡出一部分权利（例如对他人身体的权利。让渡这一权利，意味着人们承诺不再侵犯他人的身体），并将这些让渡出来的权利交给一个执行仲裁的"第三方"，由第三方来统一行使奖励与惩罚。而这个获得所有人让渡出来之权利的第三方就成了主权者，其所接受的众人之权利构成了国家的主权——具有强制性的共同权力（commonpower）。霍布斯通过社会契约论构想了"共同权力"形成的过程，而这种"共同权力"就是国家的本质。由此看来，国家的核心是一种能统摄其所有成员的权力，这一权力体现为一套对其所有成员有效的规则，以及保证这套规则得以实施的垄断性的暴力。

今天，我们很难构想一个没有国家存在的人类世界。这一方面是因为人性的改进还没有达到人人自愿为他人着想的水平；另一方面是因为人类社会的物质财富还没有达到马克思所构想的"极大丰富"的地步，还没有脱离罗尔斯所说的"中等程度的匮乏"①。假设，人类社会的财富已经达到每个人不论如何自利都还有剩余的程度，那么人们就不用联合起来，人与人之间也不再需要任何强制性的规则以限制人们的自利行为。在那样的世界中，人人各取所需，人人互敬互爱；规则、制度、强制，以及提供这些公共产品的国家，都将不复有存在的必要。

在中西方政治思想史中，都曾经出现过消解国家的政治思想流派。在西方，这一学派被称为无政府主义者。无政府主义者最基本的假设就是"人性本善"。这派学者通常对人性持非常乐观而理想的看法，认为在没有任何强制性权力存在的情况下，人们会相互关爱、和谐共处，所以国家是多余的。另外，无政府主义者还认为，国家所代表的强制性规范体系不可避免地会侵犯人们的权利，伤害人们的自由。因此，国家不仅是"多余的"，而且还是"恶的"：

---

① 所谓"中等程度的匮乏"指的是：自然条件和其他资源并没有丰富到使人们的合作成为多余，也没有艰险到使人们的合作必然遭遇失败。罗尔斯认为，"中等程度的匮乏"是人们能进行社会合作的必要条件。参见［美］约翰·罗尔斯《正义论》，何怀宏、何包钢、廖申白译，中国社会科学出版社1988年版，第127页。

即使是最小功能的国家（minimal state），也是对人们自由的伤害。

在中国传统政治思想中，道家提出了"无为而治"，虽然并非主张完全消解国家，但反对强制性公权力（亦即"君权"）对人民生活的过多干涉，主张通过人们自愿的互动而达致一个稳定而繁荣的政治秩序。老子曰："我无为，而民自化；我好静，而民自正；我无事，而民自富；我无欲，而民自朴"①，此所谓"无为而无不为"。

总之，在政治理论中，"自然状态"是国家学说的"理论胚胎"。为了构建有关国家的基本理论，政治思想家们构想了国家出现之前的人类状态。自然状态是不存在强制性公权力的人类状态。在这一状态中，人们出于"自利"而相互争斗、陷入战争，国家成为人类延续的必要条件。当然，在人类"全知""全善"的假设下，国家并不一定是人类的必由之路，但至少在人类历史的现阶段，国家仍然是必要的。国家所代表的强制性规范体系，对于维护人们之间互利共存的平等关系，对于保护人们的基本自由，都是必不可少的。

第二节　平等而自由的自然状态

只要我们稍加注意就会发现，不论是启蒙时期的社会契约论者，还是当代政治哲学讨论中的社会契约论者，都不约而同地将自然状态设定为平等而自由的。例如，霍布斯认为，人们在自然状态下是平等的，这种平等是能力上的平等："自然使人在身心两方面的能力都十分相等，以致有时某人的体力虽则显然比另一人强，或是脑力比另一人敏捷；但这一切总加在一起，也不会使人与人之间的差别大到使这人能要求获得人家不能像他一样要求的任何利益，

---

① 老子：《道德经》，第57章。

因为就体力而论,最弱的人运用密谋或者与其他处在同一危险下的人联合起来,就能具有足够的力量来杀死最强的人。"① 霍布斯还认为,自然状态下的人们是自由的,这种自由是人们按照自己所愿意的方式运用自己的力量保全自己的天性的自由。而所谓自由,则是外界障碍不存在的状态。亦即,在自然状态下,人们可以不受共同权力的干涉,而以任何方式保存自己的天性。

启蒙时代的另一位英国社会契约论者约翰·洛克(John Locke)也将自然状态构想为平等而自由的人类状态。洛克认为,在自然状态下,"一切权力和管辖权都是相互的,没有一个人享有多于别人的权力",所以人们是平等的。自然状态还是"一种完备无缺的自由状态,人们在自然法的范围内,按照他们认为合适的办法,决定人们的行动和处理他们的财产和人身,而无须得到任何人的许可或听命于任何人的意志"。② 在洛克看来,在自然状态下没有统摄所有人的权力和权威,所以任何人都不用听命于其他人。在这个意义上,人们是平等而自由的。

法国社会契约论者让-雅克·卢梭(Jean-Jacques Rousseau)在《论人类不平等的起源和基础》一书中详细描述了人类社会的自然状态。卢梭认为,"不平等"是人类走出相互隔绝的自然状态时才出现的。卢梭具体描述了"不平等"出现那一刻的情形:"随着观念和情感的相互推动,精神和心灵的相互为用,人类便日益文明化。联系日多,关系也就日益紧密……每个人都开始注意别人,也愿意别人注意自己。于是公众的重视有了一种价值。最善于歌舞的人、最美的人、最有力的人、最灵巧的人或最有口才的人,变成了最受尊重的人。这就是走向不平等的第一步;同时也是走向邪恶

---

① [英]霍布斯:《利维坦》,黎思复、黎廷弼译,杨昌裕校,商务印书馆1985年版,第92—93页。
② [英]约翰·洛克:《政府论》(下篇),叶启芳、瞿菊农译,商务印书馆1964年版,第3页。

的第一步。"① 在卢梭看来，不平等产生于人们之间日益紧密的联系以及由此而催生的"公共评价"。人与人之间的差异是一直存在的，但只有当一种外在的公共评价产生的时候，人们的不同特征才具有不同的价值。有人变成美的、唱歌好听的、跑得快的、强壮的；而另一些人在人们眼中却变成丑的、讨厌的、羸弱的，等等。在"不平等"出现之前，自然状态下的人们还没有建立起相互之间的联系，人们处于相互隔绝的状态，还不可能形成一种"公共的评价"。因此，在自然状态下，不平等还没有产生。换言之，人们之间或者是平等的，或者无所谓平等与不平等。②

对于自由，卢梭将自由定义为：行动受自己意志的支配。在《山中书简》中，卢梭对自由作出这样的论述："与其说自由是按自己的意愿做事，不如说，自由是使自己的意志不屈服于他人的意志，也不使他人的意志屈服于自己的意志。"③ 卢梭认为，在自然状态下，人们之间相互隔绝，因此每个人的行动必然只受自己意志的支配。所以，在卢梭的论述中，人们在自然状态下既是自由的，也是平等的。

在当代政治哲学的讨论中，约翰·罗尔斯在传统社会契约论的基础上抽象出正义论的理论原点——"原初状态"（original position），并将其设定为平等而自由的。当然，罗尔斯所说的原初状态的平等并不是能力的平等，而是平等地参与制定正义原则的权利："所有人在选择原则的过程中都有同样的权利，每个人都能参

---

① ［法］卢梭：《论人类不平等的起源和基础》，李常山译，东林校，商务印书馆1962年版，第118页。

② 对于"卢梭认为自然状态下人们是否平等"这一问题的详细讨论可参见拙作《自然状态下人们是否平等——兼与刘国栋商榷》，《政治思想史》2013年第4期。

③ Jean-Jacques Rousseau, "Letters from the Mountain", Christopher Kelly and Eve Grace, eds., trans. Christopher Kelly and Judith R. Bush, *The Collected Writings of Rousseau*, Vol. 9, Hanover and London: University Press of New England, 2001, pp. 260–261.

加提议，并说明接受它们的理由，等等。"① 另外，罗尔斯规定的平等还体现在对原初状态的理论设计上。罗尔斯构想，在原初状态下，人们处于"无知之幕"（veil of ignorance）之后。"无知之幕"过滤掉了人们所有的具体信息，包括下述四个方面：第一，没有人知道自己的社会地位、阶级出身、天生资质、自然能力的程度、理智和力量的情况。第二，人们也不知道自己的善观念②、合理的生活计划，甚至不知道自己的心理特征，如讨厌冒险、乐观或悲观。第三，人们不知道他们所在社会的经济或政治状况，以及它能达到的文明和文化水平。第四，人们也没有任何关于他们属于什么世代（generation）的信息。③ 在"无知之幕"后面的订约各方只能知道有关人类的一般事实：他们理解政治事务和经济理论原则，知道社会组织的基础和人的心理学法则。④ 如此一来，每一个个别的人，在"原初状态"中被抽象成没有具体特征的理性人，在失去具体特征的过程中，人们也获得了地位上的平等。"无知之幕"这一理论设计使得人们在考虑规范人类合作关系的正义原则时，不会受到自身具体情况的影响，为正义原则的推导创造了"公平"的订约环境。此外，"原处状态"下平等的订约者也是自由的，他们拥有平等参与正义原则讨论的自由，即发表自己对正义原则应该如何之意见的自由。所以说，在罗尔斯的社会契约论中，"原初状态"也是平等而自由的。

---

① ［美］约翰·罗尔斯：《正义论》，何怀宏、何包钢、廖申白译，中国社会科学出版社1988年版，第18—19页。

② 善观念（the conception of goodness）是一个伦理学概念，指的是人们认为什么是好的，什么是值得追求的，什么是自己合理的生活计划，等等；在中国的语境下，也可以将其理解为价值观。

③ ［美］约翰·罗尔斯：《正义论》，何怀宏、何包钢、廖申白译，中国社会科学出版社1988年版，第136页。

④ 罗尔斯认为，原初状态中订阅各方唯一可能知道的特殊事实是：他们的社会受正义环境的制约。参见［美］约翰·罗尔斯《正义论》，何怀宏、何包钢、廖申白译，中国社会科学出版社1988年版，第137页。

暂且不问自然状态下人们是否真的"平等而自由"①，让我们感到些许惊讶的是：为什么这么多哲学家都不约而同地将自然状态设定成"平等而自由"的？如此设定的理由和必要性是什么？

我们可以从两个方面来分析这个问题：第一，社会契约论的论证逻辑是：通过一个所有人自愿订立的契约，为由此而产生的强制性的公权力提供合法性证明，亦即为国家提供合法性证明。因此，这个订立契约的程序一定要符合人们对于程序正义的基本理解，符合人们对"公平"这一价值的直觉性理解。假设，一个社会契约是在地位不平等的各方之间订立的，或者订约者不是自愿同意，而是被迫签订契约的，那么，这样的契约一定不符合人们对于"公平"的理解，只能是一个"不平等条约"。"不平等条约"对人们的行为是没有约束力的，甚至会被随意撕毁。因此，不符合"公平"观念的社会契约，是无法为强制性的公权力提供合法性证明的，也就无法为国家提供合法性证明。正是基于这样的考虑，罗尔斯在《正义论》一书中将自己的正义理论称作"作为公平的正义"（justice as fairness），其含义是：正义原则是各方在"公平"的环境下订立的，这种"公平"的订约环境能够为各方订立的契约——正义原则——提供合法性证明。②

第二，对于社会契约论者来说，平等与自由这两个政治价值是一个合法的政治体系必须遵循的基本原则，而"自然状态"则是将这两种价值导入政治现实的形而上学预设。因此，为了论证现实政治制度应该遵循的基本原则，"自然状态"就必须被设定为平等而自由的。启蒙时期的另一位社会契约论者德国哲学家康德，对这一点有着深刻的洞察。在讨论人们在国家形成之后所拥有的平等权

---

① 这个问题很有可能是个假问题。因为，自然状态并不一定真实存在过，具体讨论见本讲第三节的论述。

② ［美］约翰·罗尔斯：《正义论》，何怀宏、何包钢、廖申白译，中国社会科学出版社1988年版，第12—13页。

利时，康德论述道："公民状态纯然看作是权利状态时，乃是以下列的先天原则为基础的：1. 作为人的每一个社会成员的自由。2. 作为臣民的每一个成员与其他成员的平等。3. 作为公民的每一个共同体成员的独立。这些原则倒不那么是已经建立的国家所给定的法则，反而是唯有依据它才有可能符合一般外在人权的纯粹理性原则而建立起一个国家来的法则。"① 在康德看来，自由与平等不是已经建立的国家所规定的原则，恰恰相反，自由和平等是在逻辑上先于国家的、国家依其而得以建立的道德原则。换句话说，自由与平等是国家的基本政治制度应该遵循的价值标准。但是，这两个标准不能凭空而来，只能像"理想照进现实"一样，通过对前国家状态的构想而被带入到对政治现实的规范中来。

"自然状态"就是这样一个将形而上的预设应用到对政治现实的规范中去的装置：如果人们向往一个平等而自由的政治社会，就必须构想一个平等而自由的"自然状态"。因此，不论是传统的社会契约论，还是当代的社会契约论，如果违背了平等而自由的预设，人们借助"自然状态"推导出来的国家将是一个无视平等和自由的国家。在这个问题上，古希腊的柏拉图为我们提供了一个非常有意思的反例。在《理想国》中，柏拉图借苏格拉底之口讲述了一个"高贵的谎言"②：神造人的灵魂时使用了不同的金属。统治者的灵魂是用金子造的，护卫的灵魂是用银子造的，而平民的灵魂则是用"破铜烂铁"造的。柏拉图讲这个神话故事的目的是给自己等级化的"理想国"提供理由。这一前社会的图景决定了理想国是一个由平民、护卫和统治者三个阶层构成的等级森严的政治共同体。由此可见，从一种不平等的形而上学预设中，只能推导出

---

① ［德］康德：《历史理性批判文集》，何兆武译，商务印书馆1990年版，第186—187页。
② 参见［古希腊］柏拉图《理想国》，郭斌和、张竹明译，商务印书馆2009年版，第127—128页。

不平等的政治规范。柏拉图也因反对"平等"这一基本政治价值，而被波普尔痛斥为"开放社会的敌人"。

总之，传统的社会契约论者和当代社会契约论者都不约而同地将"自然状态"设定为平等而自由的，这一设定是由社会契约论的论证逻辑决定的。如果"自然状态"不是平等而自由的，一方面，人们订立社会契约的行为无法为契约内容提供合法性证明，从"自然状态"中推导出的共同权力和国家制度都将丧失合法性；另一方面，"自然状态"的平等和自由是人们规范政治现实的政治原则的来源。从没有自由平等的自然状态中，人们只能推导出等级森严的人类社会，无法用自由和平等的政治价值规范社会现实，也无法实现自由和平等的政治理想。

第三节 "自然状态"是否真实存在过？

社会契约论者将国家产生之前的人类状态称为自然状态。在社会契约论者的阐述中，自然状态的本质是"共同权力"的缺失。换句话说，不存在让所有人慑服的强制性权力的人类状态就是自然状态。

在不同学者的论述中，自然状态呈现出不同的景象。例如，社会契约论的鼻祖霍布斯将自然状态构想为"所有人对所有人"（all against all）的战争。霍布斯认为，在慑服所有人的强制权力不存在的情况下，人们会因为三个原因而陷入无止境的纷争：竞争、猜忌和虚荣。其中，"竞争"使人求利，人们会因为对各种资源的争夺而陷入争端；"猜忌"使人求安全，为了不受他人的伤害和暗算，人们常常采取"先下手为强"的策略，在受到攻击之前向对方发起攻击；"虚荣"使人好大喜功，一些人以征服他人为乐趣。出于这三个原因，每个人都时刻处于暴力死亡的威胁当中。正是为了结束这种战争状态，人们才在理性的指引之下缔结契约，在他们之间建立国家。

比霍布斯稍晚一些的英国政治哲学家洛克不同意霍布斯的观点，将自然状态构想为平等而自由的和平状态。但是，洛克也认为这种和平的自然状态非常容易演变成战争状态。因为，在自然状态下，由于没有"共同权力"，任何人都可以私自施行自然法，以惩罚那些违反自然法的人。而这种惩罚又很可能因个人的偏私而过度。所以，人们之间很容易发生争端和暴力侵犯。于是，自然状态就从最初的和平状态转变为战争状态。

法国哲学家卢梭将自然状态构想为人与人之间相互隔绝的状态。卢梭认为，在自然状态下人们彼此之间很难建立相互的纽带。甚至母亲与子女，也是在孩子出生之后很快就没有了联系。人们只有在遇到靠单个人的力量无法抗拒的自然灾害时，才会联合起来，结成政治共同体，建立国家。

对于"自然状态是否真实存在过"？或者说，社会契约论者如此描述的自然状态是否真实存在过？不同的政治思想家有不同的看法。一种看法是，自然状态确实存在过。例如，洛克就认为，自己所描述的自然状态曾经存在过。但是，因人们一旦处于自然状态之中，就会很快进入政治共同体，所以人类没有留下任何对自然状态的描述和记录。又比如，卢梭虽然出于对基督教教义的顾忌，没有直接宣称自己所描述的自然状态存在过。但是，据思想史家的考证，卢梭是根据某些野生动物的生存状态（例如独居的老虎）来构想人类的自然状态的。而且，卢梭认为，野生动物的生存状态就是人类最初的生存状态。因此，卢梭事实上认为自己所描述的自然状态是真实存在过的。在这个问题上，霍布斯与洛克和卢梭的观点不同。霍布斯认为，自然状态并没有真实存在过，只是一种理论上的假设。霍布斯将自己所描述的自然状态，看作一种理论上的推断：在没有"共同权力"使所有人慑服的情况下，人们出于"自利"的理性必然会陷入无休无止的争斗。

社会契约论不仅是启蒙时期占主导地位的国家理论，在现当代的讨论中也产生了极大的影响。许多重要的当代学者以社会契约论的理论结构论证阐发自己的政治理论。这其中最著名的是美国政治哲学家罗尔斯。在《正义论》一书中，罗尔斯将自然状态抽象为"原初状态"，这是一个所有人都被屏蔽掉具体信息、人人平等而自由的状态。罗尔斯认为，只有这样的公平状态才是人们制定正义原则的最恰当的初始状态。也只有在这种公平状态下，订约各方才可能协商出一种分配权利和义务、财富和机会的正义原则。

另一位美国哲学家罗纳德·德沃金也应用社会契约论构建自己的分配正义理论。德沃金构想了人们在进入市场竞争之前的"前市场"状态。所有人被强制在"前市场"状态购买保险，目的是规避人们进入市场竞争之后可能遭遇的各种风险以及由此而引发的不平等。这种强制性的保险，使得人们在进入市场竞争之前拥有"平等的资源"。其中既包括财富、地位等非人格资源，也包括身体素质、天赋才能等人格资源。值得注意的是，德沃金所说的"前市场"状态并不是"时间意义上的"进入市场之前的状态。因为，在时间意义上，人们甚至在出生之前就已经进入市场：怀孕母亲的生活条件、吃的营养品、接受的医疗服务……统统都是以商品的形式在市场上出售的。所以，"前市场"的"前"是逻辑意义上的"在先"而不是时间意义上的"在先"。"前市场"是推导出人们进行社会竞争之原则和规范的理论原点，是人们进行理性反思的思想装置，其理论角色与传统社会契约论中的"自然状态"是完全一致的。

与启蒙时期的社会契约论者不同，当代的社会契约论者不再纠结于"自然状态是否真实存在过"的问题，而是直接挑明这一状态并非真实存在过，将其当作一个纯粹的理论预设。事实上，对于社会契约论来说，自然状态有没有存在过并不重要，重要的是如此设定的自然状态能否为国家或者某种特定的政治制度提供合法性证明。与其追究"自然状态"是否真实存在过,不如考察"自然状态"的具体设定是否是一种适合的形而上学假设。所谓"形而上学假设",是说这一假设很难被经验所证明或者证伪。"自然状态"这一理论设计的意义也并不在于其与现实经验的关系,而在于人们对其进行的具体规定对于政治现实的规范作用。自然状态就像政治思想家给我们设计的一个理念装置,通过它我们可以看到我们当下的国家、制度、法律之合法性的来源,可以看到我们当下的政治现实有什么不足,也可以看到一个理想中的政治社会应该是什么样的。

阅读与思考

一 阅读

1. [英]霍布斯:《利维坦》,黎思复、黎廷弼译,杨昌裕校,商务印书馆1985年版。

2. [英]约翰·洛克:《政府论》(下篇),叶启芳、翟菊农译,商务印书馆1964年版。

3. [法]卢梭:《论人类不平等的起源和基础》,李常山译,东林校,商务印书馆1962年版。

二 思考

1. "无政府状态"是否优于国家?
2. "自然状态"一定是战争状态吗?
3. 从自然状态中是否能推导出与契约论不同的国家学说?

第二讲
国家学说

社会契约
假想的契约
国家的本质

国家学说

如果说自然状态是形成国家的"理论胚胎",那么人们在自然状态中签订的社会契约就是建构国家的"思想蓝图"。自然状态和社会契约是契约论国家学说的两大要素,这一点在传统社会契约论和当代社会契约论中是一致的。自然状态设定的是一个平等而自由的公平签约状态,而社会契约的签订则最终使政治秩序和国家在所有人的一致同意之下得以建立。

社会契约论的论证逻辑是:在平等而自由的公平状态下,所有人自愿签订契约,放弃一部分自然权利,以形成作为政治共同体之基础的共同权力,并将这一权力授予所有人的代表——主权者。主权者则通过对垄断性的主权权力的应用,来维护一个稳定而公正的政治秩序,并保障所有政治共同体成员的基本权利。虽然所有的社会契约论者都应用上述论证逻辑来阐述自己的政治思想,但不同的政治思想家对社会契约签订过程的阐释却有很大的差别。而且,不同的签约过程也会推导出不同的政治理论和政治主张。这其中最具代表性的要数霍布斯和洛克。在17世纪中叶的英国革命中,这两位英国政治思想家站在"保王派"和"议会派"两种相互对立的政治立场上,分别构想了不同的社会契约签订过程,阐发了完全对立的政治主张。本讲将首先比较霍布斯和洛克所阐述的两种契约签订过程,以及两种签约过程导出的相互对立的政治学说;其次,讨论假想的社会契约是否具有论证效力,如何为国家权力提供合法性证明;最后,通过分析国家禁止人们私自使用暴力的原因,揭示国家的本质特征。

第一节 社会契约

霍布斯在《利维坦》中具体阐述了人们在自然状态下是如何签订契约的:"其方式就好像是人人都向每一个其他的人说:我承认这个人或这个集体,并放弃我管理自己的权利,把它授予这人或这个集体,但条件是你也把自己的权利拿出来授予他,并以同样的方式承认他的一切行为。这一点办到后,像这样统一在一个人格之中的一群人就称为国家,在拉丁文中称为城邦。"① 从上述引文中我们看到,在霍布斯所描述的签约过程中,人们是"两两签订契约",将权利让渡给第三方,而不是所有人共同签订同一个契约。

举例说明,甲、乙、丙、丁四个人按照霍布斯的方式签订契约:甲与乙、丙和丁分别签订契约,承诺放弃某项权利(例如攻击对方身体的权利);同时,乙、丙和丁也向甲承诺放弃这项权利;乙与丙和丁也分别签订相互放弃权利的契约;丙与丁也签订相互放弃权利的契约。通过排列组合,甲、乙、丙、丁四个人一共签订了六个两两契约。最后,所有这些相互约定放弃的"权利"形成一个"共同权力",并被授予一个"第三方"。于是,这个"第三方"就拥有了所有人所放弃的那部分权利,而这个"第三方"就是主权者。

霍布斯所构想的签约过程有两个重要特征:第一,人们两两签订契约。社会契约并不是所有人坐下来,通过协商和谈判,面对一

---

① [英]霍布斯:《利维坦》,黎思复、黎廷弼译,杨昌裕校,商务印书馆1985年版,第131—132页。

个统一的文本，一致同意签订的契约，而是人们两两之间的一种约定和承诺。第二，"主权者"没有参与签约。在整个签约过程中，"主权者"仅仅是被动的权力接收者。他并没有与任何人，在任何时间、任何地点签订任何关于如何使用共同权力、权力应用的界限、权力的收回和轮换等相关内容的契约。

霍布斯在《利维坦》中所构想的社会契约签订过程最终导出了一种为"绝对王权"辩护的政治学说。在17世纪的英国革命和内战中，霍布斯站在革命的对立面，极力为君主的绝对权力辩护。他虽然吸收了新兴的政治思想，反对"君权神授"论，但是，借助社会契约论的论证逻辑，霍布斯仍然在为不受限制的王权辩护。在霍布斯的国家学说中，主权者的权力不受法律约束（甚至不受自己订立的法律约束），因为他既是立法者，又可以随心所欲地废除法律。同时，臣民不能抛弃、反对、惩罚主权者，因为主权权力一旦授予就不能再收回。另外，霍布斯还反对任何形式的分权，强调主权应由国王一人掌有，反对由上议院、下议院和国王三者分享。霍布斯认为，分权就是分国；分权，则国将不国。总之，霍布斯所构想的"两两相互放弃权利、主权者不参与订约"的签约过程，最终导出了为绝对王权辩护的绝对主义（absolutism）政治学说。在霍布斯的构想中，君主的权力是无限制的、无期限的，并且要求绝对的服从。

霍布斯和洛克都是生活在英国革命时期的政治思想家。霍布斯活跃于1640年的英国革命时期，洛克活跃于1689年的"光荣革命"时期。然而，他们在革命运动中的政治立场却是截然相反的。英国内战和革命的主要矛盾集中在保王派和议会派之间的斗争。霍布斯在政治立场上是保王派，而洛克的政治立场则是议会派。洛克是议会派杰出的政治思想家，他最重要的政治理论作品《政府论》（两篇）就是为"光荣革命"进行辩护的理论著作。政治立场的不同决定了霍布斯和洛克的政治理论相互对立。他们虽然都采用了社会契约论的形式来建构自己的国家学说，但他们对于具体"签约过程"的不同论述，则使他们在最终的政治安排上分道扬镳。

洛克在《政府论》（下篇）中是这样描述签约过程的："在任何地方，不论多少人这样地结合成一个社会，从而放弃其自然法的执行权而把它交给公众，在那里，也只有在那里才有一个政治的或公民的社会。……这样，他就授权社会，或者授权给社会的立法机关（这和授权社会的性质一样），根据社会公共福利的要求为他制定法律，而他本人对于这些法律的执行也有（把它们看作自己的判决一样）尽力协助的义务。"①

与霍布斯的论述不同，洛克构想的并不是一个两两订约的过程，而是所有人共同签订契约的过程。同时，洛克还认为被授予权力的人（社会中的立法机关）也是契约的参加者，必须受契约内容的限制，人们对于社会中的立法机关的授权是有条件的、有期限的、可以收回的。主权者必须按照社会全体的委托行使权力。具体说来，人们在缔结契约时放弃了为了保全自身而做任何事情的权利，以及惩罚他人的权利，但保留了生命、自由和财产的三项基本权利。因此，在国家、社会成立之后，这三项权利仍然是神圣不可侵犯的。这些基本权利为共同权力的应用划定了界限。由此，洛克所构想的签约过程导出的是一种保护公民基本权利、主权权力受法律限制的政治学说。正是基于这一点，洛克被西方学界奉为自由主义的第一位政治思想家，其著作《政府论》（两篇）被奉为自由主义的圣经；而霍布斯虽然提出了"权利"概念，却常常被排除在自由主义阵营之外。

洛克所阐述的签约过程得到了社会契约论的后继者们的认同。洛克之后的社会契约论者设想的签约过程大多是所有人就同一个社

---

① ［英］约翰·洛克：《政府论》（下篇），叶启芳、瞿菊农译，商务印书馆1964年版，第54页。

会契约进行讨论和签订；同时，主权者参与订约，要受到社会契约的约束。

霍布斯和洛克都处在世界历史新旧交替的时代。虽然他们一个为绝对的君主权力辩护，一个为限制主权权力寻找理由，但都摒弃了"君权神授"这一旧有的政治论证结构。在宗教权威逐步瓦解的背景之下，政治思想家们不得不寻求新的思想资源，以论证国家权力和政治秩序的合法性。社会契约论将所有人的"一致同意"作为国家合法性的基础，这奠定了现代政治理论的基本论证模式，也为国家权力的合法性找到了新的思想来源。

第二节　假想的契约

启蒙时期的思想家们构建社会契约理论的初衷，就是要为国家权力提供合法性证明。这一证明结构可以简化如下：在平等而自由的状态下，人们自愿放弃一部分自由，联合起来组成政治共同体，并商议制定维系该政治共同体的基本规则；同时，建立暴力机关，强制实行该规则。在这一过程中，规范政治共同体的基本规则以及使该规则得以实施的强制性权力（亦即国家的暴力机关——军队和警察）之所以具有"合法性"（legitimacy），其理由在于：维系政治共同体的基本规则是所有人一致同意的，是每个人自愿施加于自身的约束。这种约束不仅没有侵犯任何人的权利，反而是维护人们的基本权利必不可少的条件。

洛克在《政府论》（下篇）中对这种"施加于自身的约束"有非常明确的论述："人类天生都是自由、平等和独立的，如不得本人的同意，不能把任何人置于这种状态之外，使之受制于另一个人的政治权力。任何人放弃其自然自由并受制于公民社会的种种限制的惟一方法，是同其他人协议联合组成一个共同体，以谋他们彼此之间的舒适、安全与和平的生活，以便安稳地享受他们的财产并且有更大的保障来防止共同体以外任何人的侵犯。"①

社会契约论者对于国家权力的合法性证明,与启蒙思想家们对于"自由"的理解和强调有着千丝万缕的联系。我们可以通过卢梭对自由的最初定义来理解这一点。卢梭的自由理论因包含着"强迫他人自由"的悖论,而被以赛亚·伯林等自由主义学者所诟病。这里暂且不讨论这一争论,而仅仅从卢梭对自由的最初定义来考察社会契约论的论证结构与自由概念之间的一致性。

卢梭认为,所谓自由就是自己的行动只受自己意志的支配②。基于这一概念,自由并不总是与"约束"相对立。当一种"约束"是自己施加于自己的,这种"约束"就不会损害人们的自由。例如:我规定自己每天早晨6点起床。这条"约束"并没有侵犯我的自由,只不过是一种自律;即使我很想多睡一会,我的自由也并不比那些天天睡懒觉的人要少。正是在这个意义上,社会契约论者认为,当人们在平等而自由的状态下,通过充分地讨论,一致同意联合起来形成政治共同体,并制定出维系该共同体的基本规则时,人们的自由并没有受到侵犯。因为,人们自愿进入政治共同体,并一致同意遵循其基本规则,如不遵循则甘愿受罚;而社会契约所制定的规则正是人们加之于自身的"约束",不会对任何人的权利和自由造成伤害。人们并不会因为在进入政治共同体后,会受到国家各项法律的约束(似乎没有在自然状态下那么自由了),而丧失任何自由。这就像一个规定自己必须每天早晨6点钟起床的人,并没有丧失睡懒觉的自由一样。由此,国家权力的形成和运用没有侵犯任何人的权利和自由,所以,国家权力具有"合法性"。

---

① [英]约翰·洛克:《政府论》(下篇),叶启芳、瞿菊农译,商务印书馆1964年版,第59页。

② Jean-Jacques Rousseau, "Letters from the Mountain", Christopher Kelly and Eve Grace, eds., trans. Christopher Kelly and Judith R. Bush, *The Collected Writings of Rousseau*, Vol. 9, Hanover and London: University Press of New England, 2001, pp. 260 – 261.

对于国家权力合法性的契约式论证，可以总结出如下三点：第一，契约式论证的核心在于所有成员的一致同意，正是基于"同意"人们自愿进入政治共同体，而"同意"则是政治权力之合法性的根基。这里强调"一致同意"而不是"大多数同意"，因为在是否与其他人联合起来形成政治共同体，以及是否接受该共同体各种规范之约束的问题上，每个人必须自己作出决定，并非"大多数人的意见"可以代替的。那些没有表示"同意"的人，实际上就没有进入该政治共同体，也就不受其规范的制约。第二，契约式论证的条件是人们必须处于"公平"的订约状态（例如：平等、自由、独立的状态，无知之幕遮蔽的状态，等等），这样的自愿订约才是有效的；否则契约不过是一纸空文，对于国家权力的合法性没有任何论证效力。第三，契约式论证的症结在于这一"自愿订约"的过程并非真实发生过，是一个"假想的"签约过程。

对于第三点，英国哲学家大卫·休谟曾进行过详细的分析，并据此反对社会契约论。休谟论述道："如果你询问国内大部分的人们，他们是否曾经同意与他们的统治者们的权威或者曾经许诺要服从他们，那么他们会认为你这个人很奇怪。"[①] 对于休谟来说，社会契约论之所以没有说服力，关键在于两点：第一，基于同意的立约在现实中从来没有存在过；第二，即使这种契约在人类历史之初发生过，用祖先的同意约束后代的行为也明显与同意理论的自愿原则相矛盾。

全体一致的订约过程没有发生过，这一点可以从前述所讨论的"自然状态是否真实存在过"得到佐证：如果说，我们很难证明自然状态真实存在过，或者很难证明那是一个平等而自由的"公平状态"，那么，我们就无法证明一个合法的订约过程真实发生过。

---

① ［英］大卫·休谟：《人性论》（下册），关文运译，商务印书馆1980年版，第588页。

而如果这一合法的订约过程不是真实的，而仅仅是哲学家们的构建，那么，社会契约还有论证的效力吗？国家的合法性还能得到证明吗？

对于契约式论证的这一难题，洛克和康德给出了不同的解决方案。洛克求助于"默认同意"（tacit agreement），康德则诉诸"假想的同意"（hypothetical agreement）的道德力量。

洛克认为，在一个政治共同体中，只要人们在成年之后没有明确地表示过反对该共同体的基本原则，就意味着人们默认同意进入该政治共同体并遵守该共同体的基本规则。洛克建议将居留在某国的土地上视为一种默认同意："只要一个人占有任何土地或享用任何政府的领地的任何部分，他就因此表示他的默认的同意，从而在他同属于那个政府的任何人一样享用的期间，他必须服从那个政府的法律。"①

康德在其道德哲学中讨论了"假想的同意"。康德认为，这不是一种实际的同意，而是在规范的意义上应该同意。② 当代契约论者罗尔斯认为，正是这种"假想的同意"才具有论证的效力。而且，罗尔斯自己的正义理论正是构建在这种"假想的同意"的基础上。罗尔斯在《正义论》中论述道："适用于社会基本结构的正义原则正是原始契约的目标。这些原则是那些想促进他们自己的利益的自由和有理性的人们将在一种平等的最初状态中接受的，以此来确定他们联合的基本条件。"③ 罗尔斯直截了当地承认其"原初状态"是一种假想的公平状态，而其正义原则是一纸"假想的契约"。同时，罗尔斯并不认为这一系列的"假想"削弱了契约式论

---

① ［英］约翰·洛克：《政府论》（下篇），叶启芳、瞿菊农译，商务印书馆1964年版，第74页。
② 参见［德］伊曼努尔·康德《道德形而上学原理》，苗力田译，上海人民出版社2012年版，第37页。
③ ［美］约翰·罗尔斯：《正义论》，何怀宏、何包钢、廖申白译，中国社会科学出版社1988年版，第11页。

证的效力。换句话说，社会契约论想要告诉我们的是，在一个"公平的订约环境"下，人们应该对进入政治共同体的基本规则达成一致，这种"应该的同意"为国家权力的合法性提供了证明。

如果我们进一步追问这个问题：人们凭什么"应该同意"呢？社会契约论者通常的回答是：因为人们有"理性"，而这种理性要求人们对某种基本原则达成一致意见。如德沃金所言，社会契约就是这样一个装置：通过它，人们能够知道"实践理性"对人们的要求。然而，这一回答却并不完美。实际上，当我们说人们"应该同意"时，我们假设了人们基于"某种价值原则"应该同意。其隐含的意思是：如果人们持有某一价值观的话，认同平等、自由等价值判断的话，应该同意……因此，"人人应该同意"这样的判断，仅在某一特定的价值体系中才能成立。

以罗尔斯的正义理论为例。罗尔斯认为，有理性的人们在原初状态下都会同意其正义理论中的"差别原则"：社会中经济与社会的不平等以最小受惠者利益最大化为限。但事实上，只有那些真正接受其关于"社会合作"（人类社会是互惠的合作冒险体系）、"反应得理论"（社会禀赋和自然禀赋都是不应得的）等相关理论之基本观点的人，才会同意其正义理论中的"差别原则"。① 由此看来，并不是所有拥有理性的人都会同意罗尔斯所阐述的正义原则。所以说，"理性"并不能单独推导出签约各方的"一致同意"，只有基于某种价值预设，才可能得出"有理性的人应该同意"这样的结论。从这个意义上来说，"假想的同意"并不能为一般的国家权力提供合法性证明，而只能充当特定价值体系中国家权力的合法性证明。打个比方，如果所讨论的"应该同意"是在自由主义的价值体系中得到的判断，那么"假想的同意"就只能为自由主义的国

---

① 对于这一问题的具体论证可参见拙作《罗尔斯"差异原则"的推导与质疑》，《道德与文明》2015年第4期。

家权力提供合法性证明。

通过上述分析我们看到，国家权力合法性的契约式证明将"一致同意"作为强制性权力的合法性基础。然而，在社会契约论中，人们对于"社会契约"的"一致同意"却是假想的。"假想的同意"是否具有论证效力？不同的政治思想家有不同的看法。社会契约论的主流观点认为"假想的同意"是一种规范意义上的同意，亦即有理性的人们应该同意。但是，这种规范意义上的同意却预先设定了某种人们达成共识的价值基础，有陷入循环论证的嫌疑："一致同意"为某种规范体系提供了合法性证明，但这种"一致同意"只有在此种规范体系中才可能达成。由此，可能出现的情况就是，认同该规范体系的人会对特定的"社会契约"表示同意，而不认同该规范体系的人则表示不同意。当然，社会契约论者会认为，不同意特定"社会契约"的人就不会进入该政治共同体，而所有进入该政治共同体的人都表示了同意。但不管怎样，"假想的同意"的理论困难让社会契约式论证的效力大打折扣，很难为国家权力提供普遍的合法性证明。

第三节　国家的本质*

在契约理论中，基于所有人的一致同意，国家所代表的政治秩序具有合法性。而要维护这种政治秩序，保障政治共同体成员的基本权利，国家必须借助暴力机关构建相应的奖惩规则。德国哲学家马克斯·韦伯（Max Weber）将国家的本质看作对于暴力的合法垄断。韦伯在《以政治为业》的演讲中论述道："恰恰在今天，国家与暴力的关系特别密切。以往各种团体——从氏族开

---

* 这一节中的部分内容曾以"'禁枪'的政治哲学分析"为题，发表在《读书》2019年第1期上。

始——都把暴力当作完全正常的手段。今天，我却只能说，国家是在某一特定的疆域内——这里的'疆域'属于国家的特征——自为地（卓有成效地）占有合法的物质暴力垄断权的人类共同体。因为今天的特点是：一切其他团体和个人只能在国家许可的程度上拥有使用物质暴力的权力，国家是使用暴力'权力'的唯一来源。"① 如果说国家是对暴力的合法垄断，那么，在国家形成之后，其成员是否能私自使用暴力来解决彼此之间的纠纷呢？在进入国家之后，人们还能像在自然状态下那样，私自强行正义吗？人们在受到攻击或侵犯时，又应该以什么样的方式自卫呢？

这些问题在今天的美国显得尤为敏感。在"枪击案"频发的情形下，私人是否有携带武器的权利，成为各派政治势力争论的焦点；同时，美国民众为了推动"禁枪"而发动了一次又一次的民主运动，然而这一愿望却始终难以达成。本节将尝试从政治哲学层面来分析，人们是否有理由运用暴力私自强行正义？美国人民是否拥有私自持有枪支和武器的权利？

霍布斯是现代政治制度的开拓者，也是社会契约论的鼻祖。在霍布斯看来，人们之所以能够从自然状态进入社会状态，是因为人们在理性的指引下，自愿让渡出一些权利；并将这些权利交给主权者；再由主权者来为所有政治共同体成员提供保护。在某种意义上，自然状态下所有人的权利都是无限的，这就是霍布斯所理解的人们在自然状态下所拥有的自然权利："每一个人按照自己所愿意的方式运用自己的力量保全自己的天性——也就是保全自己的生命——的自由。"② 霍布斯认为，在自然状态下，"每一个人对每一

---

① ［德］马克斯·韦伯：《以政治为业》，王荣芬译，载韩水法编《韦伯文集》（下），中国广播电视出版社2000年版，第408页。
② ［英］霍布斯：《利维坦》，黎思复、黎廷弼译，杨昌裕校，商务印书馆1985年版，第97页。

种事物都有权利,甚至对彼此的身体也是这样"①。这使得人们为了保存自身可以互相侵犯对方的身体。按照霍布斯的理解,如果我怀疑你有可能伤害我,那我就可以趁你睡觉的时候先置你于死地。由此,霍布斯认为自然状态是永远的战争状态,这种战争不仅是实实在在的战争,也包括潜在的人与人之间的相互为敌、相互防备的状态。而要走出战争状态,人们就必须忍痛割爱,让渡出一部分权利,尤其是"私自使用暴力"的权利。

霍布斯对自然状态的描述与当下美国枪击案之后的状况如出一辙。据多家媒体报道,在 2017 年拉斯维加斯枪击案发生之后的第二天,美国的一些州进入了"全民戒备"的状态。不论是上学上班,还是家庭主妇逛超市,人人配枪以防万一。更有甚者,得克萨斯州圣安东尼奥的一位大学教授头戴钢盔、身穿防弹服,全副武装地出现在课堂上。与此同时,枪支的销售量大增,而生产枪支的企业股票大涨。

可以肯定的是,美国人民并没有丧失理智;恰恰相反,正是在个人理性的指引之下,才会出现人人自危、人人配枪的怪现状。霍布斯正是预见到了人们保留自己所有权利的严重后果——所有人对所有人的战争,才坚定地认为:只有当每个人都让渡出一部分权利,形成共同权力,并由这一共同权力保护所有人,人们才有可能真正获得安全。而在这些应该被让渡出来的权利中最重要的一项就是——私自使用暴力的权利。所以说,从现代政治学之父霍布斯的观点来看,私自使用暴力的权利是应该被让渡出来交给主权者的权利。在国家形成之后,人们不能私自应用暴力,美国人民没有理由拥有私自持有枪支和武器的权利。

当然,西方当代的自由主义者对霍布斯的理论多有诟病。一些

---

① [英]霍布斯:《利维坦》,黎思复、黎廷弼译,杨昌裕校,商务印书馆 1985 年版,第 98 页。

自由主义者认为，霍布斯是一个"绝对主义者"，过于强调主权者的绝对权力，没有能够对人民应该拥有的基本权利进行有效的论证。那么，我们再来考察一下备受美国人民推崇的自由主义极右派别代表人物罗伯特·诺奇克的国家理论，看看诺奇克是否会支持个人持枪的权利。

诺奇克最重要的政治哲学著作《无政府、国家和乌托邦》在1975年被授予美国国家图书奖，之后又被评为二战后最有影响力的一百本书之一。可以说，诺奇克是美国自由派最具代表性的政治哲学家。在诺奇克的推导中，从自然状态到国家的形成经历了四个步骤：第一，在自然状态下，人们为了寻求安全可能自发地组织一些保护性社团。这些保护性社团通过向人们提供收费的保护服务而生存下去。第二，由于"保护"这一商品的特殊性，通过市场竞争，在某个区域内只会有一个支配性的保护社团被保留下来。因为，不同保护性社团之间是"你死我活"的竞争关系，在竞争中失败的保护社团不仅无法保护自己的客户，甚至会自身难保。第三，某一区域内的支配性的保护社团通过"禁止"没有交保护费的成员私自使用暴力而垄断的保护社团，形成超低限度的国家。第四，作为赔偿，垄断暴力的保护社团向被禁止使用暴力的成员提供免费保护，最终形成为区域内所有成员提供保护的合法暴力的垄断者——国家。① 在这四个步骤中，"禁止私人使用暴力"是国家形成的一个重要步骤。没有这一步骤，就无所谓国家。

一些学者质疑诺奇克对国家的推导，认为"禁止私自使用暴力"有可能侵犯人们的个人权利。对于这个问题，诺奇克解释说，对独立者（没有购买保护的人）暴力行使正义的禁止是通过"事实上的垄断"而实现的：每个人都可能要求一种审查任何人的程序的权力，在这个问题上，"支配的保护性社团却凭借他的权力确实占有一种独特的地位。当它认为合适的时候，它并且只有它，可以对其他人的

---

① 对诺奇克"最小国家"理论的具体分析，参见本书第八讲第一节。

正义程序进行强行禁止"。① 换句话说，在"禁止私自使用暴力"这一步骤中，支配的保护性社团并没有声称自己拥有任何独特的权力，而仅仅是由于其事实上的支配地位而得以审查并禁止独立者强行正义。因此，"禁止私自使用暴力"并没有侵犯独立者的权利和自由。

在自由主义的众多思想流派中，诺奇克属于自由至上主义者（libertarian），这一流派的另一位重要代表是哈耶克。这派思想家之所以被冠以"自由至上"之名，是因为在他们的政治理论中"自由"或者说"权利"被置于最高地位。"个人权利"是建立政治共同体的理由，"保护个人权利"是国家权力的合法性的来源。在自由至上主义者看来，如果个人的基本权利，包括私有权、言论自由、迁徙自由等得不到保护，那么国家的权力就是不合法的。然而，即使在自由至上主义者诺奇克看来，"私自使用暴力"的权利也是应该被"禁止"的，而且对于这一权利的禁止并没有使国家丧失合法性。所以说，站在自由至上主义者诺奇克的立场上，人们同样没有理由私自强行正义，而美国人民也没有理由不禁枪。

继续我们一开始的追问，为什么某些美国人这么执着于拥有枪支的权利，并且认为，即使以无辜的生命为代价，这一权利也不应该被剥夺？在政治哲学上能找到为个人持枪权利找到理由吗？在政治思想史上，洛克大概是最重要的、明确支持持枪权利的政治哲学家，而美国的诞生正是得益于洛克的权利理论。

在洛克的著作中，与持枪权利相关的论述主要有两个观点。第一个观点，洛克认为在自然状态下每个人都有惩罚违反自然法的人的权利。洛克在《政府论》（下篇）中论述道："为了约束所有的人不侵犯他人的权利、不互相伤害，使大家都遵守旨在维护和平和保卫全人类的自然法，自然法便在那种状态下交给每个人去执行，

---

① ［美］罗伯特·诺齐克：《无政府、国家和乌托邦》，姚大志译，中国社会科学出版社2008年版，第129页。

使每个人都有权惩罚违反自然法的人，以制止违反自然法为度。"①然而，洛克自己也意识到这一权利只会将人们带入战争状态②："对于这一奇怪的学说——即认为在自然状态下，人人都拥有执行自然法的权力——我相信总会有人提出反对：人们充当自己案件的裁判者是不合理的，自私会使人们偏袒自己和他们的朋友，而在另一方面，心地不良、感情用事和报复心理都会使他们过分地惩罚别人，结果只会发生混乱和无秩序。"③ 所以，洛克所阐述的自然状态下人人可私自行使自然法的权利并不能为在社会状态中人们私自持枪的权利提供论证。因为，人人私自行使自然法的权利就是私自使用暴力的权利，而这一权利将人们带入所有人对所有人的战争之中，无法为任何人提供安全和保护。

洛克与持枪权利有关的第二个观点是人们拥有"革命的权利"。洛克在《政府论》（下篇）的最后一章"论政府的解体"中论述道：政府的权力是人民委托的，当政府违背人民建立它的目的时，政府就解体了。造成解体的原因有三个：（1）君主以个人的专断意志来代替立法机关制定法律，或阻止立法机关自由地行使其权力，或变更选举制度从而导致立法机关的变更；（2）君主玩忽或放弃他的职责，以致业已制定的法律无法执行；（3）立法机关或君主二者的任何一方在行动上违背了人民的委托，侵害了人民的人身、自由、财产权利。在出现上述情况时，人民有权运用革命的手段建立新的政府，这就是革命的权利，也是武装反

---

① ［英］约翰·洛克：《政府论》（下篇），叶启芳、瞿菊农译，商务印书馆1964年版，第5页。

② 在《政府论》中，洛克费了很大的力气去区分自然状态和战争状态，并且在这个问题上批评霍布斯。但事实上，洛克自己所描述的人人私自行使自然法的状态也不可避免地陷入战争之中。

③ ［英］约翰·洛克：《政府论》（下篇），叶启芳、瞿菊农译，商务印书馆1964年版，第8页。

抗政府的权利。①

洛克所阐述的"革命的权利"成了美国独立战争的理论武器，并且被写进了美国的《独立宣言》："当追逐同一目标的一连串滥用职权和强取豪夺发生，证明政府企图把人民置于专制统治之下时，那么人民就有权利，也有义务推翻这个政府，并为他们未来的安全建立新的保障。"

洛克所阐述的"革命的权利"以及美国《独立宣言》中对这一权利的阐释似乎为美国人民私自持枪的权利提供了理由：如果人们没有私自持枪的权利，那么如何能武装反抗暴政呢，又怎么可能拥有"革命的权利"呢？美国独立战争的历史也很好地证明了这一观点：如果美国的国父及其追随者们不曾拥有枪支，那么怎么可能使美国摆脱英国的压榨和控制而建立独立自由的国家呢？洛克"革命权利"的思想最终被写进了美国的宪法，如宪法第二修正案所言："管束良善之民兵乃保障一州自由所必需，人民持有及携带武器之权利不受侵犯。"然而，宪法第二修正案中的这一叙述却引发了美国人民拥有"个人持枪权"还是"集体持枪权"的争论。

值得注意的是，宪法第二修正案中说的是"人民"（people）拥有持枪的权利，而不是"个人"（individual）拥有持枪的权利。在这里，"人民"是一个政治概念，与"敌人"或"专制政府"相对立。也就是说，当国家中有"敌人"或者有"专制政府"的时候，人们拥有武装反抗的权利。而这种权利只能是"集体持枪权"，亦即有组织、目的明确地武装反抗专制政府的权利。这种权利与允许个人私自使用暴力的"个人持枪权利"是完全不同的。个人私自使用暴力的权利只会破坏社会中人与人之间的信任，将社会拉回到人人相互为敌、相互残杀的自然状态。

---

① 参见［英］约翰·洛克《政府论》（下篇），叶启芳、瞿菊农译，商务印书馆1964年版，第十九章。

遗憾的是，2008年美国最高法院对"赫勒案"①的判决终结了"个人持枪权"和"集体持枪权"的争论，判定"个人持枪权"派获胜。最高法院确认，美国宪法第二修正案赋予了个人持有和携带枪支的权利，并且，这一权利与公民是否加入民兵组织无关。同时，最高法院还判定华盛顿特区的禁枪令违宪，并于2010年将这一判决适用于各州。从那个时候开始，美国个人持枪的数量与日俱增，而伤及无辜的枪击惨案多有发生。应该说，美国最高法院对于美国宪法修正案的解释有失偏颇。这种解释使得一种人们武装起来反对暴政的权利实质上变成了人人为敌、私自使用暴力的权利。而后一种权利将对一个社会的安全和稳定造成致命的伤害。依据霍布斯和诺奇克的推理，如果不禁止人们"私自使用暴力"，那么，国将不国，而人将时刻战栗在恐惧之中。

通过对美国"禁枪"这一案例的分析，我们看到，国家的本质在于对强制性权力的合法垄断。一方面，如果在某一疆域内没有一个垄断暴力的主权者存在，或者同时存在着两个或两个以上立场不同的暴力机关，那么，这个疆域内的人们就不可能认同一个明确的规范秩序。而缺少了明确的秩序，人们就变得无所适从，只能从自我利益出发，不可避免地陷入相互的争斗。因此，国家及其所隐含的对暴力的垄断是人类社会和平延续自身的必要条件。另一方面，国家对暴力的垄断必须是"合法的"，这一特征将国家与"黑社会"从本质上区分开来。国家对暴力的垄断是道德的、正义的，而"黑社会"对暴力的垄断则是不道德的、邪恶的。国家的道德

---

① 2003年，在华盛顿为联邦法院办公楼站岗的安全管理员迪克·安东尼·赫勒（Dick Anthony Heller）申请私人拥有枪支遭到管理部门拒绝，他随即对华盛顿1976年颁布的禁枪令提出质疑，并把华盛顿政府告上了法庭。2008年6月26日，最高法院作出判决，认为美国宪法第二修正案赋予公民拥有枪支的权利，华盛顿特区政府的限制性法规违宪。这是有史以来美国最高法院对于个人是否有权拥有枪支作出的第一次明确判决。

性来自其权力的合法性，而国家权力的合法性在于其成员的"自愿服从"。只有通过人们的"自愿服从"，国家权力的应用才不会侵犯人们的基本权利。正所谓，"从心所欲而不逾矩"，自由与规则的统一，为国家权力的合法性提供了依据。以垄断性的合法暴力为所有成员提供保护，保障所有人的自由，这就是国家的本质。

总之，社会契约是构建国家的"思想蓝图"。在契约基础上形成的国家权力之所以具有合法性，是因为这一契约是所有人在平等而自由的公平状态下"一致同意"的。国家的本质在于对暴力的合法垄断，社会契约的具体内容对主权者行使国家权力的方式、国家权力的限制，以及国家权力的目的等内容作出了具体的规定。

阅读与思考

一 阅读

1. ［英］霍布斯：《利维坦》，黎思复、黎廷弼译，杨昌裕校，商务印书馆1985年版。

2. ［英］约翰·洛克：《政府论》（下篇），叶启芳、翟菊农译，商务印书馆1964年版。

3. ［法］卢梭：《社会契约论》，何兆武译，商务印书馆2005年版。

4. ［美］罗伯特·诺奇克：《无政府、国家和乌托邦》，姚大志译，中国社会科学出版社2008年版。

5. ［德］马克斯·韦伯：《学术与政治》，钱永祥等译，广西师范大学出版社2010年版。

二 思考

1. 在自然状态下，什么样的签约环境是公平的？

2. "假想的同意"是否具有道德约束力?

3. 在国家中,人们是否应该"以牙还牙,以眼还眼"?这样的道德原则有什么问题?

第三讲
自　由

自由的两种概念
新积极自由概念
基本的自由项
自由的界限

自　由

前述两讲讨论的是确立国家合法性的契约论学说。那么，在确立了一个合法的国家之后，人们要如何来构建一个理想的国家呢？自由、平等、民主与法治……这些是政治哲学家用来规定一个理想国家的价值标准。下面三讲我们将逐一讨论这些最重要的政治价值。

第一节　自由的两种概念

一个人是自由还是不自由，到底取决于自己还是取决于他人呢？是他人的行为会限制我的自由，还是我自己的不理智、怯懦、懒惰、无知……使我变成那个被自己击败的人，让我作茧自缚，变得不自由？对自由的思考，自古以来就有这样两种思路：一是，将人为的外在障碍之消失当作是自由；二是，将自己对内在障碍的克服当作是自由。前者被称为消极自由，而后者则被称为积极自由。在消极自由和积极自由两种政治价值指导下的国家，会呈现出完全不同的形态。

1958年，牛津大学政治哲学教授以赛亚·伯林（Isaiah Berlin）在接受齐切利讲座教授之职时发表了题为"两种自由概念"的就职演讲，将西方古往今来的自由理论分为两种：消极自由理论和积极自由理论。伯林在区分两种自由概念的基础上，对积极自由理论进行了深入骨髓的批判，指出积极自由理论在理论上存在悖论，在政治实践中直接导致了20世纪的极权主义统治。

伯林将消极自由定义为"外在障碍（干涉）的消失"。这一概念最早由霍布斯在《利维坦》中提出，霍布斯认为，当河流被水坝拦起来时，就不再有奔流到海的自由了。伯林继承了霍布斯的消极自由概念，并且进一步将"外在障碍"规定为"人为的外在障碍"。言下之意，非人为的外在障碍并不会侵犯人们的自由。例如，我无法翱翔蓝天，但"蓝天"并不构成对我飞翔之自由的侵犯。实际上，我无法翱翔蓝天，这仅仅是能力的缺乏，并不是自由的缺乏。

那么，什么是"人为的外在障碍"呢？举例来说：当孩子想要出去玩，妈妈把门关上不让他出去，这就是人为制造的障碍，而这一障碍剥夺了孩子出去玩的自由。如果这一障碍消除了，妈妈打开了门，那么，孩子将重获自由。然而，"人为的外在障碍"这一概念并不像表面上看起来这么简单。比如，如果在上述例子中，妈妈并没有直接关上门，而是怒气冲冲地对孩子说："你要是现在跑出去玩的话，你今天就不要回家吃饭！"这种威胁的话语是否应该被算作"人为的外在障碍"呢？再比如，如果这个母亲温和地对孩子说："你别出去玩了，在家做作业，我奖励你一个大蛋糕。"这样温和的"诱惑"又是否应该被算作"人为制造的障碍"呢？或者，这位母亲同时采用"威逼"和"利诱"两种手段，对孩子说："你出去玩就别回家吃饭，你要是不出去玩，就可以得一个大蛋糕。"这样的"威逼利诱"又该不该算作是"人为制造的外在障碍"呢？对于这些具体问题，不同派别的消极自由理论家会给出不同的答案。其中，支持纯粹消极自由概念（pure negative liberty）的理论家认为，只有有形的障碍（physical obstacles）才能算作对行为者自由的障碍。换句话说，在上述例子中，只有当这个母亲将门锁住，才能说她限制了孩子的自由；而她说的那些"威逼利诱"的话，并不能算作对于自由的障碍。

还有一种消极自由概念是从规范意义上来定义自由的，被称为霍菲尔德式自由概念，因最先深入分析这一自由概念的法学家霍菲尔德（Wesley Newcomb Hohfeld）而得名。这一自由概念的含义是在规范意义上"允许"。例如，"我有居住在自己房子里的自由"，"自由"的含义是依据法律及其他规章制度，我被允许居住在我自己的房子里。但是，如果我弄丢了房间的钥匙，进不了家门，那么在描述的意义上，我并没有走进房间住在家里的自由。这就是描述性的消极自由概念和规范性的消极自由概念之间的区别。

消极自由理论并不深入到行为者的内心，考虑什么是行为者的真实目的，以及哪些内在的心理状态构成了行为者行动的障碍。可以说，对于消极自由概念来说，不存在所谓的"内在障碍"。与消极自由理论不同，积极自由理论的复杂性依系于对"内在障碍"的确定。当人们谈及一个人的"内在障碍"时，一定是相对于其"真正想做的事"来说的。亦即，相对于这个人"真正想做的事"，他（她）内心中的其他想法和欲望构成了"真正想做的事"的内在障碍。而为了在一个人的众多欲望和想法中确定这个人"真正想做的事"，或者说确定这个人的"真实自我"，我们就必须对一个人的"自我"进行划分。然而，也正是从对"自我"的划分开始，积极自由理论与消极自由理论分道扬镳。积极自由理论要求对"自我"进行划分，而消极自由理论则反对划分"自我"。

在两千多年来的西方政治思想进程中，演化出许多种对"自我"进行划分的方法。例如，柏拉图将人分成理性、激情和欲望三个部分，并且认为，一个正义的人就是欲望和激情服从理性指挥的人。再比如，斯多葛学派的爱比克泰德将个人划分为理性和非理性（欲望）两个部分，并且认为所谓的自由就是非理性的自我听从理性自我的指挥。在爱比克泰德的自由理论中，所谓自由并不是欲望的实现，而是欲望的消除，是理性自我对非理性自我的压制，而这样的自由概念出自一位身患残疾的奴隶哲学家，也许并不令人惊讶。

伯林批评爱比克泰德的自由理论，认为这种理论让人放弃一切向外的发展，而"退回内心堡垒"。伯林论述道："我开始追求幸福、权力、知识……但是我无法把握它们，于是，我决意不欲求自己得不到的东西。……我就仿佛做出了一个战略性的退却，退回到我的内在堡垒——我的理性、我的灵魂、我的'不朽'自我中，不管是外部自然的盲目的力量，还是人类的恶意，都无法靠近。"① 在伯林看来，这种自由理论是典型的酸葡萄学说。积极自由让人们放弃所有难以实现的欲望。这就像，如果我的腿受伤了，为了重获自由，不是应该积极治疗，而是干脆砍掉整条腿。这样的自由理论将最终将"自我"封闭在内心当中，同时还自认为是自由的。伯林认为，爱比克泰德的自由理论最终将得出这样的结论：即使一个人是奴隶，只要他能说服自己放弃一切正常的欲望，他也是自由的。这就是著名的"幸福的奴隶"悖论。

积极自由理论的另一种形式——"强迫自由"——是通过将分化出来的"真实自我"进一步外化而得到的。在对自我进行划分的基础上，自由被理解成"做自己真正想做的事""理性自我对非理性自我的统治""真实自我的实现""做最好的自己"，等等。如果更进一步，将那个代表着自由的"真实自我"外化成某个崇高的道德权威，同时将自由看作是对这一外在权威的服从，这时，自由就完全变了味儿，甚至走到了自由的反面——"强迫"。

卢梭的自由理论恰恰蕴含着从"自由"到"强迫"的悖论。在卢梭的政治学说中，有一个神秘而至高的概念，这就是"公意"（general will）。卢梭将人们在政治共同体中的"自由"理解为个人对"公意"的服从。卢梭认为，在自然状态下人们是自由的，因为每个人的行为听从自己意志的支配。人们在自然状态下的意志被

---

① ［英］以赛亚·伯林：《自由四论》，胡传胜译，译林出版社2003年版，第204—205页。

称为"私意"(private will),其目的是增进个人利益。在进入政治共同体之后,如果人们想要获得自由,就必须服从"公意",因为此时人们的"私意"已经汇聚成了"公意"。在卢梭的政治理论中,"公意"是由"私意"汇聚而成的、代表国家的唯一意志,其目的是推进公共利益。人们聚在一起通过签订社会契约而形成政治共同体,这一过程是一个复杂的化合反应而不是简单的物理堆积。卢梭将"私意"简单堆积而形成的集合称为"众意"。"公意"与"众意"不同,是所有"私意"融合在一起而形成的一个普遍意志。当人们缔结社会契约时,已经将自己的"私意"融入了"公意",以千千万万的"小我"融合成一个"大我"。因此,在政治共同体中,当"任何人不服从公意的,全体就要迫使他服从公意。恰好就是说,人们要迫使他自由"。①

卢梭"强迫自由"理论的逻辑是:一个人真正想做的事情必然符合一种理性的秩序。而一个外在的权威,代表的是一个理性的正确的秩序和目的。在政治共同体中,这一秩序由"公意"代表。所以,当个人不能清楚地知道什么是自己真正想做的事情时,这个外在的权威,就有理由强迫个人去做"他真正想做的事情"。以上述"孩子出去玩"的例子来说明:当孩子想出去玩时,妈妈将门关上,并且对他说:"你是个好孩子,知道要先做完作业才出去玩。所以,你现在真正想做的事其实是在家做作业。妈妈把门关上,并没有限制你的自由。恰恰相反,是强迫你做自己真正想做的事,所以是通过强制而使你自由。"这种自由理论对于一个未成年的孩子来说,可能是说得通的,毕竟未成年的孩子还没有足够的理性能力找到实现自己目标的适当手段。但是,对于成年的公民来说,这些说法就很难说不是一套"家长制的"说辞了。更严重的是,如果将这套理论作为国家政治理论的基础,就很难确

---

① [法]卢梭:《社会契约论》,何兆武译,商务印书馆2005年版,第24页。

保人们的自由不受到实质性的侵犯,非常容易导向"专制主义"统治。

"强迫自由"的悖论真正激起了伯林对卢梭的怒火。伯林论述道:"在整个现代思想史上,卢梭是自由最阴险和最可怕的一个敌人。"① 伯林认为,卢梭将两种相互矛盾的绝对价值——绝对的个人自由和绝对正确的法则——合二为一,认为这两种价值之间根本就不存在对立,两种价值其实是一回事。②

综合以上两方面,积极自由理论向内和向外的发展都将导致悖论的产生。向内发展会导出"幸福的奴隶"悖论,向外发展会导出"强迫他人自由"悖论。第一,爱比克泰德的自由理论告诉我们,通过放弃无法实现的欲望,奴隶也是自由的。这就等于说,即使是在奴隶社会那样的专制主义之下,人们仍然是自由的。这样的积极自由理论必然成了为专制主义辩护的工具。第二,卢梭的自由的理论以行为者并不知道"什么是自己真正想做的事"为借口,允许国家、政府等外在的权威强迫行为者做那些自己不愿意做的事,例如为了国家和集体的利益而牺牲个人的利益;并且宣称行为者被强迫做的事才是行为者真正想做的事,甚至认为行为者通过被强迫做那些事而获得了自由。这种"强迫他人自由"的自由理论必将以维护个人自由的名义将社会引向家长式的专制主义。积极自由理论又一次充当了为专制主义辩护的工具。

伯林对于积极自由和消极自由理论的区分受到了18世纪法国思想家贡斯当的启发。贡斯当在一次演讲中区分了"古代人的自由"和"现代人的自由"。贡斯当认为,古代人的自由在于作为主

---

① [英]以赛亚·伯林:《自由及其背叛》,赵国新译,凤凰出版传媒集团、译林出版社2005年版,第50页。
② 同上书,第38页。

权者的一分子而分享国家主权,这是一种"始于政治的自由",只要政治权力所及之处,人们都可以作为主权者的一分子而拥有干涉他人的自由。与此相反,现代人的自由是在主权权力无法管辖的范围内做自己想做的事情的自由,这是一种"终于政治的自由",这种自由在于不受干扰地享受自己的私人快乐。在公共权力管辖不到的地方,人们享有这样的自由,这其中包括言论思想自由、制订自己生活计划的自由、迁徙的自由、缔结合同的自由、交换的自由、结社的自由,等等。贡斯当批评卢梭是想要在现代政治中恢复古代人的自由,是一个不合时宜的人。

贡斯当对卢梭的批评或许引发了伯林的共鸣。伯林正是在"古代人的自由"和"现代人的自由"的基础上,区分了两种自由概念。如果说,贡斯当所论述的"现代人的自由"——不受干扰地享受私人的快乐——对应于伯林所说的"非干涉"的消极自由,那么,他所论述的"古代人的自由"是否对应于伯林所说的"积极自由"呢?我们或许可以从卢梭对自由的定义中参悟到"古代人的自由"与积极自由之间的某种关联。卢梭认为,自由就是自己的行为受自己意志的支配。那么,在政治共同体中,当人们在公共领域决定集体事务时,只有努力将自己的意志融入集体的意志,才可能维持"自己的行为受自己意志支配"的自由。因此,"古代人的自由"要求人们积极参与公共事务,以民主的方式行使国家主权。只有这样,才能在集体的意志(公意)中融入自己的意志,也才有可能在公共事务中通过"公意"而实现自己的意志对自己行为的支配。因此,所谓古代人的自由正是源于卢梭对自由的理解——"自由是自己意志对于自己行为之支配"。这种自由主张人们积极参政议政,通过民主机制平等地分享主权。

在伯林提出两种自由概念的区分之后,澳大利亚政治哲学家菲利普·佩蒂特(Philip Petite)提出了"第三种自由概念"。佩蒂特认为,消极自由概念强调的是排除他者的干涉,而积极自由概念强调的是自己对自己行为的支配。由于"支配"与"干涉"并非完全相反的两个概念，在这两种自由概念之间仍然有一定的理论空间，可以构建一种排除他人支配的自由概念。佩蒂特将这种自由概念称为"非支配"（freedom as non-domination）的自由，亦即我的行为不受他人意志支配的自由。这一自由概念的核心含义与"古代人的自由"一脉相承，强调的都是通过积极参与公共事务，将自己的意志融入集体意志之中，再通过对集体意志的服从而实现自己意志对自己行为的支配，或者排除他者意志对自己行为的支配，以实现自由。由于"非支配的自由"体现了共和主义的政治理想，所以也被称为"共和主义的自由"。佩蒂特认为这种自由概念是优于自由主义的消极自由概念的更好的政治理想。

综上所述，伯林在贡斯当对"古代人的自由"和"现代人的自由"区分的基础上，提出了"消极自由"和"积极自由"两种自由概念，并且深入批评了积极自由理论的内在悖论，以及在现实政治中可能存在的危险。在伯林作出两种自由概念的区分之后，佩蒂特提出了第三种自由概念——"非支配的自由"。这一自由概念延续了贡斯当所论述的"古代人的自由"的核心思想，在佩蒂特看来，是优于消极自由和积极自由的政治理想。

"消极自由""积极自由"和"共和主义的自由"在具体的政治现实中将导出不同的理想国家。第一，对于支持"消极自由"的政治家来说，国家应该给予人们尽量多的"非干涉"的自由。这种观点最终推导出"最小国家"理论。第二，支持"积极自由"的政治家会认为，国家应帮助人们实现"真实的自我"，因此会支持"福利国家"或者对人们的价值观念进行管控的国家。第三，支持"共和主义自由"的政治家会鼓励人们参与公共生活，行使民主权利，号召人们进行公共服务，提倡公共精神，这是共和主义的理想国家。

第二节　新积极自由概念[*]

伯林批评积极自由理论会导致"幸福的奴隶"和"强迫自由"两个悖论，并因此而充当专制统治的理论工具。为了回应伯林对积极自由理论提出的挑战，本节试图探索一种新的积极自由理论。新积极自由理论区别于消极自由，同时也区别于伯林所批评的传统积极自由理论。新积极自由论试图在保持传统积极自由理论之核心思想的同时，避免伯林所阐释的积极自由概念的两个悖论，使积极自由理论不再成为专制统治的理论工具。

新的积极自由理论的核心思想是：自由是做自己真正想做的事，是免于他人的干涉和自己内心的干扰。一方面，新积极自由理论认为，自由的实现在于内在和外在，源自他人和源自自身的障碍都消失，而不仅仅是传统积极自由理论所主张的自由是内在障碍的消失。这一区别使得新积极自由理论能够很好地规避"幸福的奴隶"悖论。另一方面，与传统积极自由理论将"自己真正想做的事"与外在的道德权威联系起来不同，在新积极自由理论中，所谓"自己真正想做的事"是行为者自己的主观判断，而非任何外在的价值观念强加于行为者的规定。这一不同使得新积极自由理论不会遭遇"强迫自由"的悖论。由于在理论上排除了"幸福的奴隶"悖论和"强迫自由"悖论，新积极自由理论在政治实践中不会再沦为专制统治的理论工具。

从古希腊的爱比克泰德到启蒙时代的卢梭、康德，再到当代的查尔斯·泰勒，不同时代的积极自由理论家都阐发了一个核心思想：自由在于做自己真正想做的事，在于"真实自我"的实现。可以说，这就是积极自由理论的核心思想。新积极自由概念在秉承

---

[*] 本节的部分内容曾以"论新积极自由"为题，发表在《探索与争鸣》2019年第4期。

这一思想的基础上,将自由规定为行为者行动之外在障碍和内在障碍的消失,同时反对"真实自我的外化"。与传统积极自由理论相似,新积极自由理论也是建立在对"自我"进行划分和评价的基础上的:自由在于否定那个"非理性的""较低的""不真实的"自我,实现一个"理性的""较高的""真实的"自我。与传统积极自由理论不同的是:一方面,新积极自由理论认为,不仅行为者内心的干扰构成自由的障碍,而且外在的干涉也对自由的实现构成障碍。在这一点上,新积极自由概念不同于爱比克泰德所论述的"内心自由",后者仅仅将行为者内心的"非理性欲望"当作自由的障碍,并由此推论出行为者应该向内心退缩而不是向外界发展,最终导致"幸福的奴隶"悖论。另一方面,新积极自由理论认为,行为者的"真实自我"并不能外化成理性的权威,"真实自我"始终是自我的一部分。在这一点上,新积极自由概念不同于卢梭所阐述的"强迫自由",否认任何外在的权威可以"强迫"我去做自己真正想做的事。基于此,新积极自由理论并不会导出"强迫自由"的悖论。

一 自由的障碍

消极自由理论通常认为,自由意味着行为者的某一可能行动免遭他人的干涉。这一自由概念仅将外在的干涉当作是对自由的障碍,而并不考虑行为者的内心干扰。消极自由概念并非建立在对自我进行"二分"和"评价"的基础上,消极自由理论并不深入行为者的内心,而仅仅关注行为者的行动。举例说明,如果我们说某人有公开发表言论的自由,这意味着如果他公开发表言论,他的行动不会受到任何人的干涉。也许此人一直想发表自己的看法,只是由于自己的羞怯而总是没有实现这一行动;但是,从消极自由的观点来看,我们却不能否认此人拥有发表言论的自由。所以,对于消极自由理论来说,只有外在于行为者的、由他人导致的干涉可以算作对自由的障碍，而来自行为者自身的、内在的因素不会对自由造成影响。在消极自由的概念中，障碍的位置（location）是外在于行为者的，障碍的来源（source）是他人。

与消极自由理论不同，传统的积极自由理论认为，自由的障碍来自内心而并非来自外界。传统积极自由理论仅将那个"非理性的""较低的"自我看作对自由的妨碍，而不考虑外界因素对自由的影响。我们可以从爱比克泰德所阐述的"内心自由"的角度来理解"言论自由"的例子，即使在人们不被允许公开发表言论的情况下，爱比克泰德也可能认为，人们可以借助内心的力量而获得自由：人之所以不自由，不是因为人们不被允许公开发表言论，而是因为人们心中有无法实现的公开发表言论的欲望；人们一旦消除了这种欲望，即可获得自由。由此看来，爱比克泰德的积极自由理论并不把任何外在的限制和干涉当作对自由的阻碍，而只将人们内心中那些无法实现的欲望看作对自由的障碍。

与消极自由理论和传统积极自由理论不同，新积极自由理论在赞同内在的、由行为者自身引起的障碍对行为者的自由构成妨碍的同时，还认为外在的、由他人引起的障碍也会对自由造成妨碍。新积极自由概念认为行为者自由的障碍有两个来源：他人对行为者行动的干涉，以及行为者自身的某些因素对实现自己真正想做的事情的干扰。前一障碍的位置是外在于行为者的，后一障碍的位置是内在于行为者的。再以"言论自由"为例，新积极自由理论认为，一个人的"言论自由"可能受到两种干扰的威胁——外在的他人的干涉，以及行为者内心的矛盾或怯懦。如果一个人真正想做的事就是在公开场合表达自己的观点，那么，他人对这一行为的干涉会构成对自由的妨碍；同时，行为者自身的怯懦、害羞、社交恐惧等也会对其自由造成妨碍。只有当外在障碍和内在障碍同时消失的时候，他人没有阻止行为者发表言论，而且行为者自己也勇于发表自己的观点，行为者才有可能做自己真正想做的事，实现"言论自由"。

加拿大哲学家查尔斯·泰勒（Charles Taylor）在《消极自由错在哪里》①一文中提出了机会概念（opportunity concept）和实践概念（exercise concept），并用这一对概念来区分消极自由和积极自由。泰勒论述到机会概念表达的是一种可能性，而实践概念强调的是切实实现。泰勒认为，消极自由是一种机会概念，它描述的是行为者之行动的可能性。说行为者有多少项消极自由，就像是说有多少扇门正向行为者打开那样，与行为者想通过哪扇门没有关系。而传统的积极自由是一种实践概念，它强调的是行为者切实实现自己真正想做的事。它关心的是行为者是否能选择正确的那扇门的问题。新积极自由概念在这一点上与消极自由和传统的积极自由都不同，它既是机会概念，也是实践概念。这是因为，新积极自由要求行为者之行动的内在、外在障碍同时消失。也就是说，在行为者和自己真正想做的事之间，外部世界的门和内部世界的门都向行为者的意志敞开，都为行为者的自我实现提供可能。实际上，当行为的外在和内在障碍都消失的时候，行为者必然能够实现自己真正想做的事情。所以，新积极自由概念同时也是实践概念。用"门"的比喻来说，内在障碍的消失使得行为者能够选择自己真正想通过的门，外在障碍的消失保证了行为者真正想通过的门是向自己敞开的。在这两个条件同时具备的情况下，行为者必然能够实现新积极自由概念所规定的自由。所以说，依据新积极自由理论，内在与外在障碍的消失是自由之实现的充要条件。

新积极自由理论要求行为者行动之内在与外在障碍都消失，这使得新积极自由理论并不会像传统积极自由理论那样，引发"幸福的奴隶"悖论。根据伯林的理解，传统积极自由理论认为，

---

① Charles, Taylor, "What's Wrong with Negative Liberty", *Liberty* edited by David Miller, London: Oxford University Press, 1991, pp. 175–193. Originally published in *The Idea of Freedom* edited by Alan Ryan, Oxford: Oxford University Press, 1979.

自由的障碍只存在于内心，不自由是行为者自身的因素造成的，这导致了被伯林批判的"个人最终退缩到内心堡垒"的怪现象：在自己行动的目标受阻时，不是积极地与外界抗争，而是退回到自己的内心堡垒，寻求安慰与庇护。不承认他人的干涉构成了自由的障碍，而仅仅通过自己目标体系的调整而消除障碍，这样的思维方式决定了传统积极自由理论必将遭遇"幸福的奴隶"悖论。与传统积极理论自由不同，新积极自由理论认为免遭他人的干涉是实现自由的必要条件（但非充分条件）。换句话说，拥有消极自由——行为者免遭他人对其行动的干涉——是实现积极自由的必要条件（但非充分条件）。当外在的干涉存在时，个人是不可能通过放弃无法实现的欲求而获得自由的。因为，放弃欲求并不能对自由的外在障碍造成任何影响。外在障碍的消除是实现自由的必要条件，积极自由的实现依赖于消极自由的实现。所以，在新积极自由理论看来，"退缩到内心堡垒"的精神胜利法不能成为实现自由的途径。由此，新积极自由理论也就不会导出"幸福的奴隶"悖论。

总之，在内在障碍和外在障碍的问题上，消极自由理论将自由看作是"免于外在障碍"，传统积极自由理论将自由看作是"免于内在障碍"，而新积极自由理论则将自由看作是"同时免于内在障碍和外在障碍"。

二 自由与道德

新积极自由理论与传统积极自由理论之间的第二个重大区别在于：在"自我二分"和"自我评价"的基础上，新积极自由理论反对将"真实自我"外化成一个外在的道德权威，反对将自由理解成道德权威对行为者的强制。新积极自由理论认为，对于行为者来说，只有行为者自己才最知道自己真正想做的是什么，没有任何外在的权威（诸如父母、老师、集体、社会、国家……）可以借"行为者自己不清楚自己真正想做的是什么"之名,对行为者进行强制。

传统积极自由理论通常认为,所谓某人"真正想做的事"与一个客观的道德秩序相联系。因此,只有当行为者的行为符合某一道德标准时,行为者才是自由的。换句话说,只有当行为者是道德的,他才是自由的。西方政治思想史上的积极自由理论都鲜明地具有这一理论特征,例如:古希腊的爱比克泰德认为,有道德的人才有自由,而自由的人是幸福而美好的。他论述道:"没有一个恶人能够想怎么生活就怎么生活,所以没有一个恶人是自由人。"[1] 启蒙思想家卢梭认为,个人积极自由的实现在于代表全体利益的"公意"的实现,人们的行为要符合"公意"这一道德权威才实现了自由,这是一种"道德的自由"。卢梭论述道:"唯有道德的自由才使人类真正成为自己的主人;因为仅只有嗜欲的冲动便是奴隶状态,而唯有服从人们自己为自己所规定的法律,才是自由。"[2] 另一位启蒙思想家康德也有类似的看法。康德认为,个人积极自由的实现是"善良意志"(good will)的表达,而这个意志的价值是客观的、绝对的而非主观的、相对的。传统积极自由理论的当代阐释者——加拿大哲学家查尔斯·泰勒则认为,积极自由只在于实现那些对社会、集体意义重大的行为,而一些意义很小或是无意义的行为与自由的实现无关。

在理论结构上,反对将"个人真正想做的事"与外在的道德秩序相联系,反对将行为者的"真实自我"外化成道德权威的关键,在于排除"他者猜想"(second-guessing)。所谓"他者猜想"指的是,认为行为者并不知道自己真正想做的是什么,并不知道自己利益的真正所在,并由此而取消行为者作为自己欲望之仲裁者的

---

[1] [古希腊]爱比克泰德:《爱比克泰德论说集》,王文华译,商务印书馆2009年版,第457页。
[2] [法]卢梭:《社会契约论》,何兆武译,商务印书馆2005年版,第26页。

权威，代之以外在的道德权威。

泰勒是支持"他者猜想"的积极自由理论家，他对行为者判断什么是自己真正想做的事情的正确性表示怀疑。泰勒认为行为者不能被当作什么是自己真正想做的事情的最后裁判者，也不能被当作行为者的"真实自我"以及行为者自己是否自由的最后裁判者。泰勒认为，个人全面自由的实现预先假设了只有一些确定的事值得行为者去追求。而做那些无意义的或者意义不大的事情，将无助于行为者"真实自我"的实现。所以说，当行为者不知道"什么是自己真正想做的事情"时，政府或是其他道德权威就有权利"强迫行为者自由"。在泰勒看来，行为者不能正确判断"什么是自己真正想做的事情"，所以应该被强迫做他们真正想做的事情，也就是"强迫自由"。① 可以说，卢梭和泰勒应用不同的术语、从不同的方面论证了同一个悖论性的结论——"强迫他人自由"。

在关于自由的当代讨论中，可以找到三种反对"他者猜想"的论证。这三种论证通过不同的路径证明：没有人能够比行为者自己更清楚地知道他真正想做什么。第一个论证是笛卡尔主义的"优先权路径"（privileged access）论证。这一论证认为 B 决不会比 A 更知道 A 想做什么，因为 A 想做什么是只能被 A 的反省所发现的内在事件。第二个论证是布雷恩·麦吉尼斯（B. E. McGuinness）在文章《我知道我想做什么》中提出来的。麦吉尼斯认为，B 决不会比 A 更知道 A 想做什么，因为 A 不能想做某事而不同时知道自己想做某事，所以 B 最多只能与 A 对 A 想做什么知道得一样多。② 第三个论证是图尔明（S. E. Toulmin）在文章《哲学和心理学中的概念构成》中

---

① Charles, Taylor, "What's Wrong with Negative Liberty", *Liberty* edited by David Miller, London: Oxford University Press, 1991, pp. 175 – 193. Originally published in *The Idea of Freedom* edited by Alan Ryan, Oxford: Oxford University Press, 1979.

② B. F. McGuinness, "I Know What I Want", *Aristotelian Society Proceedings*, Vol. LVII, London, 1957.

给出的。图尔明认为，绝不该由 B 来说 A 想做什么，因为这是一个该由 A 说的事。原因是"我想 X"意味着"我选择 X"。而在逻辑上，只有我可以作出我的选择。所以说，只有 A 可以作出自己的选择，也只有 A 知道自己想干什么。①

新积极自由理论反对"他者猜想"，认为只有行为者自己才最清楚"自己真正想做的是什么"。与传统积极自由理论类似，新积极自由理论也将自由定义为实现自己真正想做的事，但这里的"自己真正想做的事"却不与任何外在的道德秩序相联系，而是"自己认为是自己应该做的事"。简言之，新积极自由理论中的"自己真正想做的事"是一个主观评价（subjective evaluation），而不像传统积极自由理论所要求的是一个客观评价（objective evaluation）。与传统积极自由理论类似，新积极自由理论也基于"自我二分"和"自我评价"，但是这种评价并非是外界道德权威的评价，而是内在的、来自自我的评价②。行为者的自由在于"较高自我"或"真实自我"的实现。但是，所谓的"较高"或"真实"是行为者自己认为的"较高"或"真实"，并不是道德权威评价下的"较高"或"真实"。

"客观评价"还是"主观评价"的不同，导致了传统积极自由理论与新积极自由理论的一个根本分歧：自由的行为对于传统积极自由理论家来说必定是道德的、正确的行为，因为只有符合道德规范的行为才是自由的行为。与之相反，新积极自由理论则认为，自由与道德是两个相互独立的概念，自由的实现并不意味着道德的实践。行为者实现积极自由，只是做了自己真正想做的事，成为自己

---

① S. E. Toulmin, "Concept-formation in Philosophy and Psychology", Hook, *Dimensions of Mind*.
② 具体说来是通过行为者自己的"二阶欲望"进行评价。具体内容参见拙作《意志自由和行动自由——基于人类欲望之等级结构的分析》，《世界哲学》2010 年第 1 期。

真正想成为的人，至于其行为是否道德，是否正确，还需要参照客观的价值体系进行进一步的检查和判断。个人自由的实现，并不意味着个人行为是道德的。例如，对于自我极度膨胀的纳粹头子希特勒，我们可以说他在很大程度上实现了"真实的自我"，却绝对不能说他是道德的，或者他的行为是正确的。

新积极自由理论排除了"他者猜想"、撇清了道德与自由的关系，也就不会像传统积极自由理论那样，遭遇"强迫自由"的悖论。而且，"为专制统治提供理论依据"这样的诘难也不适用于新积极自由理论。新积极自由理论中的"真实自我"是一个主观价值判断，与传统积极自由理论中代表着道德权威的"真实自我"有着本质的区别。在新积极自由理论中，只有行为者自己才最知道自己真正想做的是什么，任何外在权威都不能以帮助个人实现自由为借口，对人们进行强制。

新积极自由概念是区别于消极自由和传统积极自由的一种新的自由概念。其核心思想是：自由是做自己真正想做的事，成为自己真正想成为的人，是行为者行动之外在障碍和内在障碍的消失。在自由的障碍、自由与道德、实践概念还是机会概念等方面，消极自由概念、传统积极自由概念和新积极自由概念之间存在着根本的分歧，总结如表3-1：

表3-1　　　　　　　　自由概念之比较

	定义	自由的障碍	自由与道德	机会与实践
消极自由	行动免遭他人干涉	外在于行为者，来自他人	自由的行为不一定是道德的	机会概念
传统积极自由	做自己真正想做的事（"真正想做的事"是客观价值判断）	内在于行为者，来自自身	只有按照道德规范行为才能实现自由	实践概念
新积极自由	做自己真正想做的事（"真正想做的事"是主观价值判断）	外在与内在，既来自他人又来自自身	自由的行为不一定是道德的	既是机会概念，又是实践概念

在具体的政治现实中，新积极自由概念因避免了"幸福的奴隶"和"强迫自由"两个悖论，所以不会导向专制统治，而更有可能导向一种为人们实现"真实自我"创造更好条件的"福利国家"。

第三节　基本的自由项

与积极自由相比，消极自由与国家的政治制度和法律体系有着更为直接的联系。在建构一个强制性的规范体系时，人们必须首先明确：应该给个人留下多大的私人空间，个人在哪一范围之内可以不受干涉地行动。本节将从社会契约论的路径分析人们应该拥有哪些基本自由，下一节则将从功利主义的角度探讨人们自由的界限。

按照社会契约论对国家的理解，人们在自然状态下，为了保全自身，让渡出一部分自由，并在一致同意的基础上进入国家。那么，在进入国家之后，人们还保留了哪些自由呢？这是一个关系到人们在国家中能合法地拥有哪些基本权利的问题，可以说是整个国家政治制度的基础。对于这个问题，不同的社会契约论者有不同的说法，其中广受诟病的是霍布斯的观点，而影响最大、得到各方支持甚至激发各种政治运动的则是洛克的观点。下面我们来对比一下这两位极其重要的政治思想家在这个问题上的不同看法。

霍布斯认为，人们在缔结社会契约的时候是两两签订契约，相互承诺放弃各自的自由，并将管理自己的权利授予一个中立的个人或者集体。这一授权过程的关键之点在于：被授权者，亦即人们在进入政治共同体之后的主权者并没有参与定约，也没有作出任何承诺，他（他们）仅仅是权力的被动接受者。基于这一理论设计，霍布斯的社会契约论并没有像其后的社会契约论那样，为公民在政治共同体中所享有的基本自由和权利奠定根基，而是为一个绝对的、无条件的、不能被收回的王权进行了论证。正因为获得共同权力的主权者并没有与任何人签订任何契约，因此，他（他们）不必受其授权者的任何约束，而其所获得的权力却要求臣民的绝对服从。

霍布斯在《利维坦》的"臣民的自由"一章中讨论了在进入政治共同体之后，人们还可能拥有什么样的自由。霍布斯认为，在进入社会状态之后，人们放弃了之前在自然状态所拥有的不受政治权力管辖的自由，此时，"臣民的自由只有在主权者未对其行为加以规定的事务中才存在，如买卖或其他契约行为的自由，选择自己的住所，饮食、生业，以及按自己认为适宜的方式教育子女的自由等等都是"。① 紧接着，霍布斯规定了主权与臣民的自由的关系："我们不能认为生杀予夺的主权由于这种自由而被取消或受到限制。"② 也就是说，在进入政治共同体之后，臣民只有在主权规定的范围内拥有"不受干涉"的自由，而对于主权所禁止的一切事情都不具有自由。霍布斯认为，即使在某一境况下，臣民被主权者处死，主权者也并没有做什么不对的事。

对于主权者行为的界限，霍布斯认为，人们在转让自己权利的过程中并非转让了自己所有的权利。依据自然法，有一些权利是不能转让的，而这些权利则构成了主权权力的界限："每一个臣民对于权利不能根据信约③予以转让的一切事物都具有自由。……不防卫自身身体的信约是无效的。因此：如果主权者命令某人（其判决虽然是合乎正义的）把自己杀死、杀伤、弄成残废或对来攻击

---

① ［英］霍布斯：《利维坦》，黎思复、黎廷弼译，杨昌裕校，商务印书馆1985年版，第165页。
② 同上。
③ 所谓信约是指：立约一方可以将约定之物先自交付，而让对方在往后某一确定时期履行其义务，在此期中先行托管，此时契约在先自交付一方面便称为契约或信约。

他的人不予抵抗,或是命令他绝饮食、断呼吸、摒医药或放弃任何其他不用就活不下去的东西,众人就有自由不服从。"①

总之,霍布斯认为人们在进入政治共同体的过程中,为了保存自身而让渡出了绝大部分权利。因此,在进入社会状态之后,除非主权者命令其臣民自残,否则的话,其臣民仅仅在主权者所规定的范围内才拥有不受干涉地行动的自由。

霍布斯写作《利维坦》的历史背景是1640—1688年的英国资产阶级革命,这次革命也被大多数史学家看作是世界现代史的开端。在这些由基督教教派纷争引发的一系列革命事件中,英国国王和议会为了争夺国家的主权而陷入了持续的战乱。在国王和议会的战乱中,霍布斯是一个忠诚的保王党,这直接决定了其政治哲学的宗旨——为绝对的王权辩护。而比霍布斯稍晚一些的洛克则是坚定的议会派政治思想家,他写作《政府论》(两篇)的直接目的就是为"光荣革命"辩护,其政治理论的目的是限制王权,为公民的基本权利和自由辩护。

在自由和权利的问题上,洛克和霍布斯主要存在着三方面的分歧:第一,洛克认为,人们在自然状态下拥有生命、自由和财产三项基本权利;而霍布斯认为自然状态下人们一片混战,任何具体的基本权利都得不到保障。第二,洛克认为,在缔结契约的过程中,人们并非像霍布斯所构想的那样,两两缔约,并将自己的权利让渡给第三方;而是人们基于所有人的同意将共同权力交由社会中的大多数人管理。第三,洛克认为,人们在缔约过程中保留了生命、自由和财产三项基本权利,缔约的目的是更好地保护人们的这三项权利;而霍布斯则认为人们只保留了那些"不可能通过信约转让的权利",例如拒绝放弃防卫自身身体的权利。

---

① [英]霍布斯:《利维坦》,黎思复、黎廷弼译,杨昌裕校,商务印书馆1985年版,第169页。

对于自然状态下人们所拥有的权利，洛克认为，人们在自然状态下除了拥有免于"共同权力"的干涉、为保全自身做任何事情的自然权利之外，还拥有"生命、自由和财产"三项基本权利。洛克借助"自然义务"的思想，对这三项基本的自然权利进行了论证："自然状态有一种为人人所应遵守的自然法对它起着支配作用；而理性，也就是自然法教导着有意遵从理性的全人类：人们既然都是平等和独立的，任何人就不得侵害他人的生命、健康、自由和财产。"① 在洛克看来，人类有理性，能够认识约束世间万事万物的自然法，人类必然也受到自然法的约束。而且，自然法不仅赋予了人们"自保"的权利，还加给人们"保存他人"的义务："正是因为每个人必须保存自己，不能擅自改变他的地位，所以基于同样的理由，当他保存自身不成问题时，他就应该尽其所能保存其余的人类，而除非为了惩罚一个罪犯，不应该夺去或损害另一个人的生命以及一切有助于保存另一个人的生命、自由、健康、肢体或物品的事物。"② 所以说，在人人肩负的"自然义务"的保障下，人们在自然状态下不仅有不受"共同权力"干涉的自然权利，还拥有生命、自由和财产这三项基本权利。

对于进入社会状态的原因和过程，洛克认为，人们在自然状态下虽然已经拥有生命、自由和财产三项基本权利，但这种享有并不稳定，有可能受到别人的侵犯。因此，人们联合起来，基于所有人的同意，形成共同权力，并把这一权力交给政治共同体中的大多数人管理。洛克认为，人们联合起来形成国家和政府的直接目的是更好地保护人们在自然状态下已经拥有的三

---

① ［英］约翰·洛克：《政府论》（下篇），叶启芳、翟菊农译，商务印书馆1964年版，第4页。
② 同上书，第4—5页。

项基本权利。为此，人们放弃了两种权力：在自然法许可范围内，为保存自身而做任何事情的权力；以及处罚违反自然法的罪行的权力。

洛克关于生命、自由和财产神圣不可侵犯的思想还可以从他对"革命的权利"的论证得到佐证。洛克认为，政府的权力是人民委托的，当政府违背人民建立它的目的时，政府就解体了。换言之，如果一个政府不能很好地保护人们的基本权利，甚至有意地侵犯人们的基本权利，那么人们就有权推翻这样的政府。

洛克关于基本权利的思想不仅在自由的观念史上具有重大意义，在西方政治思想史上更是奠定了现代政治制度的根基。在洛克之后，基本自由以及基本权利的思想不断地在不同的政治思想家的著作以及各种重要的政治文献中得到论述。

其中，最集中体现洛克基本权利思想的是美国的《独立宣言》："我们认为下面这些真理是不言而喻的：造物者创造了平等的个人，并赋予他们若干不可剥夺的权利，其中包括生命权、自由权和追求幸福的权利。为了保障这些权利，人们才在他们之间建立政府，而政府之正当权力，则来自被统治者的同意。任何形式的政府，只要破坏上述目的，人民就有权利改变或废除它，并建立新政府；新政府赖以奠基的原则，得以组织权力的方式，都要最大可能地增进民众的安全和幸福……"

还有，法国的《人权宣言》（1789）："第一条，人生来就是而且始终是自由的，在权利方面一律平等。社会差别只能建立在公益基础之上。第二条，一切政治结合均旨在维护人类自然的和不受时效约束的权利。这些权利是自由、财产、安全与反抗压迫……"

再有，联合国《世界人权宣言》（1948）则将洛克所论述的政治共同体中人们不可侵犯的基本权利进行了普遍化，使其成为一种作为人就应享有的"人权"："第一条，人人生而自由，在尊严和权利上一律平等。他们赋有理性和良心，并应以兄弟关系的精神相对待。第二条，人人有资格享受本宣言所载的一切权利和自由，不分种族、肤色、性别、语言、宗教、政治或其他见解、国籍或社会出身、财产、出生或其他身份等任何区别。并且不得因一人所属的国家或领土的政治的、行政的或者国际的地位之不同而有所区别，无论该领土是独立领土、托管领土、非自治领土或者处于其他任何主权受限制的情况之下。第三条，人人有权享有生命、自由和人身安全……"

另外，关于基本权利和自由的著名阐述还有，二战时期美国总统罗斯福所论述的四大自由：言论自由、信仰自由、免于贫困的自由和免于恐惧的自由；以及，当代政治哲学家罗尔斯所论述的基本自由，包括：政治上的自由（选举和被选举担任公职的权利）及言论和集会自由，良心的自由和思想的自由，个人的自由和保障个人财产的权利，依法不受任意逮捕和剥夺财产的自由，等等[①]。与此同时，始于洛克的基本自由的思想还直接推动了美国和法国的革命实践，以及女权运动、普选运动、反种族歧视运动等现代世界许多重大的政治运动，成为现代政治发展的核心动力。

总之，在一系列政治实践以及政治思想史不间断地书写过程中，基本自由神圣不可侵犯的观念深入人心，成为西方政治制度乃至所有现代政治制度得以确立的基础。

第四节　自由的界限

如上节所述，人们在社会中拥有神圣不可侵犯的自由，但这种自由绝不像人们在自然状态下拥有的自由那样毫无限制。否

[①] ［美］约翰·罗尔斯：《正义论》，何怀宏、何包钢、廖申白译，中国社会科学出版社1988年版，第61页。

则，人们就无法进入国家，而只能停留在"所有人对所有人的战争"之中。在一个政治共同体中，人们的日常生活要受到各种各样的约束，这些约束有可能来自身边的人们，也有可能来自国家和社会。因此，所谓"行动无障碍"指的是在某个范围内行动无障碍。亦即，自由是指人们在某一范围内可以不受他人干涉地行动。例如，我在我自己家的花园里种菜，不会对邻居们造成任何影响，那我就可以按照自己的意愿，想种什么菜就种什么菜。因此，廓清"非干涉的行动自由"这一概念的关键在于：划清自我与他人之间的界限，以及私人空间和公共领域之间的界限。

英国19世纪著名政治思想家、功利主义者约翰·斯图亚特·密尔（John Stuart Mill）对自由理论作出了巨大的贡献，他关于自由的重要著作是《论自由》。这本书的核心目的就是要为人们在政治社会中的行动自由划定界限，并在此基础上为思想自由、言论自由、新闻出版自由等各种基本自由进行论证和规定。值得一提的是，早在1903年，被誉为中国自由主义之父的严复先生就将密尔的这本《论自由》翻译成中文，并冠以"群己权界论"的标题。严复先生的"自作主张"恰恰体现了密尔这本著作的宗旨：划定私人与公共之间的界限，为人们行动自由的领域划定范围。

密尔作为一个功利主义者[①]，其政治思想的出发点是考虑某一行动是否会增加或有损某人的功利。所谓功利指的是快乐的增加以及痛苦的减少。简单来说，功利主义者的核心主张是：任何行为、政策、制度或者法律，只要能增进人们的快乐，或者减少人们的痛苦，那么它就是好的、善的、正当的、应该的；反之，则是坏的、邪恶的、不正当的、不应该的。因此，密尔在考虑人们自由行动之界限时关注的是，每个人的自由行动是否会给其他人或者是整个社

---

① 功利主义的政治哲学将在本书第六讲中详细论述。

会带来伤害。如果不会，那么社会就应该允许这样的行动自由，如果会带来伤害，就应该限制这样的行动自由。

密尔将自己为行动自由所施加的限制称为"伤害原则"："第一，个人的行动只要不涉及自身以外什么人的利害，个人就不必向社会负责交代。他人若为着自己的好处而认为有必要时，可以对他忠告、指教、劝说以致远而避之，这些就是社会要对他的行为表示不喜或非难时所能采取的正当步骤。第二，关于对他人利益有害的行动，个人则应当负责交代，并且还应当承受或是社会的或是法律的惩罚，假如社会的意见认为需要用这种或那种惩罚来保护它自己的话。"①

站在功利主义的立场，密尔认为，如果一个行为没有对别人造成伤害，那我们就不能说这一行为在道德上是不正当的，也就没有很好的理由限制这样的行为。而对于行为者自己来说，只有行为者最清楚自己的利益所在，也只有行为者自己才能充当某一行为是有利于自己，还是对自己造成伤害的最终裁判。所以，如果一个行为没有对他人造成伤害，就不应当被限制。至于这一行为是否对行为者自己造成伤害，这应该是由行为者自己决定的事。在密尔所阐述的"伤害原则"中，最富有争议的地方在于，密尔认为，即使社会或他人认为个人的行为是在对自己造成伤害，也不应对其行为进行强制性的干涉，而应以警告的方式进行劝诫。为了廓清这一论点，密尔举例说："如果看见有人要走上一座已经确知不保安全的桥梁，而又来不及警告他这个危险，他们可以将他抓回，这不算真侵犯了他的自由；因为自由在于一个人做他所要做的事，而这个人并不想要掉进河里。可是，有时一个祸患还没有确实性而只有危险性，除本人外便没有人能够判断他的动机是否足够促使他冒险一试，在这种事情中，我想人们对他只应发出危险警告，而不应当以

---

① ［英］约翰·密尔：《论自由》，许宝骙译，商务印书馆1959年版，第112页。

强力阻止他去涉险。"①

值得注意的是，在密尔所阐述的"伤害原则"中，所谓"伤害"指的是有形的（physical）伤害，并不包括心理上的伤害。为了说明这个问题，密尔讨论了回族人不吃猪肉的例子：当身边有人吃猪肉或者谈论这一话题时，回族人可能会觉得自己受到了伤害。这种伤害是无形的、心理上的伤害。然而，密尔认为，回族人并没有理由在全社会中颁布"禁吃猪肉"的命令，因为"对于个人的趣味嗜好和只关己身的事情，公众是无须干涉的"。② 这与禁止小偷偷盗钱包是完全不同的事件。偷盗造成的是财产的损失，是有形的伤害；而"吃猪肉"对回族人造成的是无形的、心理上的伤害。

在自由与伤害的问题上，密尔廓清了自由理论中一个悖论性的问题：人们是否有"卖身为奴"的自由，一次性地出卖自己所有的自由？密尔认为，"卖身为奴"这样的行为与给予人们自由的目的恰恰相反，这一自由的实践要求人们一次性地放弃自己所有的自由。因此，这种悖论性的自由是不能成立的。密尔论述道："在我国和大多数其他文明国家里，一个自己卖身为奴或者允许他人出卖己身为奴的定约在法律上是无效的、作废的，无论法律或舆论都不强其施行。……自由原则不能要求一个人有不要自由的自由。一个人被允许割让他的自由，这不叫自由。"③

密尔认为，人们的自由存在于广泛的领域，包括许多内容。其中三个重要的领域是：第一，意识的自由，即广泛的良心的自由，在思想和感情方面，在实践的和理论的方面，在科学、道德、神学和信仰等问题上的自由，发表和表达意见的自由。第二，个人志趣

---

① ［英］约翰·密尔：《论自由》，许宝骙译，商务印书馆1959年版，第115页。
② 同上书，第102页。
③ 同上书，第122—123页。

的自由，即自由制订个人生活计划，以顺应自己的性格。有自由照自己所喜欢的去做，实现个性的充分发展。第三，个人之间联合的自由，如在经济、贸易、生产、生活各方面的自愿联合、缔结契约，组成社团的自由，等等。在这三个领域中，密尔认为对于人们来说最重要的是思想的自由。

对于思想自由的重要性，密尔有极为精彩的论述："假定全人类减一执有一种意见，而仅仅一人执有相反的意见，这时，人类要使那一人沉默并不比那一人（假如他有权力的话）要使人类沉默较可算为正当。……迫使一个意见不能发表的特殊罪恶那是他对整个人类的掠夺，对后代和对现存的一代都是一样，对不同意于那个意见的人比对抱持那个意见的人甚至更甚。"① 密尔极其推崇思想和言论自由的原因在于，其认为任何意见都不可能保证"不可错误性"（infallibility），所以，只有开放言论，让尽量多的意见被人们听到。在不断地对话、批评、反驳以及达成共识的过程中，真理才能越辩越明。当然，对于思想和言论自由密尔也给出了具体的限制："一切意见应当允许其自由发表，但条件是在方式上需有节制，不要越出公开讨论的界限。那种产生直接煽动社会祸害结果的言论应受到惩罚。"② 按照密尔的说法，如果在电影院里大家都在聚精会神地看电影，突然有人在没有确切证据的情况下大喊"失火了"，并造成恐慌和踩踏，那么，这样的言论就应该受到限制，作出这种事情的人就应该受到惩罚。

对于发展个人志趣、实现个人生活计划的自由，密尔讨论了一些极富争议的案例。密尔认为，个人应该被允许发展一些可能伤害自身的志趣，例如：酗酒、赌博、嫖妓，等等。但是，我们是否可

---

① [英] 约翰·密尔：《论自由》，许宝骙译，商务印书馆1959年版，第19页。
② 同上书，第62页。

以就此推论说，社会中应该允许"蓄妓的老鸨""赌场"和"卖酒的店铺"存在，这却是一个很难有确定答案的问题。对于这些有碍公共利益的职业，支持和反对的双方可以给出充分的理由。密尔指出，如果我们禁止"赌场"和"妓院"，却不去惩罚"赌徒"和"嫖客"，这不过是惩罚了"辅助的罪犯"而让"主要的罪犯"逍遥法外。因此，为了更好地将个人志趣的发展与公共利益结合起来，政府和国家应该采用间接的干预手段（例如增加相关行业的税收、减少相关店铺的数量、增加开设的难度，等等），而不是直接禁止这些职业的存在。

对于贸易自由，密尔认为，应该赋予生产者、销售者和购买者完全的自由，这样才是实现"价廉物美"最有效的办法。密尔论述道："对贸易的限制以及对以贸易为目的的生产的限制诚然都是拘束，而凡是拘束，正因它是拘束，就必是罪恶。"[①] 关于市场交换中"出售毒药"的问题，密尔认为，人们不应该禁止毒药的市场交换，对这种自由的限制应仅限于在出售此种药品时贴上标签，说明该药品的相关性质即可。与之相关，密尔认为在出售适于作犯罪工具的物品的问题上可以采用边沁（Jeremy Bentham）所说的"预设的证据"。例如，要求当事人签名盖章，见证人的证实，等等。其作用是对该物品的使用事先以契约的形式进行限制。在贸易自由的问题上，密尔认为"禁酒法""禁止对中国输入鸦片""禁止出售毒药"，都涉及对贸易自由的侵犯。密尔论述道："一些干涉贸易的问题在本质上就是自由问题，像上文提到的梅恩省禁酒法，像禁止对中国输入鸦片，像禁止出售毒药，总之，凡目标在于使人们不可能得到或难于得到某一货物的干涉都属于这一类。这类干涉可以反对之处，不在它们侵犯了生产者或销售者的自

---

① ［英］约翰·密尔：《论自由》，许宝骙译，商务印书馆1959年版，第113页。

由，而在它们侵犯了购买者的自由。"① 以"侵犯了购买者的自由"为由，密尔谴责政府对毒品交易进行干涉。由此，旨在增进人类社会最大多数人的最大幸福的功利主义者密尔，居然为英国向中国输入鸦片，打开中国市场，进行了理论上的辩护。

密尔的《论自由》一书，引发了现代社会中关于各种具体自由的广泛争论。下面我们以"无被害人的犯罪"、携带枪支的自由、"安乐死"的合法化、网络言论自由等例子来深入分析当代讨论中对于"自由之界限"的争论。

第一，从密尔的"伤害原则"，我们能推导出一个重要的结论：所有没有受害者的"犯罪"都没有侵犯他人的自由，应该被允许。在特定文化和宗教背景下的人类社会中，我们能见到许多无被害者的"犯罪"，例如：亵渎罪、吸毒、同性恋、在公共场合裸露身体，等等。这类"犯罪"被称为"无被害人的犯罪"（victimless crimes），其含义是：这些"犯罪"并没有直接伤害任何人，没有直接的受害人。例如"吸毒"，这只对吸毒者自身造成伤害，并没有对其他人造成实质性的伤害。所以，根据密尔的"伤害原则"，这类"犯罪"应该被允许，而不能强行制止，或施以惩罚。当代许多自由主义者（例如罗尔斯和诺奇克）都赞同密尔的"伤害原则"，认为不应该存在任何无被害人的犯罪。然而，在特定的宗教文化背景下，这样的自由却存在很大的争议。例如，在基督教文化中，同性恋行为就可能冒犯许多人，而被看作是罪大恶极。又如，在世界大多数国家的文化中，在公众场合裸露身体，会被看作是"流氓行为"而受到相应的惩罚。所以说，"无被害人犯罪"所涉及的自由之界限并没有确定的答案。在这个问题上，人们自由的界限因不同文化背景和人们观念的改变而可能不同。

---

① ［英］约翰·密尔：《论自由》，许宝骙译，商务印书馆1959年版，第114页。

第二，在当代对于自由之界限的讨论中，人们是否拥有携带枪支的自由，是一个极富争议的问题。如本书第二讲第三节所述，英国政治思想家洛克认为，人们有"革命的权利"，在某些情况下可以暴力推翻专制政府。洛克所阐述的"革命的权利"成了美国独立战争的理论武器，并且被写进了美国的《独立宣言》和宪法。洛克的政治思想为美国人民拥有持枪自由提供了某种理由。然而，这种私人持枪的自由却给美国人民带来了一次又一次的悲剧。目前，美国人民是否应该拥有"私人持枪自由"，仍然是引发各方争论的焦点。

第三，"安乐死"也是西方当代引发巨大争议的自由问题。安乐死（euthanasia）指的是对无法救治的病人停止治疗或使用药物，让病人无痛苦地死去。关于"安乐死"争议最大的问题就是，临终患者是否有权利放弃治疗，以"安乐死"的方式结束自己的生命。从功利主义者的角度来说，如果人们生命的延续仅仅是在增加痛苦，而得不到一丝的快乐，这样的生命延续是没有意义的。因此，一些功利主义者（例如休谟）支持人们应该拥有"安乐死"的权利。但另一些自由主义者则认为，人们不能主动地放弃"生命权"，这与自由的目的是相反的，因此并不主张人们可以"安乐死"。更有甚者，坚定的天主教信徒们认为，人的生命源于上帝，所以人没有结束自己生命的权利。与此同时，"安乐死"的合法化在具体的实施过程中会出现很多棘手的问题，例如：实施"安乐死"的条件和时机，实施的具体方式，实施过程中可能出现的谋杀、欺骗、操之过急……这些情况都牵扯到复杂的法律和伦理问题。因此，当今世界上，除了极少数国家和地区外（荷兰，比利时，卢森堡，瑞士，美国的俄勒冈州、华盛顿州和蒙大拿州），"安乐死"并没有合法化。1997年，美国当代最具影响力的几位政治哲学家：罗尔斯、罗伯特·诺奇克、罗纳德·德沃金、T. M. 斯坎伦（T. M. Scanlon）、托马斯·内格尔（Thomas

Nagel）和朱蒂·贾维斯·汤姆森（Judith Jarvis Thomson）共同上书美国联邦最高法院，要求保障宪法赋予人们自决的基本权利，允许"安乐死"合法化。他们认为，自由民主社会最根本的价值在于个人自主（personal autonomy）："每个个人都有权利，作出那些关乎个体尊严及自主的最切身而个人的选择。这种权利包括行使某些对一个人的死亡方式及时间的支配的权利。"①

第四，在当今世界新技术层出不穷的背景下，密尔讨论的思想和言论的自由，正以全新的形式凸显出来，这就是网络言论自由。人们表达方式的转变导致在表达自由的问题上出现了一些密尔没有考虑到的情况。例如，网络言论是否应该"实名"的问题，"人肉搜索"的问题，"网络水军"的问题，"网络谣言"的问题，"五毛党"的问题，等等。这些关于"表达自由"的新问题正在成为今天人们讨论思想和言论自由时重点关注的伦理道德问题。

另外，科学研究的最新发展也在考问人类思想自由的界限。科学家有没有克隆人的自由，有没有基因编辑婴儿的自由②，有没有无限制地发展人工智能的自由，有没有将"人兽嵌合体"③用于临床实验的自由，有没有研制某些对人类影响并不清楚的药物的自由，有没有研究和种植转基因农作物的自由，等等，这些新的问题都在不断地更新人类自由的界限。

综上所述，基于功利主义的立场，密尔认为自由是人们个性发展和人类进步所必需的条件。人们的自由应该以避免伤害他人为

---

① "Assisted Suicided: The Philosophers' Brief", *New York Review of Books*, 27 March 1997.

② 对于这一问题的详细讨论可参见拙作《论"基因编辑"的伦理界限》，《伦理学研究》2019 年第 2 期。

③ "人兽嵌合体"的相关研究指的是：生物科学家借助基因移植和干细胞技术，融合人类与动物的生物材料，创造出各种各样人兽嵌合体。如"人耳鼠""人脑鼠"等，并将其用于对人类疾病的发病机理研究，或者作为供人体使用的异种器官移植资源。

限。那些对他人或整个社会造成伤害的行为应该被制止，或者由个人承担责任并接受惩罚；而那些不会对他人或整个社会造成伤害的行为则应被社会和国家所允许，以便给个人的发展留出充分的空间。密尔关于自由之界限的基本原则在对人们的具体自由的实际规范中发挥着根本性的重要作用，同时也引发了许多极富争议的问题。人们应该被允许拥有哪些具体的自由？社会中人们自由的界限到底应该如何划定？随着人类社会的发展和进步，人们在不断地实践和反思中将继续给出新的答案。

阅读与思考

一 阅读

1. ［英］以赛亚·伯林：《自由四论》，胡传胜译，译林出版社2003年版。

2. ［英］约翰·密尔：《论自由》，许宝骙译，商务印书馆1959年版。

3. Charles, Taylor, "What's Wrong with Negative Liberty", *Liberty*, edited by David Miller, London: Oxford University Press, 1991, pp. 175–193.

二 思考

1. 积极自由概念是否包含悖论？如果包含的话，其悖论是否能够解决？

2. "古代人的自由"是否具有现实意义？

2. 网络言论自由的限制是什么？

3. 科学研究的自由是否应该受到限制？

第四讲
平　等

平等的基础

关于什么的平等？

自由与平等

平　等

如果说自由是每个人追求自己梦想的起点，那么，是否可以说，平等就是人类社会想要实现的目标？平等，什么样的平等，应该成为人类社会发展的目标？人类社会的历程，从古代到现代，是朝着越来越平等的方向发展，还是朝着不平等的方向发展？平等，作为评价社会制度的重要价值之一，其理论结构错综复杂、困难重重。而所有困难的起点就在于"人人平等"的论证困境。本讲将首先讨论平等理论的论证基础；接着介绍不同种类的平等理论；最后，结合上一章所讨论的自由概念，分析自由和平等之间错综复杂的关系。

第一节　平等的基础

"人人生而平等"，在现代社会，人们对此深信不疑。然而，这并不是一个自明的判断。也就是说，这是一个需要证明的命题，而对这一命题的证明曾困扰过许多哲学家。

"平等"这一概念，虽然早在两千多年前就已经被古希腊的哲学家意识到，并且在希腊化时期的斯多葛学派的理论中，得到了深入的阐述。但是，"平等"观念具有重要的政治意义，并对政治运动产生巨大的推动作用，是从启蒙时代开始的。在启蒙时代，"人人生而平等"这一命题源自社会契约论者对于自然状态的设定。如本书第一讲第二节所述,为了契约式论证的有效性,社会契约论者不约而同地将自然状态设定为"平等而自由"的状态。在社会契约论中,人们在自然状态下是平等的,这种前政治状态的平等为人们在政治共同体中的平等奠定了基础。

"人人生而平等"的政治信念集中体现在法国大革命的口号中:自由、平等、博爱。平等也由此成为激发现代社会绝大多数政治运动的根本动力。在追求平等的推动下,人们不仅推翻了专治权力,掀起了各领域的民主化运动,还发动了女性解放运动、反种族隔离运动、争取同性恋权利运动等一系列政治运动。

对"人人生而平等"的证明,在哲学上就是对"平等的基础"进行探究。阿玛蒂亚·森在《不平等之再考察》中总结了政治哲学中关于平等的两大问题:"为什么平等"以及"关于什么的平等"。[①]"平等的基础"的问题是关于人们"为什么平等"的问题,是第一个问题。对于这个问题的回答,启蒙时代哲学家们最初的回答是,因为人们的"天赋才能"大致相近。霍布斯和洛克在最初讨论自然状态时就持这一观点。霍布斯和洛克都认为,人们在自然状态下身心能力大致相同。同时,相似的能力使人们拥有了相同的目的,而相同的目的和有限的资源又使人们陷入争斗。所以,在契约式的论证中,人们平等的基础在于"能力"。如洛克所言:"极为明显,同种和同等的人们既毫无差别地生来就享有自然的一切同样的有利条件,能够运用相同的身心能力……"[②]

然而,霍布斯和洛克所说的"人们的天赋才能大致相同"与人类的现实并不符合。人们通常看到的情形是:一些人天生聪慧,

[①] [印度]阿玛蒂亚·森:《论经济不平等/不平等之再考察》,王利文、于占杰译,社会科学文献出版社2006年版。
[②] [英]约翰·洛克:《政府论》(下篇),叶启芳、瞿菊农译,商务印书馆1964年版,第3页。

一些人天生愚钝；一些人貌美如花，一些人丑陋无比；一些人身体健硕，一些人天生残疾。千差万别的人类个体无时无刻不在向我们表明，人们在天赋能力上并没有什么一致性。将"天赋才能"作为人们平等的基础，未免牵强。

启蒙时代是人类重新发现"理性"的时代，这个时代的哲学家们认为人类区别于其他生物的最重要特征就是人类拥有理性。"理性能力"是所有人共有的，是人类与其他生物的根本性区别。人类正是因为拥有了理性，所以才获得了高于其他一切生命形式的尊严。由此，康德等一批启蒙哲学家将理性作为人人平等的基础。在他们看来，作为"理性的存在"，人人都应获得平等的尊严和权利。所以说，人们虽然在天赋才能上各有千秋，但是在"理性能力"上却是"人人平等"的，"理性"似乎确实能充当人们平等的基础。

初看起来，启蒙思想家将"理性"作为人与动物的根本区别，确实有一定道理。对于人类与其他物种的根本区别，历来有一些似是而非的说法。例如，有些人认为，只有人类会使用工具，其他动物都不会使用工具。然而，猴子会用小棍掏食蚂蚁，海里的鱼会借助珊瑚礁击打贝壳。有些人认为，只有人类能建立组织严密的社会。但是，蜜蜂和蚂蚁在复杂分工基础上建立起来的昆虫王国足以与人类的王国媲美。还有些人认为，只有人类会耕种，其实蚂蚁会在自己的巢穴里培养真菌，当作蚂蚁宝宝的食物；而砗磲这种巨大的贝类也是靠附着在其身上的藻类为其提供营养的。总之，我们很难找出一种具体的技能，是只有人类拥有，而其他生物不具备的。也许只有理性，这种建立在逻辑推导和数学计算上的思考能力，人类可以自豪地宣称是自己才拥有的。

然而，这一点也并不尽然：比如狗和海豚，通过不断训练，也能具备简单的计算能力。而且，将"理性"作为平等的基础的另一个麻烦是：一些人的理性能力很强，时时刻刻都能对各种问题作出严密的思考和推断；而另一些人则糊里糊涂，做事完全凭感觉。当然，这还取决于人们怎么定义理性，而对理性之定义的争论又将引出更多的麻烦。总之，启蒙哲学家将"理性"作为人人平等的基础。他们宣称人人拥有理性，所以人人生而平等，在政治共同体中应该拥有平等的权利。但是，人们的理性能力却是不同的。我们不得不问，这些或高或低的理性能够充当人人平等的基础吗？或者，我们是否可以说，那些理性较高的人应该比其他人"更平等"呢？

为了解决上述难题，当代政治哲学家罗尔斯提出了一个新的概念"范围特性"，其含义是，只要人们的理性都处于某一范围之类，那么他们就拥有被赋予平等权利的资格。换句话说，理性水平在某一范围内的所有生命，都是平等的。我们可以通过如下的思想实验来理解罗尔斯的理论：假设狗的理性值是3，海豚的理性值是5，而最不理性的正常人的理性值是60，最理性的正常人的理性值是100。如果我们将范围划定为60—100，也就是说，凡是理性值在60—100的生命都是平等的，那么我们就可以说，所有人都是平等的。这就是罗尔斯的"范围特性"理论对"平等之基础"问题的解答。然而，这一回答也有问题。无可否定，在人类世界有许多理性程度很低的人，甚至不及狗和海豚。例如，刚出生的婴儿、有智力障碍的人、植物人等，他们的理性肯定在划定的范围之外（因为，如果他们的理性也在范围之内的话，狗和海豚也在范围之内了，狗和海豚就应该与人平等了），难道这些人与其他人并不平等吗？难道我们可以剥夺婴儿、智障人士或者植物人的平等权利吗？由此看来，罗尔斯的"范围特性"也没有彻底解决"平等之基础"的问题。

在生物技术飞速发展的背景下，美国当代学者墨菲（James Bernard Murphy）认为自己重新找到了人人平等的"基础"——基因。墨菲认为，我们可以从人类的基因组上来对人类和其他生物作出根本性的区分。因此，可以将人类基因组作为"人人平等"的基础。换句话说，只要具有人类基因组的生命，就与其他人是平等的，人类基因组可以充当人人生而平等的基础。在我看来，这一证明方案存在两个问题：第一，作为人造人的克隆人（如果被造出来的话）将拥有人类的基因组，那么克隆人是否也应该拥有与其他人同样的权利呢？我曾有幸与墨菲教授当面讨论这一问题，墨菲教授回答说：是的，应该。如果是这样的话，当克隆人被造出来的时候，人类将面对许多新的伦理困境。例如：克隆人能不能拥有选举权和被选举权，能不能做总统，能不能结婚，等等。第二，男人、女人以及不同种族的人之间的基因组是有区别的。而这种区别与其他动物的基因组与人类基因组的区别相比，是否具有根本性的不同呢？例如，男人与女人的基因组只相差0.3%，而黑猩猩与人类的基因组也只相差1%。我们很难根据这两个很微小的差别武断地得出结论：男人和女人是平等的，而黑猩猩与人类是不平等的。另外，今天的生物学家为了临床医学的需要，还造出一种人与动物的结合体——人兽嵌合体。根据基因的比例，可以调节人兽嵌合体与人的相似度。例如，含有30%人类基因和70%绵羊基因的人兽嵌合体，含有99%人类基因的人兽嵌合体……如果人们将"基因"作为人类平等的基础，那么，我们应该如何对待"人兽嵌合体"呢？当基因比例达到多少的时候，"人兽嵌合体"才能拥有与人类平等的权利呢？

总之，人类的道德直觉告诉我们，人与人之间是平等的：不论出身贵贱、性别种族、能力高低、财富多寡、权力大小……每个人的生命都同等地重要。人们在政治共同体中应该被同等地对待、拥有平等的权利。然而，人与人之间为什么平等，人人平等的基础是什么，这还是哲学家们远未解释清楚的谜题。

第二节　关于什么的平等？*

阿玛蒂亚·森在《不平等之再考察》中总结了政治哲学中关于平等的两大问题："为什么平等"以及"关于什么的平等"。上一节中我们讨论了关于平等的第一个问题，亦即"平等的基础"的问题，下面我们来看看关于平等的第二个问题——"关于什么的平等"。

在人类历史进入现代之后，"平等"日益成为各派政治思想的共识。康德的道德哲学为平等主义的政治主张奠定了基础。康德认为，所有的人都是目的王国的合法成员，"你的行动，要把你自己人身中的人性，和其他人身中的人性，在任何时候都同样看作是目的，永远不能只看作是手段"①。这就是著名的"把所有人当作目的"的道德命令。在当代讨论中，平等主义理论在康德提出的"将所有人当作目的"这一命题的基础上，主张一切政治制度和国家权力要平等地将所有政治共同体成员当作"目的"来对待。由此，"平等待人"成了当代各派平等理论的出发点。然而，持不同政治立场的学者却很难在平等问题上成一致。其根本原因就是，人们所理解的平等之具体内容是不同的。这些由不同的平等理论支持而进行平均分配的东西，被政治理论家称为"平等项"（equalizanda）。权利、福利、机会、资源、能力……都可能成为平等理论的"平等项"。下面，我们就从"平等项"的角度，对不同的平等理论进行讨论。

---

* 本节和下一节部分内容曾以"平等理论的谱系"为题，发表在《哲学动态》2016 年第 10 期，并被收录在拙作《平等理论的谱系——西方现代平等理论探析》（中国社会科学出版社 2018 年版）一书中。

① ［德］伊曼努尔·康德：《道德形而上学原理》，苗力田译，上海人民出版社 2012 年版，第 37 页。

一 权利平等

在现代政治学中，人们最耳熟能详的"平等项"就是"权利"，其含义是不受干涉地做某事的自由，与"消极自由"的含义一致。将"权利"作为"平等项"的平等理论主张人人拥有平等的权利。例如，获得基本生活资料的权利，受教育的权利，在公众讨论中发表言论的权利，迁徙的权利，使用和支配自己所拥有的物品的权利，等等。虽然不同的政治理论家对于人们应当拥有的具体权利有不同的看法，但对于人人平等地拥有基本权利这一点是确定无疑的。罗尔斯在《正义论》中将这种平等的基本权利称作"平等的自由"，是人们应该平等地拥有的各项基本自由。在西方现代政治理论中，尤其是在契约论传统的政治理论中，平等权利是整个政治理论大厦的根基，也是国家和社会的其他制度的合法性基础，同时还是政治共同体的最终目标。如果不能保障政治共同体中人们的各项平等权利，那么国家和社会的所有制度、政策和法规都将失去合法性。

然而，将"权利"作为"平等项"似乎并不能很好地体现人与人之间的平等，或者说仅有"平等权利"是远远不够的。举例来说，在所有人拥有平等权利的社会中，穷人虽然和富人一样，拥有到世界各地旅游的权利，却缺乏实现这一权利的各种条件和手段。对于一些赤贫者来说，他们真正有条件实现的权利仅限于维持温饱和接受最廉价的教育和医疗。许多平等主义者认为，平等权利赋予人们的平等是远远不够的，甚至是虚伪而空洞的。由此，一些左派政治理论家认为，应该以"福利"作为"平等项"，使人们能够平等地拥有令人满意的生活。

二 福利平等

"福利平等"思想的理论渊源是功利主义，"福利"概念与

"功利"概念的含义相同,指的是人们理性欲望的实现。① 福利平等的理想要求在人们中间分配或转移资源,直到再也无法使他们在福利方面更平等。福利平等理论将"福利"作为平等项,旨在推进人们平等地实现某种意义上的满意生活。

福利平等理论依据"福利"概念的不同含义可大致分为"主观"和"客观"两大类,其中主观的福利平等理论又可分为"福利即成功理论"(success theory of welfare)和"感觉状态理论"(conscious-state theories)两类。"福利即成功理论"认为,所谓福利指的是某人在实现其偏好、目标和抱负上的成功。由此,基于"福利即成功"的福利平等就是要达到人们在实现偏好、目标和抱负上的平等。"感觉状态理论"将福利理解为人们在生活中的各种感受。边沁等早期的功利主义者将"快乐的增加和痛苦的减少"当作福利,但这样的理解过于狭隘,无法涵盖人类所能经历的各种复杂感受。当代的福利平等理论将"享受"和"不满足"用来概括所有支持福利平等者所涉及的称心和不称心的感觉状态或情绪。由此,福利平等的理想就是要追求人们在"享受"和"不满足"方面的平等。

客观的福利平等理论依据"福利"的含义不同存在着不同的解释。如果我们以财富来定义福利,那么福利平等的理想就等同于"经济相同性",也就是将"收入和财富"作为需要进行平等化的"平等项"。萨托利在其给出的平等理论谱系中讨论了"经济相同性"的平等理想。萨托利认为,有两种办法可以达到经济相同的平等理想:要么平均分配所有的财富,要么使所有财富国有化。然而,这两个目标既不可欲,也实现不了。② 一方面,平均分配所有

---

① "福利"和"功利"这两个概念会在第六讲第三节中详细讨论。
② 参见[美]乔万尼·萨托利《民主新论》,冯克利、阎克文译,上海人民出版社2009年版,第378页。

的财富必然会抹杀人们的主观能动性和人们进行创造和劳作的积极性，大大降低一个社会的效率；另一方面，如果使所有财富国有化则会遭遇"公地悲剧"①，使资源遭到无情的掠夺。

无论是客观的福利平等理论还是主观的福利平等理论，追求的都是结果的平等。结果平等理论的最大弊病就是会忽视个人的选择和努力在社会竞争中的作用。正如德沃金对"福利平等"理论的批评：如果一个人自己培养了一种奢侈的爱好，那么根据福利平等理论，社会就应将更多的资源分配给他，以满足其奢侈爱好，从而达到"欲望满足"的平等，或者"享受"的平等。同时，让其他社会成员为那些拥有奢侈爱好的人埋单。② 这样的社会分配显然不符合人们对于公平正义的道德直觉。为了在社会分配中突出个人选择和努力的作用，一些理论家主张应该将"机会"而不是分配的"结果"作为"平等项"，这就是与结果平等理论相对的机会平等理论。机会平等理论要求赋予人们平等竞争社会中各种资源和较优地位的"机会"，而不是保证竞争"结果"的平等。

三　三个层次的机会平等

"机会平等"是当代平等理论中最为重要的概念，机会平等理论将"机会"作为平等理论的平等项。然而，机会平等理论层次极为复杂，各派平等主义者对"机会平等"的解释各不相同，下面我将深入讨论三种层次的机会平等理论。首先，"前途向才能开放的机会平等"指的是给予具有相同才能的人同等的机会，在分配资源和各种教育与职业的机会时，不考虑人们的出身、种族、裙

---

① "公地悲剧"指的是，由于所有人共有资源，所以对于每一个人来说，尽量多地掠夺资源就是理性的选择，并且没有人会为了公共的利益去保护资源，其结果必然使得人们所共有的资源过早地消耗殆尽。
② ［美］罗纳德·德沃金：《至上的美德》，冯克利译，江苏人民出版社2007年版，第44页。

带关系、经济条件、性别、相貌等与才能无关的因素，这也被称作形式上的机会平等（formal equality of opportunity）。这种机会平等的基本特征是"反歧视"，是一种最低限度的机会平等理论。这种关于机会平等的观念在两千多年前的古希腊雅典城邦就已经得到了阐述，伯里克利在其著名的葬礼演讲中论述道："让一个人担任公职优先于他人的时候，所考虑的不是某一个特殊阶级的成员，而是他具有真正的才能。"①

然而，在当代的平等主义讨论中，越来越多的理论家逐渐认识到"前途向才能开放的机会平等"还远远达不到"平等待人"的政治目标。例如，罗尔斯认为，这种形式上的机会平等虽然保证每一个拥有相应才能或作出同等功绩的人都有同等的机会，但是却没有考虑到人们获得相应才能或作出同等功绩的能力是受社会境况和自然禀赋等因素影响的，而后者在罗尔斯看来都是道德上任意的因素，是不应得的。所以，为了达到"平等待人"的目标，一个社会的基本制度就应该通过相应的政策消除社会境况和自然禀赋对人们在社会中的竞争结果的影响。

为了说明罗尔斯对"前途向才能开放的机会平等"的批评，我们以全国统一的"高考"为例：为了接受高等教育，所有的高中生都要参加高考（不论其社会境况如何，也不论其自然禀赋的高低），大学则通过划出统一的分数线，择优录取。这种录取方式满足了形式上的机会平等，但并没有考虑到因社会境况不同或自然禀赋不同而造成的应试者最终成绩的不同。在这种考试制度中，来自偏远山村的学生，或者是智商较差的考生就有可能会觉得不公平，因为他们要花费比别人更多的努力以达到理想的考试成绩，或者他们根本就不可能达到某种理想的考试成绩。在这一例子中我们

---

① ［古希腊］修昔底德：《伯罗奔尼撒战争史》，谢德风译，商务印书馆1960年版，第二卷第四章。

看到，最终影响每个人考试成绩的有三类原因：社会境况、自然禀赋、个人的努力和选择。其中，"社会境况"又包括经济条件、家庭环境、出身的社会阶层、民族、性别等多种社会因素。然而，"前途向才能开放的机会平等"对所有这些因素都没有作出反应，而仅仅是考查相互竞争的人们之间才能的高低。正是出于这一原因，罗尔斯和罗纳德·德沃金等自由主义左派的思想家建构了更深层次的机会平等理论。

第二，"拉平社会境况的机会平等"指的是应通过社会分配的调整确保社会中处于不同社会境况中的人们拥有获得相应才能的同等机会，是一种试图"拉平"每个人的社会境况的平等理想。其中，"社会境况"指的是每个人所处的文化背景、经济状况、社会地位等非自然的因素，这些因素都有可能对人们在社会中所取得的竞争结果造成影响。例如，出生于富裕家庭的子弟与寒门子弟相比就有可能获得更好的早期教育，而最终在社会竞争中取得较优的结果。罗尔斯在《正义论》中所阐述的"公平机会的平等"（equality of fair opportunity）原则集中体现了"拉平社会境况的机会平等"理想。"公平机会的平等"原则是罗尔斯第二条正义原则中的第二部分，其含义是："在社会的所有部分，对每个具有相似动机和禀赋的人来说，都应当有大致平等的教育和成就前景。那些具有同样能力和志向的人的期望，不应当受到他们的社会出身的影响。"[1]

我们再回到"高考"的例子，按照"拉平社会境况的机会平等"的理想，在划定统一的分数线时，还应考虑经济落后、教育资源匮乏地区的具体情况，并制定相应的"优待"政策或"补贴"措施。例如：降低贫困地区的录取分数线、增加录取人数，或者是

---

[1] ［美］约翰·罗尔斯：《正义论》，何怀宏、何包钢、廖申白译，中国社会科学出版社2006年版，第73页。

对这些地区的教育事业进行财政补贴,等等。总之,"拉平社会境况的机会平等"消除了影响人们在社会竞争中所处位置的三个因素——社会境况、自然禀赋、个人的努力和选择中的第一个因素,其目的是让社会背景不同的人们能够站在同一起跑线上,凭着自己的自然才能通过个人的努力和选择而参与竞争。

当然,人们自出生之日起,其社会境况的许多方面就已经确定,例如家庭的经济状况、文化背景、社会地位等,不可能人为地改变这些社会现实以"拉平"每个人的社会境况。因此,所谓的"拉平"社会境况,只能以某种"优待"或"补贴"的方式帮助那些处于较差社会境况中的人们,以使他们获得与他人平等的起点。然而"优待"与"补贴"需要使用资源,这就意味着在这一过程中一些人的社会境况会变坏。基于这一点,"拉平社会境况的机会平等"理论受到了罗伯特·诺奇克等自由主义右派学者的批评。诺奇克认为,如果说人们对于机会平等有一种"权利",那么"这些'权利'需要事物、物资和行为作为其基础,而别人可能对它们拥有权利和资格。任何人对这样的东西都不拥有权利,即它的实现需要利用别人已经对之拥有权利和资格的事物和行为"。[1] 简言之,在诺奇克看来,国家或政府采取"再分配"的手段以"拉平"人们的社会境况,必然会侵犯某些人对属于自己的资源的权利,会对人们所拥有的平等权利和自由造成威胁。正是从这里开始,自由与平等之间产生了最初的矛盾。

第三,"拉平社会境况与自然禀赋的机会平等"是程度最深的机会平等理论。这一理论认为,人们在社会竞争中的最终结果,不仅不应该受到每个人所处的社会境况的影响,同时也不应该受其自然天赋的影响。坚持这一平等理想的学者被称为运气均等主义者

---

[1] [美]罗伯特·诺奇克:《无政府、国家和乌托邦》,姚大志译,中国社会科学出版社2008年版,第286页。

（luck egalitarians），他们的基本观点是：一个人在社会竞争中的结果受到大自然赋予每个人的运气的影响（例如：每个人的天赋才能、健康、幸运等），一种正义的社会制度必须以某种方式补偿那些运气不好的社会成员，例如：残疾人、天生愚钝的人、遭遇大病的人等。德沃金的资源平等理论对"拉平社会境况与自然禀赋的机会平等"进行了细致深入的探讨。德沃金设想通过假想的拍卖和虚拟保险的方式力图保证人们在进入社会竞争之前①拥有平等的资源。这些资源包括每个人的社会境况和自然禀赋，但却不包括一个人的嗜好、抱负和个性。在德沃金看来，嗜好、抱负和个性是每个人应为其负责的部分，不应让社会、国家或者周围的人们为其埋单。在运气均等主义的讨论中，德沃金第一次对无情的运气（brute luck）和选择的运气（option luck）进行了区分，这两种运气之间的根本区别在于，选择的运气是可以经过概率计算而预测的，就像是一种赌博；而无情的运气则是不可预测的。以患癌症为例，如果一个人大量吸烟而患上了癌症，那这就像是一场倒霉的赌博（他本可以选择不吸烟，而不进行这场赌博）。但是，如果此人并没有不良的生活习惯，也不知道什么原因而患上了癌症，则是交了无情的厄运。无情的运气和选择的运气的区分实际上是凸显了"人"和"环境"的区分。选择的运气是可以预计的，应该由个人去负责；无情的运气则是无法预计的。就像有些人出生即为残疾，这不是源自他自己的选择，他周围的人们有义务去补助他所遭受的不幸。

再回到高考的例子中，"拉平社会境况和自然禀赋的机会平等"要求排除社会境况和自然禀赋这两个因素对于考试结果的影响。在现实制度层面，这一平等理想要求在实施统一高考制度的同

---

① 德沃金将人们进入社会竞争之前的状态称为"前市场状态"。如第一讲所述，这一概念对应于社会契约论中的"自然状态"，是一个假想的状态。

时，不仅要对那些经济条件较差和教育水平较低的考生进行补助或优待，还要对天赋较差或天生残疾的考生进行优待。例如：为他们提供特殊的教育服务，增加录取名额，等等。

四 能力平等

"机会平等"理论虽然是当代西方平等理论的核心内容，但却并非是处于"权利"和"福利"之间的唯一平等项。阿玛蒂亚·森在提出"平等项"这一重要概念的同时，还提出了自己独特的"平等项"——"可行能力"（capacity）。与"机会"类似，"可行能力"同样是介于"权利"和"福利"之间的一个折中方案。

森为了调和平等与自由以及机会平等与结果平等之间的矛盾，创新性地提出了自己的一组概念——功能与能力，并且认为，这一组新的概念与过去学者们所讨论过的概念——例如：基本善、资源、收入、福利等有着本质的差别，因为这组概念不再关注实现自由的手段，而是关注自由本身。森论述道："'功能'（functioning）的概念（很明显它源自于亚里士多德），反映了一个人认为值得去做或达到的多种多样的事情或状态。"[①] 简单来说，功能就是人们所处的状态和可以做的事情（beings and doings）。森所理解的功能包括许多内容，从较初级的"保持良好的营养""身着体面的服装""接受义务教育"等，到较复杂的"在世界顶级的音乐厅欣赏交响乐""实现环球旅行的计划"以及"成为候选人竞选总统"等，都可以被称作"功能"。第二，"可行能力"（capability）的概念与"功能"概念直接相关，指的是"某人有可能实现的、各种可能的功能的组合"。在森看来，"可行能力"是一个集合，它包括一个人可能实现的所有的功能。在构建了"功能"和"能力"

---

① ［印度］阿玛蒂亚·森：《以自由看待发展》，任赜、于真译，中国人民大学出版社2013年版，第62—63页。

两个概念之后，森的平等主义主张就很好理解了：在社会分配领域，要努力实现人们在"可行能力"上的平等，也就是每个人"可能实现的功能集合"的平等。

在森的能力平等理论中，"功能"和"可行能力"这两个概念与"福利"和"自由"这两个概念有着很紧密的联系。首先，森认为，"功能"是人们福利的重要标志。因为，一个人的福利可以从其生存的质量来判断。与此同时，"能力"与"自由"有着紧密的联系。森认为，能力是一种实质性的自由，这种自由不同于古典自由主义所理解的"消极自由"，还包括人们实现自身目的和计划的真正的"机会"。用森的术语来说，自由就是"可行能力"的集合（capacity set）。

由此看来，"权利"（自由）与"福利"这两个概念在平等理论的谱系中处于"机会"与"结果"的两端，在更宽泛意义上的政治理论光谱中处于"左"与"右"的两端。简单来说，强调"自由"的理论家更主张"机会平等"（当然，对于何谓真正的"机会"存在着不同的解释）；而主张"福利"的理论家则更强调"结果平等"。甚至可以说，强调"福利"的通常是左派的政治家，而强调"自由"的则大多是右派政治家。当然，两派政治理论都各有偏激、不尽完美，而森对于平等项——"可行能力"的构建，却想要搭设沟通两端的桥梁。

综上所述，在"人人平等"的理论基础上，不同的平等理论提出了不同的"平等项"，并发展出不同的平等理论。权利平等、福利平等、机会平等、能力平等、资源平等、福利机会平等……都是当代政治哲学研究中为构建平等的政治秩序作出了重要贡献的平等理论。这些平等理论之间存在着诸多分歧，分歧的关键原因就在于平等与另一重要的政治价值——自由之间的复杂关系。自由与平等这两种重要的政治价值是和谐一致，还是水火不容，下面我们将进入对这一问题的讨论。

第三节 自由与平等

选择的自由与价值多元是英国政治思想家以赛亚·伯林留给当代政治哲学的两大遗产。伯林认为，平等、自由、公平、效率……各种不同的价值之间有可能存在着不可解决的根本性矛盾。伯林论述道："在大多数时候，人性总是准备着为了一些目标而牺牲另一些目标：安全、地位、繁荣、权力、美德、来世的回报；或者是正义、平等、博爱以及许多其他的价值。这些价值整体上或者部分地与个人自由的最大实现不相容，而且它们的实现显然不需要将个人自由作为先决条件。"[①] 言下之意，正义、平等、博爱等价值与自由并不一定是协调一致的。

平等与自由是现代政治学中两个核心重要的概念，也是评判现代政治制度之优劣的两个重要价值标准。然而，这两个重要的政治价值之间是什么关系，是否具有不相容性，"鱼和熊掌不可兼得"？还是相互协调、相互促进？

平等与自由的关系之所以错综复杂，其根本原因在于平等与自由这两个概念本身就相当复杂。在西方政治思想史上，每一位对平等或自由有所论述的政治思想家都有着自己独特的理解。下面我将以概念的澄清为切入点，具体分析"积极自由"和"消极自由"两种自由概念与将"权利""福利""机会"和"能力"作为平等项的各种平等理论之间的复杂关系。

一 消极自由与平等

如本书第三讲第一节所述，消极自由致力于在"私人领域"和"公共领域"之间划分界限，主张每个人在"私人领域"中不

[①] Isaiah Berlin, *Four Essays on Liberty*, Oxford University Press, 2002, p. 207.

受干涉，而这种"非干涉"的自由从一开始提出就是每个人平等拥有的。在现代政治思想中，消极自由概念和权利概念都始于霍布斯。霍布斯用消极自由概念来定义权利概念，而权利概念又天然地和平等概念联系在一起，构成人们在法律—政治领域的平等。

也许我们可以从社会契约论的论证结构当中去探寻平等与自由之间的这种天然的联系。第一，根据社会契约论，在国家之中人们为什么要服从主权者、遵守法律，是因为主权者产生于每个人自愿订立的契约，每个人自愿向其代理人授权。所以，人们要遵守诺言就必须服从主权者以及体现其意志的法律。然而，这一论证必须在一个重要的前提下：订立契约时人们必须是自由而平等的。如果没有这一前提，人们所订立的契约就是一项"不平等条约"，或者并非出于自愿。所以，自由与平等只要缺少其中之一，人们就没有理由受到这一契约的约束。由此看来，为了论证国家的合法性，社会契约论者必须假定在自然状态下，人们是平等而自由的。也正是出于这一原因，在社会契约论者最初提出权利论的国家学说时，总是将自由和平等联系在一起，自由和平等之间并不存在冲突。因此，消极自由与"平等权利"之间并不存在矛盾，它们是完全一致的：正是因为人作为理性的存在，拥有自由和尊严，所以一切人都是平等的生命存在；而作为平等的存在，每个人就应该拥有平等的权利，亦即拥有平等的"不受干涉"的自由，这些平等权利包括良心自由、言论自由、私有权、结社的自由、迁徙的自由、不受任意逮捕的权利等。正是基于这一理解，罗尔斯将其正义理论中的第一条原则称作"平等的自由"原则："每个人对与其他人所拥有的最广泛的基本自由体系相容的类似自由体系都应有一种平等的权利。"[①] 这一原则所规定的就是

---

① ［美］约翰·罗尔斯：《正义论》，何怀宏、何包钢、廖申白译，中国社会科学出版社1988年版，第60—61页。

每个人平等拥有的基本自由。

第二,"福利平等"理论要求在人们之间进行资源转移,直至所有人在"福利水平"上达到一致。因此,无论是"主观福利平等理论"还是"客观福利平等理论"都要在市场的初次分配之后进行资源的再分配。而这种"再分配"与自由主义中的"自由至上主义者"(libertarian)所理解的私有权会产生矛盾。自由至上主义者依据洛克对于所有权的论证认为,每个人对自己的人身(person)拥有完全的所有权,而人们对于自己的身体通过劳动所取得的东西也拥有不容侵犯的所有权。所以,在为了平等的目的进行资源的再分配时,实际上侵犯了人们的所有权。在这种意义上,"福利平等理论"通过"再分配"的手段以达到"平等"的目的,剥夺强势者的资源以补助弱势者,这必然会触及财产权这项基本权利,也就会与消极自由发生矛盾。正是基于这一原因,那些坚持自由至上的理论家,如哈耶克、诺奇克,才会强烈反对为了达到平等的目的而侵犯人们的自由,而自由和平等的矛盾也正是从这里开始的。

第三,如前所述,"机会平等"理论可以分为三个层次。首先,消极自由与第一种机会平等理论——"前途向才能开放"——之间并不存在矛盾,因为这一机会平等的诉求并不要求在穷人与富人之间进行再分配,并不会触及人们的财产权。但是,消极自由与第二种和第三种"机会平等"之间是存在矛盾的。因为,"拉平社会境况的机会平等"和"拉平社会境况和自然禀赋的机会平等"要求对资源进行再分配,而这将与"权利平等"中的"私有权"存在矛盾。

第四,同样,阿玛蒂亚·森提出的"能力平等理论"也要求对资源进行某种形式的再分配,以保证所有社会成员拥有大致相同的"可行能力"。因此,消极自由与"能力平等"理论也存在矛盾。

总之，决定消极自由与平等理论之关系的关键在于，平等理论是否要求对资源进行再分配。要求进行再分配的平等理论与消极自由是矛盾的，而不要求对资源进行再分配的平等理论与消极自由概念就不会产生矛盾。在西方政治思想的争论中，要不要进行再分配，是自由更重要还是平等更重要，正是政治光谱中的左派和右派的根本分歧。简单来说，左派支持再分配，认为"平等"更重要；而右派反对再分配，认为"自由"更重要。

二 积极自由与平等

如本书第三讲所述，积极自由概念在西方政治思想史中发展出多种不同的理论形式。伯林在批评积极自由理论时提到了三种积极自由概念：第一，"自由即分享主权"，这一自由概念对应于"古代人的自由"；第二，"自由即消除欲望"，这是斯多葛学派的自由概念，会导致"幸福的奴隶"悖论；第三，"自由即服从权威"，这是卢梭的自由概念，会导致"强迫自由"悖论。

在本节讨论中，我将重点讨论摒弃悖论的新积极自由概念（见本书第三讲第二节）与平等的关系。新积极自由概念将积极自由理解为"做自己真正想做的事"。这一自由概念要求行为者实现"真实的自我"，所以也可简称为"自我实现的自由"。与传统积极自由概念类似，新积极自由概念仍然是在"自我二分"和"自我评价"的基础上形成的。其中，"自己真正想做的事"来自行为者自己的评价，与外在的道德判断无关；同时，新积极自由概念不仅要求内在障碍（怯懦、愚昧、非理性等）的消失，同时也要求外在障碍（来自他人的干涉）的消失。

首先，新积极自由概念不会与"平等权利"发生矛盾。因为"自我实现"的理想必然肯定每一个人都要"自我实现"，而不仅仅是我一个人要"自我实现"。所以，"自我实现"的自由并不会排斥"权利平等"，因为对于"自我实现"来说，权利就是一种罗尔斯意义上的"基本善"（primary good）①，如果人们的基本权利得不到保障的话，是无从达到"自我实现"的。当然，如果我们采用积极自由的第三个概念"自由即服从权威"，那么自由就很有可能与"权利平等"产生矛盾。因为，"绝对服从权威"的要求可能会通过"强迫"来实现，如此一来自由的要求就会侵犯人们的基本权利，就必然会破坏人们在"法律—政治"领域的平等。正是基于这一点，伯林对积极自由理论进行了深刻的批评。

第二，"自我实现"的新积极自由概念必然与任何意义上的"福利平等"产生矛盾。因为，客观和主观的"福利平等"理论都有一个共同的特征，就是对于"人"和他的"环境"不进行区分，忽视"个人的努力和选择"在每个人的竞争结果中所起的作用。而"自我实现"的积极自由理论恰恰是一种强调"自我选择"之重要性的自由理论。"自我实现"的积极自由理论强调：自由在于做那些自己真正想做的事而不受非理性的欲望和情感的影响。因此，如果有一种分配政策"纵容"了我那些"非理性"的欲望，并且取消了我为自己的选择、性情和生活计划负责的资格，那这种平等主义的诉求就必然和"自我实现"的自由理论相矛盾。正如德沃金所说，个人的嗜好、个性和抱负是自己经过思考之后的选择，每个人都应该为自己的选择负责，而不是让他周围的人去帮忙埋单。我将成为一个什么样的人，我将拥有什么样的爱好、兴趣和生活计划，这些都事关我的自由的实现。如果一种社会制度忽略了我对我自己的责任，那么这种社会制度就必然扼杀了我的自由。即便"福利即成功"的福利平等理想要求的是所有人都达到"自我实现"，这一平等主义诉求也与"自我实现"的自由理论相矛盾。

---

① 这里借用罗尔斯的术语"基本善"，罗尔斯将"基本善"定义为：不论一个人的合理生活计划是什么都对其有用的东西。［美］约翰·罗尔斯：《正义论》，何怀宏、何包钢、廖申白译，中国社会科学出版社1988年版，第62页。

因为，前者通过调节社会分配以达到所有人的"自我实现"，而后者则要求每个人凭借个人的努力和选择以达到"自我实现"。因此，纯粹追求结果平等的"福利平等"理论必然会与"自我实现"的积极自由理论相矛盾。

第三，对于不同层次的"机会平等理论"，首先，"自我实现"的积极自由不会与"前途向才能开放的机会平等"产生矛盾。因为，前途向才能开放、保证最低限度的公平，也正是"自我实现"的一项基本保证，有助于我能够做我真正想做的事情。其次，类似的，"自我实现"的积极自由也不会与"拉平社会境况的机会平等"和"拉平社会境况和自然禀赋的机会平等"产生矛盾，因为这些"优待"政策正好可以排除"自我实现"过程中不利的外界因素，更加有助于每个人的"自我实现"。

第四，"自我实现"的积极自由与"能力平等"之间也不会产生矛盾。实际上，在一些政治思想家看来，森的"能力平等"理论就是一种"积极自由"理论。因为，森主张的自由概念是"实质自由"，而不是仅仅保证做某事之可能性的"形式自由"。森的"能力平等理论"主张通过资源的再分配使得每个政治共同体成员都拥有实现自我的平等的能力。而"自我实现"积极自由并不排除再分配。因此，自我实现的积极自由与"能力平等"理论并没有根本性的冲突和矛盾。

综上所述，在平等与自由的关系中，第一，"非干涉"的消极自由概念与"权利平等""前途向才能开放"的机会平等相一致；与要求再分配的平等理论——"福利平等""拉平社会境况的机会平等""拉平社会境况与自然禀赋的机会平等"和"能力平等"存在矛盾。第二，"自我实现"的积极自由与"平等权利"、三种机会平等理论以及能力平等理论相一致；与忽视个人努力的"福利平等"理论相矛盾。第三，"自由即服从权威"的积极自由理论与"平等权利"相矛盾。

阅读与思考

一 阅读

1. ［美］罗纳德·德沃金:《至上的美德》,冯克利译,江苏人民出版社2007年版。

2. ［印度］阿玛蒂亚·森:《论经济不平等/不平等之再考察》,王利文、于占杰译,社会科学文献出版社2006年版。

3. 李石:《平等理论的谱系——西方现代平等理论探析》,中国社会科学出版社2018年版。

二 思考

1. 人们为什么生而平等?
2. 有多少种平等?哪一种平等最重要?
3. 平等与自由哪一个更重要?

第五讲
民主与法治

直接民主
间接民主
宪法与法治
法治与民主
古代分权与现代分权

民主与法治

如果说消极自由与平等权利是现代政治思想的起点,那么民主、法治、分权这些政治理论则有着更为古老的思想渊源。尤其是民主政治:古希腊雅典城邦中的民主制度,在理论和实践的许多方面都比现代代议制民主走得更远。

第一节　直接民主

> 古代人的自由在于以集体的方式直接行使完整主权的若干部分:诸如在广场协商战争与和平问题,与外国政府缔结联盟,投票表决法律并做出判决,审查执政官的财务、法案及管理,宣召执政官出席人民的集会,对其指责、谴责或豁免……
> ——贡斯当《古代人的自由与现代人的自由》

曾几何时,法国政治思想家贡斯当所描绘的这幅画面,成了许多人向往的民主政治之理想图景!这就是古希腊雅典城邦中的民主,这种民主最主要的特征就是:面对面。拥有公民权利的人们面对面地在广场上讨论国家大事:有人演讲、有人质疑、有人辩护……最后在协商和讨论之后,大家一起投票。一人一票,多数决定。这被称为直接民主制度。

伯利克里在其著名的《在阵亡将士葬礼上的演讲》中自豪地称赞希腊城邦的民主制度，并道出了何谓民主的真谛："我们的制度之所以被称为民主政治，是因为政权在全体公民手中，而不是在少数人手中。"① 从字面意思来说，所谓民主（democracy）就是人民（demo-）的统治（-cracy）。不是个别人的统治，而是所有人的统治，所有人共同享有国家主权。在伯利克里的论述中，民主制度是以人人平等为基础的，这包括法律面前人人平等和最低限度的机会平等："解决私人争执的时候，每个人在法律上都是平等的；让一个人担任公职优先于他人的时候，所考虑的不是某一个特殊阶级的成员，而是他具有真正的才能。"② 正是从"人人平等"的基本预设出发，在决定集体事务时，每个人的意见都应得到同等的重视。所以，集体事务必须采用一人一票、多数决定的原则，这就是民主制度的内在逻辑。

雅典城邦的民主制度先后经历了三次民主化改革，逐渐走向成熟和完善。第一次民主化改革是在公元前594年，古希腊著名的"七贤"之一梭伦担任雅典的执政官，对雅典的政治制度进行了全面的改革，奠定了雅典的民主制度。梭伦规定所有公民都有参加公民大会选举官员的权利，公民大会成为了最高权力机关；梭伦建立了公民陪审法庭，所有公民都有出席陪审法庭监督官员的权利；梭伦还根据财产的多寡将人民分成四个等级，财产越多者权利越大；同时，梭伦还建立了四百人议事会，规定前三个等级都可以参加。

雅典城邦的第二次民主化改革是在公元前508年僭主被推翻之后，执政官克利斯提尼联合平民通过公民大会推行了一系列重大改革。克利斯提尼设立10个地区部落，取代原来的4个氏族部落。

---

① ［古希腊］修昔底德：《伯罗奔尼撒战争史》，谢德风译，商务印书馆1960年版，第二卷第四章。

② 同上。

建立"五百人会议",代替原来的"四百人会议",在公民大会闭幕期间处理城邦政务。组成五百人会议的成员由抽签产生,向所有等级公民开放。克利斯提尼还建议制定了贝壳(或陶片)放逐法,以防僭主再起。

雅典城邦的第三次民主化改革是在公元前5世纪,伯利克里担任首席将军期间。这一时期是雅典民主的"黄金时代"。伯利克里进一步扩大了五百人议事会的职能,继续推行"抽签民主",以抽签方式给予所有成年男性公民以担任一切公职的机会。伯利克里还推行"津贴制",向担任公职和参加政治活动的公民发放工资,以鼓励公民积极参政。

在一系列的民主化改革中,雅典城邦的民主制度形成了三个重要的机构:一是公民大会,这是雅典城邦国家的最高权力机构,负责审议并决定一切国家大事;二是五百人议事会,负责政体的日常运作;三是民众陪审法庭。另外,还形成了一些重要的具体运行机制,例如:轮流坐庄、抽签选举、陶片放逐法、津贴制等。作为民主的雏形,雅典城邦的民主充分体现了"人人平等"以及"主权在民"的政治思想。

雅典城邦的直接民主制度能够良好地运行,而这种制度为什么在现代国家就不再适用?这其中有许多原因。贡斯当在讨论自由概念的变迁时,谈到了古代世界向现代世界转变的三个原因:第一,国家规模的扩大导致每一个人分享的政治重要性相应降低。第二,奴隶制的废除剥夺了自由民因奴隶从事大部分劳动而造成的所有闲暇。第三,现代社会的商业不同于古代世界中的战争,它不给人们的生活留下一段无所事事的间歇。

事实上,贡斯当所提及的这些原因所涉及的各项条件正是"直接民主"能够运行良好的先决条件:第一,小国寡民。古希腊各城邦领土面积在数十平方公里左右,居民人口一般为数千人,达到数万人的并不多。作为希腊最大的城邦,雅典是一个特例,它的总人口为30万人至40万人，其中成年男性公民在公元前5世纪时约为4.5万人。同时，并不是城邦的所有人口都有权参与公共事务。城邦由三个身份团体组成：奴隶、无公民权的自由人（妇女和自由的外邦人）和自由公民（父母双方都是希腊自由人的男子），而只有自由公民才被包括在民主政治当中。所以说雅典的民主是直接民主，同时也是少数人的民主。第二，普遍的奴隶制使自由公民有大量闲暇时光和精力参与民主政治。第三，人们在终极问题上达成某种程度的共识，用政治哲学的术语来说，就是分享共同的"善观念"，或者说"价值观"。古希腊的政治共同体，并不是现代人所理解的因共同利益而结合在一起的合作冒险体系，而是在"共同善"（也就是共同的价值观）基础上的一种共同生活。这种共同生活基于共同的伦理基础和道德理想，只有在"共同善"的支撑之下，不同立场的人们才有可能在面对面的辩论和质询中最终达成共识，作出集体决定，创造城邦的繁荣。

第二节　间接民主

在国家规模扩大，奴隶制被废除、商业逐步在社会中占据重要位置的背景下，民主制度的形式也发生了根本性的转变：由面对面的直接民主，转变为由人民的代表代为行使主权的间接民主。间接民主制度的核心特征是通过选举代表的方式实现人民对主权的分享，所以也被称为代议制。在代议制中，人们不再能面对面地讨论国家大事并作出决议，而只能通过选举代表，由代表代为表达每个人的意见并作出决议。

代议制起源于13世纪的英国，其标志是英国议会（parliament）的形成。最初，议会只讨论国王征收赋税的问题，后来讨论的范围扩大至"立法"等与主权直接相关的政治问题。代议制民主在英国革命、美国革命以及法国革命的过程中逐渐发展成熟。

第二次世界大战后，代议制逐渐被西方社会广泛采纳。

与古希腊城邦的直接民主制度相比，代议制民主在三个方面很好地适应了现代国家的规模和结构：第一，代议制民主很好地解决了大众与精英之间的相互制约关系。一方面，为了遵循人人平等的政治原则，政治共同体必须设计一种制度让所有成员能平等地分享国家主权。另一方面，与全体政治共同体成员相关的政治事务毕竟是需要具有专业知识和技能才可以很好地处理的事务，这就要求政治精英掌握并应用国家权力。而代议制很好地满足了这两方面的要求，通过由所有公民平等地选出代表，代议制一方面维护了每一个公民的平等政治权利，另一方面保证了国家权力的应用掌握在少数具有专业知识和经验的精英手中。第二，国家规模的扩大、人口的增加以及奴隶制的废除使得只有在小国寡民条件下才能实行的直接民主制无法实行。第三，代议制还能很好地排除"暴民政治"的危险。古希腊城邦的思想家们，例如：苏格拉底、柏拉图和亚里士多德对当时的民主制度颇有微词，其中最大的原因就是害怕民主制会退化成"暴民制"。人数众多的民主过程往往使得激情战胜理性。正如美国"联邦党人"所言："在所有人数众多的议会里，不管是由什么人组成，感情必定会夺取理智的至高权威。如果每个雅典公民都是苏格拉底，每次雅典议会都是乌合之众。"① 实际上，苏格拉底就是被这样的暴民政治断送了性命。在代议制民主制中，民意通过代表代为表达，在相对理性的条件下商议集体事务。在代议制的各项具体制度设计中民意被层层过滤，最终理性的意见成为作出决策的基础。尤其是在实行"两院制"的国家，两个议院的结构不同、人员来源不同、任期不同、职能不同，更加有利于不同意见的表达和协商，促进理性思考，避免人们受到激情的左右。也

---

① ［美］汉密尔顿、杰伊、麦迪逊：《联邦党人文集》，程逢如、在汉、舒逊译，商务印书馆2009年版，第283页。

正是在这个意义上，代议制民主能更好地避免民主制度所固有的弊端——"多数人的暴政"。

"多数人的暴政"指的是多数人的意见对少数人自由的侵犯，这是民主政治难以逃脱的悖论。民主政治的出发点是每个人的表达自由和平等地位，这一出发点决定了在集体事务中，必须采用一人一票、多数决定的原则。然而，"多数决"原则却不可避免地会对少数人的自由和平等造成伤害。由此，民主从最开始对平等和自由的维护走向了平等与自由的反面。代议制民主虽然也不能完全去除"多数人的暴政"，但却可能更理性、更全面地考虑问题，照顾到少数人的权益，最大限度地保护所有人的自由和平等。

与古希腊的直接民主相比，现代的代议制民主的另一大特征在于：代议制民主与宪政制度相结合。这一特征也使得代议制能够更好地杜绝"多数人的暴政"。在现代政治制度中，宪法是保卫公民基本自由的最后一道防线。宪法的最终目的是保障每一个人的自由。宪法是国家法律中的最高法，是判断所有其他法律、法令、法规以及政策的最终标准，任何与宪法相违背的法律法规都必须修改。因此，当多数人的意见与宪法相违背的时候，即使被制定成了法律也得不到施行。这样就有效地防止了"多数人的暴政"，为公民的基本自由提供了有效的保障。我们可以这样来设想，苏格拉底如果生活在代议制民主制度中，大概就不会被处死。因为，即使民主投票中大多数人认为苏格拉底应该被处死，但由于苏格拉底的罪状（不敬神和败坏青年）即使对于当时的法律来说也并没有构成死罪，而其生命权和自由权受到宪法保护，所以，苏格拉底不会被处死。由此看来，相比于直接民主制，代议制民主与宪政制度相结合，能更好地保护人们的权利和自由。

自启蒙时代开始，代议制民主逐步在西方社会盛行，大部分政治思想家都对代议制大加赞赏，例如洛克、孟德斯鸠、伏尔泰、密尔等。法国思想家卢梭却反其道而行之，对代议制民主进行了激烈的批评。卢梭论述道："英国人自以为是自由的，他们是大错特错了。他们只有在选举国会议员期间，才是自由的。议员一旦选出之后，他们就是奴隶，他们就等于零了。"①卢梭的话一针见血地点明了代议制民主的缺憾。在代议制中，人们通过授权代表的形式参与民主决策。然而，代表一旦被选出，就不再受到选民们的实际控制。其言行和主张无法完全符合选民们复杂的意见，也很难保证维护选民们的实际利益。人们的意见与代表的政治主张之间的偏差，是代议制民主无法治愈的硬伤。

卢梭的政治理想是要在一个像日内瓦这样的小国中实现古希腊城邦的直接民主制度，为此他还特地为日内瓦写了一部宪法，自称"一位日内瓦公民"。然而，日内瓦不仅没有采纳卢梭的宪法，还决定要逮捕他并焚烧他的作品。也许，正如贡斯当所言，卢梭终究是以一个不合时宜的人：在现代国家中无法实现"古代人的自由"，而民主的历程也不可能从现代国家的代议制退回到希腊城邦的直接民主。

当然，在现代国家的代议制民主中，仍然保留着一些直接民主的形式。这其中包括：全民公投（referendum）、公民创议（initiative）和罢免（recall）民选公职人员。全民公投是公民对已经提出的议案或现行法律进行投票表决。公民创议可视为全民公投的一种特殊形式，它由公民提出议案，如果签名支持该议案的公民达到法定数量，政府就需要对该议案进行全民投票。罢免是选民或选民单位依法撤销他们所选出的人员职务。

与此同时，新技术的发展也为某些场合下的直接民主提供了有利的条件。自1974年以来，"电子投票"（televoting）、"电子市政会议"（electronic town meeting）问世，新技术正在扩大和重新定义直接民主。长期以来，采用代议制民主而不是直接民主的一个重

---

① ［法］卢梭：《社会契约论》，何兆武译，商务印书馆2005年版，第121页。

要根据在于：直接民主在技术上无法操作，费用过于高昂。但是，随着信息技术的进步，公众参与式民主的实施困难将逐步被克服。公民普遍参与的民主依赖两个条件：第一，人的信息化程度的提高；第二，社会信息通信网络性能的提高和使用范围的普及。目前，这两个条件正在逐步成熟。可以预见，一个公民广泛参与的参与式民主时代正在到来。

第三节　宪法与法治

宪法（constitution）这一概念在两千多年前的古希腊就已经出现。亚里士多德的《雅典政制》（*Constitution of Athens*）一书的标题就用了这个词。这本书的中文译本并没有将"constitution"翻译成"宪法"。这是因为，"constitution"这个词的古代含义与现代含义有很大的区别。在《雅典政制》《政治学》以及《尼各马可伦理学》等著作中，亚里士多德考察了包括雅典、斯巴达、迦太基等在内的古希腊158个城邦的基本政治制度。"宪法"一词在古希腊的含义是对于城邦基本政治制度的一种通称，并没有对政治制度进行具体的规定。亚里士多德将其理解为"政体中各种官职的安排"。亚里士多德在应用"宪法"概念时，试图将"宪法"与其他法律区分开来，凸显其"最高法"的地位；但是，古代的"宪法"还不具备现代宪法所具有的"限权""权力分立""保护个人权利"等具体的含义。

现代"宪法"的含义，最初来自1215年英国无地王约翰被迫签署的《自由大宪章》（Great Charter of the Liberties of Englishmen，以下简称《大宪章》）。约翰王（King John）是英格兰最不得人心的国王之一。他穷兵黩武，却屡战屡败。为了补充军费，他不得不横征暴敛，不断增加新税，加紧对贵族和百姓的盘剥。这些做法最终激怒了英国贵族阶层，愤怒的贵族们联合起来武装围攻约翰王。

在万般无奈之下，约翰王于 1215 年 6 月 15 日在泰晤士河边的一个草坪上，与 25 个贵族代表进行谈判，并最终签订了《大宪章》。可是，第一次发布的《大宪章》只维持了几个星期。在约翰王死后，迫于贵族的压力，《大宪章》又多次被重新发布。自此之后，每当贵族们感到国王在滥用权力，超出了一定的界限，例如危及贵族们的权益，或者是危及国民自由时，就会援引《大宪章》，或者迫使国王重新发布《大宪章》，并要求国王以《大宪章》约束自己的权力。可以说，1215 年的英国《大宪章》成为此后西方人限制王权的最根本的依据。由此，《大宪章》也当之无愧地成为现代宪法以及以宪法为基础的宪政制度的第一块基石。

《大宪章》的签订以及之后不断地重新发布，使如下观念在西方文明中深入人心，这就是：国家权力必须受到法律的限制。17 世纪中叶，英国陷入战乱。王权再一次受到巨大威胁，议会派重提《大宪章》，试图约束王权。这也是霍布斯著书立说的时期，我们可以借助霍布斯的社会契约理论来理解限制王权的重要意义：在霍布斯的国家学说中，国王是国家的主权者，是主权的拥有者。主权这一共同权力来自每个人的授权，人们通过缔结契约让渡出一部分权利，这些让渡出来的权利形成了一个共同权力——主权，而国王凭借其继承而来的合法性，当之无愧地有权利获得这一主权。同时，霍布斯认为，主权是绝对的，不可分、不受限制，甚至是无条件的。因此，霍布斯实际上并不赞同王权应该受到限制。他在《贝希摩斯》一书中曾用嘲弄的口吻说："至于那些精于法律的人，他们没能认识到本国的法律是国王制定的，是用于约束他的臣民以维持和平和正义的，而不是用于约束制定法律的国王本人：这是理解力不强的标志。"[①]

君主权力应受到法律的限制和约束，这一观念在两千多年前的

---

① [英]霍布斯：《贝希摩斯》，李石译，北京大学出版社 2019 年版，第 185 页。

古希腊就曾经被亚里士多德阐述过。亚里士多德不同意其老师柏拉图对于法律的轻视态度，强调法律对于国家的重要意义。所谓"法治"就是法律的统治（the rule of law），亚里士多德深入地阐发了"法治"的思想。他认为，法律是人类理性的体现，而人则是欲望和理性的混合体，或者说是野兽和神明的混合体。因此，如果将国家交给法律统治，那么就是将国家交给神明统治；但如果将国家交给人统治，那就是将国家部分地交给了野兽。这可算是西方政治思想中，关于"法治"与"人治"的最初讨论。

亚里士多德认为，法治的直接体现就是"良法得到普遍的遵循"。所谓"普遍的遵循"，强调的是：不仅被统治者要遵循国家的法律，而且统治者自己也必须遵循国家的法律。所以说，一个国家有法律，这并不能保证这个国家有"法治"（the rule of law），而只能说这个国家有"法制"（law system）。"法治"的核心是将整个国家交给法律去统治，国家中的所有成员都必须受到法律的约束，即使是作为主权者的君主或者是分享主权的议会、总统也不例外。如此理解的法律不再是统治者制定来统治国家的工具，而是国家依其而存在的基础。

亚里士多德的"法治"思想用中国的古话来说就是"王子犯法，与庶民同罪"。这一法家思想是在商鞅变法之后流传下来的，而在商鞅之前，在等级森严的奴隶社会中，人们并没有这种"法律面前，人人平等"的思想。如《礼记》所言："礼不下庶人，刑不上大夫"（《礼记·曲礼上》），当时人们对于法律的理解还停留在统治阶级压迫臣民的工具。这与霍布斯对于法律的轻蔑和对于王权的绝对性之辩护如出一辙。

《大宪章》所强调的对于君主权力的限制与亚里士多德所论述的"法治"精神一脉相承。"法治"精神与《大宪章》结合起来，成为此后发展起来的现代宪法理论的根基。以宪法为基础的宪政理论有两个方面的特征：第一是限权，即以法律的形式对国家权力的界限、应用、权力机关的产生和运行等内容进行规定。第二是保障公民的基本权利，将所有公民平等拥有的权利及其保护措施写进法律之中，并以暴力机关为其保障。

值得注意的是，虽然现代宪法理论在其形成之初强调的是对君主权力的限制，但在不断发展的过程中，现代宪法中的"限权"却并不仅限于对君主权力的限制。更准确地说，所谓"限权"，是对"主权权力"的限制。简单来说，如果是君主制国家，君主拥有主权，那么宪法就对君主的权力进行限制；如果是贵族制国家，贵族拥有主权，那么宪法就对贵族的权力进行限制；如果是民主制国家，人民拥有主权，那么宪法就对人民的权力进行限制。总而言之，宪法的核心在于"限权"，是以法律形式对主权权力进行制度性的限制和约束，而这种限制的依据和目的则是保护"个人权利"。对个人权利的保护，是主权权力合法性的来源，也是主权权力的目的，并为其应用划定界限。

第四节　法治与民主

如上节所述，法治精神强调的是以法律对主权权力进行限制。如果主权权力的拥有者是"人民"，那么法治是否也要求对"人民的权力"进行限制呢？卢梭的"人民主权"学说将这一问题带入了人们的视线。从某种意义上来说，正是因为卢梭的政治学说没能很好地解决这一问题，才导致了其理论的悖论性结构。本节将以卢梭的"人民主权"学说为例，分析法治与民主之间的矛盾关系。

在西方政治思想史上，卢梭的政治思想将"人民"的地位推到了前所未有的高度，这或许确实导致了其后法国大革命的壮阔波澜。卢梭被革命者们奉为精神领袖，其遗体被请进了"先贤祠"；而那些痛恨革命残暴的人，却对卢梭深恶痛绝。这一切，对于卢梭来说，大概并不冤枉。

"公意"（general will）是卢梭政治哲学中最神秘的一个概念。在这一概念的两端是两个在现实政治中几乎每时每刻都处于矛盾中的概念——"公共利益"和"私意"。一方面，公意始终指向公共利益，这一意志要做的事就是随时随地、最大限度地增进政治共同体整体的利益。另一方面，公意的来源是"私意"（private will），当然公意并不是所有共同体成员的私意的简单集合（这样的集合被卢梭称为"众意"），而是所有人的"私意"通过某种化合反应而形成的国家这一生命体的唯一的意志。

　　卢梭借助社会契约论将"私意"和"公意"连接起来。卢梭认为，在自然状态下，每个人的行为受自己意志（私意）的支配，所以人是自由的。同时，每个人的私意旨在增进自己的利益。在缔结社会契约的过程中，不同的"私意"聚合在一起，人们通过订立社会公约而让渡出一部分自然权利。此时，聚合在一起的"私意"构成了"公意"，这一意志旨在推进公共利益。伴随"公意"产生的，则是国家本身。在"公意"产生的同时，所有的"小我"聚合成了一个"大我"，个人聚合成政治共同体。卢梭认为，在国家形成之后，人们仍然是自由的。不过，此时人们自由的含义不再是其行为受"小我"意志（私意）的支配，而是每个人的行为受"大我"意志（公意）的支配。卢梭甚至认为，为了让人们自由，可以强迫人们服从"公意"。这就是卢梭最臭名昭著的"强迫自由"理论。

　　在卢梭的国家学说中，"公意"与国家的"主权"是同一的，卢梭论述道："这种意志一经宣示，就构成为一种主权行为，并且构成法律"，而主权者只能是人民。[①] 这就是著名的"人民主权"学说。这一学说包括下述四个要点：第一，主权实质上由"公意"

[①] ［法］卢梭：《论人类不平等的起源和基础》，李常山译，东林校，商务印书馆1962年版，第33页。

构成，而"公意"是永远正确的。所以，主权权力是绝对的、神圣的、不可侵犯的。第二，主权只能由人民掌握，不可转移。第三，主权不可被分割，立法、行政、税收、司法、战争、内政、外交等都只是主权权威所派生的东西，是从属于主权的。第四，主权不能被代表。卢梭据此而反对代议制。

卢梭的"人民主权"学说将"公意"，也就是"人民的意志"推到至高无上的地位，并认为这一意志是永远不会错误的。那么，在卢梭的政治学说中，"人民的意志"是否应受到限制呢？与这一意志同在的"主权"又是否应该受到限制呢？如果"人民的意志"不受限制、不受约束的话，是否会给政治共同体带来危险呢？而卢梭的"人民主权"学说是否又会和英国《大宪章》中所强调的对国家"主权"应进行制度性限制的精神相违背呢？

卢梭在《社会契约论》中专门用一节讨论了"论主权权力的界限"。然而，在这一节中我们却找到了卢梭对这一问题的两种相反的回答。第一，卢梭在讨论"主权者"时论述道："并没有而且也不可能有任何一种根本法律是可以约束人民共同体的，哪怕是社会契约本身。"① 第二，在讨论主权权力的界限时，卢梭论述道："主权权力虽然是完全绝对的、完全神圣的、完全不可侵犯的，却不会超出、也不能超出公共约定的界限；并且人人都可以任意处置这种约定所留给自己的财富和自由。"② 综合上述两段似乎相互矛盾的论述，我们大概可以这样来理解卢梭的意思：主权权力的应用不应该超出公共约定（也就是人们在进入政治共同体时所订立的契约）的范围，但与"公意"同在的主权是永远不会错的，其应用也绝不会超出公共约定的范围。因此，并不需要对主权进行制度性的限制。

---

① ［法］卢梭：《社会契约论》，何兆武译，商务印书馆2005年版，第22—23页。
② 同上书，第41页。

也许，卢梭的这套推理在理论上是说得通的，但是，放到政治现实中却会困难重重。其中最大的困难就是，人们如何确定"人民的意志"是什么？"公意"是什么？虽然，卢梭并不一定会赞同大多数人的意见就是"公意"，就一定是正确的，但是，在政治现实的操作层面，卢梭也只能借助民主投票来确定"公意"是什么。

卢梭也确实将民主制度与"公意"学说结合起来，认为当人们在民主制度中投票的时候，并不是在简单地表达自己对某事的意见，而是在对什么是"公意"进行投票。而大多数人的意见最终将向人们显现"公意"是什么。因此，当少数派的意见最终没有被采纳时，他们并没有丧失自由，而只能说他们对"公意"进行了错误的估计。结合其"强迫自由"的理论，卢梭认为，当少数人服从多数人通过的法令时，他们仍然是自由的，因为只要法令是符合"公意"的，那么当少数派在服从这一法令时，就实际上在服从自己的意志，而不是多数派的意志。

通过将民主和"公意"相结合，卢梭实际上赋予了多数意见以绝对的正确性。因为，"公意"是永远正确的，而"公意"在政治现实中只能通过民主投票体现出来。所以，多数人的意见就是永远正确的，而由多数人所主导的主权的应用也绝不会犯错，不会超出社会公约的界限，因此，也不需要进行限制。

为了反驳卢梭的人民主权学说，我们不需要举出两千多年前古希腊哲学家苏格拉底被民主投票判处死刑这样的例子。这位述而不作的哲学家在西方人眼中的地位，有如被奉为圣人的孔子在东方文化中的地位一样崇高。然而，这位西方人眼中的圣人却被西方文明最为推崇的民主制度判处了死刑。鲁迅先生曾说，悲剧就是将有价值的东西撕毁给人看。在这个意义上，苏格拉底的悲剧是双重的悲剧，是最优秀的人与最优良的政治制度之间相互碰撞直至毁灭的悲剧。这样的悲剧在"人民权力"不受限制的政治体制中屡见不鲜。法国大革命的残酷，断头台前人满为患，在革命的短短几年中，有超过6万人死在断头台上，其中包括对立双方各自的领袖——路易十六和罗伯斯庇尔。德国法西斯头子希特勒也是民主选举上台。这些政治悲剧不得不让人反思，多少罪恶假"人民"之名义而行？！

对权力最有效的限制，就是宪法。宪法的核心是"限权"，即将主权权力的应用限制在一定的范围内；即使主权权力的拥有者是人民，这一权力也必须受到限制。对"主权权力"进行限制的依据是"个人权利"：将主权的应用限制在不侵犯"个人权利"的范围内。尤其是在民主制度中，将多数人的权力限制在不侵犯少数人权利的范围内。打个比方，在没有宪法的民主制度中，如果大多数人看一个人不顺眼，就可以通过投票而将其处死、监禁或者流放，就像苏格拉底所遭受的厄运；但是，在有宪法限制的民主制度中，民主投票的意见必须以保护个人权利的宪法为界限，所以就不能仅仅因为大多数人同意就随意侵犯某个人的基本权利。如果苏格拉底生活在有宪法保障的民主制度中，就不会仅仅因为"败坏青年"和"不敬神"而被处死，因为这显然不符合宪法通常的规定。

"宪法"和"民主"是现代政治制度的两大根基。宪法的根基在于对于个人自由的维护，而民主的根基则在于所有政治共同体成员的平等地位。自由与平等各执一端，宪法和民主相互制约。由此，宪法与民主并非所有时候都是协调一致的，两种要求时常会产生矛盾。在宪政制度中，对宪法与民主之间矛盾的最终裁决诉诸"违宪审查"这一制度设计。通过"违宪审查"，最高法院的大法官可以否定民主投票的最终结果，将多数人的意志约束在不侵犯个人权利，尤其是少数派权利的范围之内。

第五节　古代分权与现代分权

有一种观点认为，所谓政治，就是社会中各派势力之间的平衡。这里所说的各派势力，其产生可能出于不同的原因。有可能是经济的原因，例如：亚里士多德所论述的穷人和富人之间的力量对比；也可能是宗教的原因，例如：英国清教革命时期不同教派之间的斗争；也可能是种族的原因，例如：美国的黑人争取与白人同等权利的运动……而政治的目的则在于通过相互对立的人们之间的辩论、谈判、说服与妥协，最终以制度设计和立法的方式来消解矛盾或者搁置争端，形成不同力量之间的平衡与共存。

在这种关于政治的理解之下，权力分立不仅是必须的，而且是一种必然的政治现象。政治不在于东风压倒西风，也不在于西风压倒东风，而是在于不同力量之间的相互制衡，以维持一种动态的和平秩序。权力分立正是为了长久地维持不同政治力量之间的均势而进行的制度设计，也是为了更好地限制"权力"而进行的制度设计。从这一点来说，分权也是法治的必要手段。

古代的分权思想体现在古希腊的混合政体理论中。亚里士多德虽然继承了其老师柏拉图的思想，认为最好的政体是贤明君主制或者贵族制，但他仍然认为任何单一的政体在现实中都是不稳定的，很容易发展成其对立面：当君主腐化堕落时，君主制退化成僭主制；贵族取而代之形成贵族制；贵族腐化堕落，政体退化成寡头制；平民揭竿而起，形成民主制；人民败坏，政体退化成暴民制；暴民之中，英雄再起，形成新的君主制……如此循环，往复不止，国家无法实现政治的稳定和人民的安居富足。

亚里士多德认为，一个政体的稳定在于组成政体的"不同人群"之间的力量平衡和相互制约。在城邦中，穷人的数量多，但财富少，他们代表城邦中"量"这一要素；富人的数量少，但财富巨大，他们代表城邦中"质"这一要素。在亚里士多德看来，一个城邦除非兼顾"质"和"量"两个要素，否则就不能长治久安："把官职和事权时常授给那与之相反的部分——这里所说的两个部分就是品质和数量，亦即富室和贫民的区别，——俾使两个部分各得其平，或对贫富有所协调，或设法加强中产（中间）阶级（middle class）。这样的政策可以遏制由那个特别兴盛的不平衡部分发动变革的危机。"① 由此，亚里士多德认为，最稳定的政体是寡头政体和平民政体的混合，既考虑到平民的自由身份，又照顾到财富、能力、品德等因素。在这样的混合政体中，富人和穷人的权力相互制衡，以达到政治秩序的稳定。

亚里士多德的混合政体思想通过波里比阿和西塞罗的进一步阐述而传入古罗马，并具体体现在古罗马共和国的政治安排之中。波里比阿是被带到罗马的希腊人质。他在罗马生活了四十多年，而在这四十多年中，他一直在思考一个问题。这就是，罗马是以什么力量打败希腊，并保持强大的。

波里比阿认为，罗马人成功的秘密在于罗马政治制度的优越性。罗马能跳出政体循环的原因在于他们将君主制、贵族制和民主制的因素相混合，使他们处于平衡的状态，从而避免了自发的衰败倾向。波里比阿在其巨著《历史》中论述道："如果人们只注意执政官的权力，那罗马国家就完全是君主制政体，如果人们只注意元老院的权力，它又完全是贵族制政体，而如果只注意民众的权利，它显然又是民主政体。""集君主制、贵族制和民主制的优点于一身，又不使其中任何一个原则过分地膨胀，从而蜕变为自己的对立面。每一种力量都被其他两个所抵消，任何一个都不能压倒和超过其他力量。因此，这个政体能够保持长时间的均衡状态。"② 由此可见，罗马共和国的政治安排准确地体现了君主、贵族、平民三者权力分立相互制衡的分权思想，是古代分权理论和制度设计的典范。

---

① ［古希腊］亚里士多德：《政治学》，吴寿彭译，徐大同选编，商务印书馆2008年版，第274页。
② ［古希腊］波里比阿：《历史》，（英文版）罗依卜古典丛书，第6卷第11章第12节。

发端于亚里士多德,经由波里比阿和西塞罗发扬光大的分权理论向我们传达了一种高超的政治智慧,而这种政治智慧不仅在古代世界得以继承和应用,也在洛克以来的现代政治思想中得到进一步的发展,甚至在当代政治制度的设计中仍然起着关键性的作用。

洛克在《政府论》(下篇)中根据职能不同,把国家权力划分为三个部分:立法权、执行权和对外权。第一,立法权"指有权指导如何运用国家的权力来保护这个社会及其成员的权力"①。第二,执行权,即"负责执行被制定和继续有效的法律"②的权力。第三,对外权,即决定"战争与和平、联合与联盟以及同国外一切人士和社会进行一切事务的权力"③。在这三种权力中,立法权和执行权是订立了社会契约并且建立了政府的社会内部的权力,而对外权则是处理契约以外的国家和社会事务的权力。

洛克认为,立法权处于至高无上的地位:"立法权,不论属于一个人或较多的人,不论经常或定期存在,是每一个国家中的最高权力。"④同时,执行权和对外权都是来源于立法权的,没有法律的授权,执行权和对外权就缺乏合法性,就不具备法律效力。

洛克强调立法权与其他两种权力的分立,洛克论述道:"如果同一批人同时有制定和执行法律的权力,这就会给人们的弱点以极大的诱惑,使他们动辄要攫取权力借以使他们免于服从自己所制定的法律,并且在制定和执行法律的时候,使法律适合于他们的私人利益,因而他们就与社会的其余成员有不同的利益了,违反了社会和政府的目的。"⑤

尽管洛克认为对外权和执行权的性质存在着区别,但他并不主

---

① [英]约翰·洛克:《政府论》(下篇),叶启芳、瞿菊农译,商务印书馆1964年版,第91页。
② 同上。
③ 同上书,第92页。
④ 同上书,第84页。
⑤ 同上书,第91页。

张将执行权和对外权截然分开。洛克认为，就其执行来说，让这两种权力同时掌握在同一些人的手里比较妥当。因为，"如果执行权和对外权掌握在可以各自行动的人手里，这就会使公众的力量处于不同的支配之下，迟早总会导致纷乱和灾祸"①。实际上，从对外权的实际运行看来，它与执行权并没有明显的区别，只是执行权所依据的是已经制定的法律，而对外权则必须处理通常无法预料的问题。

洛克的分权理论并不完善，其中鲜有涉及司法权的问题。在洛克的分权理论中，立法权占据着绝对支配的地位。如果立法机关制定了与公共利益相违背的法律，民众除了进行公开的反抗，没有其他途径来解决这个问题。现代分权理论在法国思想家孟德斯鸠的论述中进一步完善。孟德斯鸠是西方国家学说和法学理论的奠基人之一，其三权分立的学说对现代法学理论产生了重要的影响。他的分权思想主要集中在《论法的精神》一书中。

孟德斯鸠认为，所有拥有权力的人，都倾向于滥用权力，而且不用到极致绝不罢休。为了防止权力滥用，实现政治自由，必须以权力制止权力。他将国家权力分为立法权、行政权和司法权三种。第一，立法权是国家制定临时或永久的法律，修改或废除已有法律的权力。第二，行政权是国家媾和或宣战，派出使节，维持治安，防止外敌入侵的权力，类似于洛克所说的对外权。第三，司法权是国家惩治罪行，裁决私人争执的权力。

孟德斯鸠认为，这三种权力应该由不同的权力机关掌握，权力分立、相互制衡。孟德斯鸠论述道："如果司法权不同立法权和行政权分立，自由也就不存在了。如果司法权同立法权合而为一，则将对公民的生命和自由施行专断的权力，因为法官就是立法者。如

---

① ［英］约翰·洛克：《政府论》（下篇），叶启芳、瞿菊农译，商务印书馆1964年版，第93页。

果司法权同行政权合而为一，法官就将握有压迫者的力量。如果同一个人或是由重要人物、贵族或平民组成的同一个机关行使这三种权力，即制定法律权、执行公共决议权和裁判私人犯罪或争讼权，则一切便都完了。"①

对于三种权力之间的相互制衡与合作，孟德斯鸠认为，第一，立法权应由全体人民所共有，但人们参与立法的形式应限于遴选代表，而不是直接参与。因此，立法权应该委托给贵族集团和由选举产生的、代表人民的集团。

第二，行政权应该执掌在君主手中，因为政府的这个部门几乎随时需要立即行动，所以由一个人管理优于由若干人管理。行政机构通过否决权（使他人作出的决议归于无效的权力）参与立法。行政机构如果不拥有制止立法机构越轨图谋的权力，立法机构就变成一个专制机构。立法机构的两部分以否决权彼此制约，又同受行政机构的约束，而行政机构则受立法机构的约束。立法机构有权审查他所制定的法律的执行情况。但是，立法机构还不应有权针对人身进行审讯。执行人的人身是神圣的，执行人如果被控告或被审判，自由就将不复存在。

第三，司法权不应与立法权的任何部分相结合。司法权对于立法权和行政机关的行为享有违宪监督权。如果行政权是一种主动的权力的话，那么司法权就是一种"被动"的权力。因为行政权力必须根据已制定的法律来处理日常中出现的各种事务，它是主动的，但是司法权却不能凭借自己的愿望主动地执行各种法律，"告诉才受理"是司法机关工作的一项基本原则。

孟德斯鸠的三权分立思想对西方现代政治制度产生了极大的影响。权力分立的制度设计已经成为宪政制度中"限权"的核心技

---

① ［法］孟德斯鸠：《论法的精神》（上），张雁深译，商务印书馆1959年版，第186页。

术手段。许多西方国家的宪政制度都是在"三权分立"的理论基础上形成的。当然，在一些国家的宪政制度中，既包括古代的分权形式，也包括现代的分权形式。古代与现代的分权理论虽然形式不同——前者以权力拥有者不同来划分权力，后者以职能不同来划分权力——但两种分权理论的原理都是一样的：以权力制约权力，通过权力的相互制衡，而达到政治秩序的动态稳定。

阅读与思考

一　阅读

1. ［美］汉密尔顿、杰伊、麦迪逊：《联邦党人文集》，程逢如、在汉、舒逊译，商务印书馆 2009 年版。

2. ［法］邦雅曼·贡斯当：《古代人的自由与现代人的自由》，阎克文、刘满贵译，上海人民出版社 2005 年版。

3. ［英］J. S. 密尔：《代议制政府》，汪瑄译，商务印书馆 2009 年版。

4. ［法］孟德斯鸠：《论法的精神》，张雁深译，商务印书馆 1959 年版。

二　思考

1. 直接民主和间接民主，孰优孰劣？
2. 权力制衡与主权不可分之间是什么关系？
3. 在代议制民主制中，保障公民基本自由的根本制度是什么？
4. 在现代国家制度中有哪些古代分权的形式？

第六讲
功利主义

快乐与痛苦
快乐是否有「质」的区别？
何谓功利
功利主义有什么错？

功利主义

自由、平等、民主和法治这些政治价值为人们勾画了一个理想的政治社会。但是，在这样的理想社会中，人们幸福吗？每个人能得到自己想要的生活吗？幸福、平安、快乐、闲暇……不可否认，人类的价值追求是多样的，每个人对自己的人生有不同的理解，有不同的理想和终极目标。有时候，人们所追求的东西甚至是相互矛盾的。如何能以一种简单的方式把握错综复杂的目的世界？是否可以将所有的"目的"都划约为同一个变量，再求这个变量的最大值？如此这般，人类社会前进的方向就应该是这个最大值所指引的方向。这种简化人类价值体系、计算所有人的价值追求的企图，正是功利主义学说的初衷；而这一计算不同的目的体系的过程则是从计算"快乐"和"痛苦"开始的。

第一节 快乐与痛苦

人是否总是被快乐和痛苦所主宰？或者说，人类所有的追求，那些人们自认为高尚的、神圣的，甚至是神秘的目标，以及人们小心翼翼地避开的"罪恶"和"不堪"，都只不过是"快乐"或"痛苦"的代名词？如果真的是这样，世界将被简单地分为两极，"坏"的一极，和"好"的一极。从"坏"的一极将产生所有人们想要避免的东西,这些东西被统称为"痛苦",它们代表着所有"负面"价值:坏、错、邪恶、不正义、不合法……从"好"的一极产生出所有人们想要的东西,这些东西被统称为"快乐",它们代表的是所有"正面"价值:好、对、善、正义、合法……不同程度的"痛苦"与"快乐"构成了一个从"坏"到"好"的精确的标尺:每个人的行为、家庭的安排、集体的决策、国家的制度……都可以在这个精确的标尺上找到确定的刻度和读数,并得到相应的评价。增进"快乐",数值为正,对快乐的贡献越大,数值越大;加剧"痛苦",数值为负,数值越大,负值越大,价值也越小。

上述理解将复杂多变的人类社会进行了简化,将一个三维的价值世界压扁成一个二维的价值标尺。这正是西方现代政治思想中最重要的思想流派之一——功利主义的出发点:将千变万化的各种人类价值划约为"快乐"和"痛苦"两个变量,再用"快乐"和"痛苦"去度量和评价人类世界所有千奇百怪的行为、政策和制度。

英国政治思想家边沁是功利主义思想的鼻祖。他认为人们总是被快乐和痛苦所主宰。"求乐避苦"是人类的基本动机,决定着人们的各种行为和人类社会发展的方向。与此同时,"快乐"和"痛苦"还构成对个人的行为、政府和国家的制度、政策、决定进行评价的基础。那些增进"快乐"或减少"痛苦"的行为就是好的、正确的、应当的或者合法的;相反,减少"快乐"或加剧"痛苦"的行为则是坏的、错误的、不应当的或者不合法的。

边沁在《道德立法原理导论》一书中,对"快乐"和"痛苦"进行了深入细致的分析。首先,他将快乐分为"简单快乐"和"复杂快乐",痛苦分为"简单痛苦"和"复杂痛苦"。"简单快乐"和"简单痛苦"是不可再分的快乐和痛苦,而"复杂快乐"和"复杂痛苦"则是各种快乐和痛苦的组合。边沁列举了感官之乐、财富之乐、技能之乐、和睦之乐、名誉之乐、权势之乐、虔诚之乐、仁慈之乐、作恶之乐、回忆之乐、想象之乐、期望之乐、基于联系之乐、解脱之乐十四种快乐。其中，"仁慈之乐"是基于快乐而产生的快乐，是因为他人的快乐或者其他生物的舒适和快乐而感到快乐。"作恶之乐"则恰恰相反，是鉴于痛苦而产生的快乐，是因他人或者其他种类的生命遭受痛苦而产生的快乐。"解脱之乐"是因为痛苦的终止而产生的快乐。而"基于联系之乐"指的则是"某些事物或对象基于某种联系而恰巧提供的快乐"。例如：参加一个社会精英的聚会，聚会本身可能并不能给人带来什么快乐，但能与社会精英在一起，这种联系给人带来了快乐。

边沁同样列举了匮乏之苦、感官之苦、棘手之苦、敌意之苦、恶名之苦、虔敬之苦、仁慈之苦、作恶之苦、回忆之苦、想象之苦、期望之苦、基于联系之苦十二种痛苦。其中，"匮乏之苦"是苦于某种快乐的缺失，与"解脱之乐"的意义正好相反。"棘手之苦"指的是未能应用达到快乐之手段而获得快乐的痛苦。而"基于联系之苦"的意义，则与"基于联系之乐"严格相对。①

边沁认为，对于特定的人群来说，上述各种快乐和痛苦的多少，可依据下述七个因素来确定：强度、持续时间、确定性或不确定性、临近或偏远、丰度、纯度、广度（痛苦或快乐所波及的人数）。基于此，边沁给出了确定某种政策或集体决定对于特定人群所产生的快乐和痛苦的总量的具体程序。并在此基础上提出了功利原理："按照看来势必增大或减小利益有关者之幸福的倾向，亦即促进或妨碍此种幸福的倾向，来赞成或非难任何一项行动。"② 功

---

① 关于边沁对"快乐"和"痛苦"的种类的讨论，参见［英］边沁《道德立法原理导论》，时殷弘译，商务印书馆2009年版，第五章。
② ［英］边沁：《道德立法原理导论》，时殷弘译，商务印书馆2009年版，第58页。

利原理构成了功利主义理论的核心。功利原理的应用使得功利主义理论表现出两个突出的特点：一是"后果主义"，以人们行为的后果所产生的"快乐"或"痛苦"来判断人们行为的对错。二是"最大化"，要求人们以将快乐最大化或者痛苦最小化的方式去行动。

依据边沁的理解，上述功利原理既可以应用于个人，也可以应用于社会或国家。如果我们将功利原理应用于个人，那就得到"个人的功利原则"：趋利避害，自我利益最大化。如果我们将功利原理应用于社会或国家这样的集体，那我们就得到"社会的功利原则"：社会整体的利益最大化。边沁将"社会整体的利益"称为"最大多数人的最大幸福"。作为个人主义者，边沁认为脱离了个人利益，无从谈及集体利益。相比于"个人"，社会、国家这些都是想象的共同体，只有"个人"才是真实存在的。所以，所谓社会整体的利益就是个人利益的简单加和。

然而，在"个人利益最大化"与"社会整体利益最大化"之间，功利主义理论却表现出致命的"含混"。一方面，边沁认为，"趋利避害""个人利益最大化""个人功利原则"，构成每个人行动的动机，人们的行为绝大部分符合功利原理，都是在"趋乐避苦"。另一方面，边沁却认为，人们在集体行动中"应该"朝着"社会整体利益最大化"的方向去行动、去制定政策。那么，"个人利益最大化"的动机能自然而然带来"集体利益最大化"的结果吗？也就是说，"个人功利原则"与"集体功利原则"是协调一致的，还是相互矛盾的呢？更为要紧的是，对于个人而言，到底应该随着自己的本性追逐个人利益，还是舍己为人、舍身为国，以"社会整体利益最大化"的目标去要求自己呢？

功利主义的初衷是"个人利益最大化"，这是一个非常符合人们直觉的立足点。也正是因为功利主义基于符合人们天性的道德事实，所以能得到许多学者和政治家的拥护。然而，如果功利主义仅仅停留在"个人利益最大化"的个人功利原则，那就不足以构成一种对个人行为、社会、政治和国家有指导意义的道德哲学或政治哲学。因为，人们行为的方式本来就是"趋乐避苦"的，所以"个人功利原则"并不能充当具有指导意义的价值学说。由此看来，边沁提出功利原理的目的并不仅仅要指出人们是受快乐和痛苦主宰的，而是要以"社会的功利原则"——"社会整体的利益最大化"——指导人们的行为和制度的安排。由此，功利主义的理论难题就在于：如何从"个人的功利原则"推导出"社会的功利原则"，如何从"趋利避害"的前提推导出"舍身为国"的结论。

每个人都只考虑自己的利益，而最终将导致资源得到最合理的配置，并促进整个社会的利益。这是亚当·斯密在《国富论》中提出的市场经济的"看不见的手"的理论。在斯密之后，这一观点成为支持自由竞争的学者们的一贯主张。在斯密的基础上，哈耶克、诺奇克等自由至上主义者发展出"自发秩序"理论。他们认为，人们的自发选择看似杂乱无章，但最终会使全社会形成一种自发的秩序；而这种秩序恰恰有助于社会整体的利益，推动人类社会向前发展。"看不见的手"的理论和"自发秩序"理论似乎解决了功利主义的难题。因为，每个人追求"自我利益最大化"，会自然而然地导致"社会整体利益最大化"。然而，这一推论并不令人信服。人们凭直觉就能知道，在许多情况下，个人利益最大化将损害他人利益，甚至破坏社会整体的利益。"自私自利""损人利己""假公济私"……说的都是这种情况。

"个人利益"与"社会整体利益"之间的背离，其关键原因在于不同的"个人利益"之间的复杂关系。在人际相异性普遍存在的情况下，不同人的"个人利益"是不同的。在许多情况下，人们之间的"利益"是相互竞争的。例如，在选拔人才的考试中，一些人考中、一些人落榜；一些人的"得利"就意味着另一些人"失利"。再者，不同人的"个人利益"还有可能是相互矛盾的。

例如，一些种族主义者，当其厌恶的种族受苦受难时，他们反而感到高兴，"快乐"反而增加，这就是边沁所说的"作恶之乐"。在上述情况下，一些人"利益"的增加，会直接导致另一些人"利益"的减少。而个人利益之间的矛盾关系，又会导致个人利益与集体利益之间的矛盾关系。这就从根本上决定了，我们无法从"个人利益的最大化"推导出"社会整体的利益最大化"。在一个集体中，这样的情形是经常会出现的：牺牲某个个人的利益将推动整个集体的利益。例如，士兵们在战场上浴血奋战、丢了性命，却保全了整个国家。那么，在这样的情况下，功利主义理论会教导人们保全个人的利益，还是保全整体的利益呢？

"个人利益"与"社会整体利益"之间的两难抉择，揭示了伦理学的根本难题：从"事实"如何推导出"价值"。依据功利主义理论，在"事实"层面，人们是"个人利益最大化"的；而在"价值"层面，人们应该按照促进"社会整体利益最大化"的方式去行动。如何从"事实"推导出"价值"？如何从"是"推出"应当"？或者，如休谟所言，这种推导本身就是错误的？解答功利主义的难题，还有待于边沁的后继者约翰·斯图亚特·密尔的进一步论述。

第二节　快乐是否有"质"的区别？

人们真的是被快乐和痛苦主宰的吗？除了"快乐"，人就没有其他的追求了吗？那些舍生取义的仁人志士，驰骋沙场、马革裹尸的英勇战士，愿意做痛苦的人也不愿意做快乐的猪的古希腊哲人，认为"小人喻于利，君子喻于义"的儒家圣人……他们的追求，难道也仅仅是人生的快乐吗？功利主义理论将一切值得人们追求的东西都通约为"快乐"，这显然低估了人类社会的复杂性。除非，重构"快乐"这一概念，使"快乐"也具备相应的复杂性，否则功利主义的解释力将大大降低。边沁的学生、功利主义的后继者约翰·斯图亚特·密尔做的正是这样的工作。

在边沁的功利主义理论中，"快乐"和"痛苦"只有量的区别，没有质的区别。不同种类的快乐可以加和，而痛苦就是负的快乐，快乐与痛苦两者也可以通约相减。用边沁的话来说，如果快乐的强度和持续的时间一样，那么"针戏（当时针戏被看作一种低俗的游戏）与诗歌"一样好。如此一来，感官的快乐（例如吃）是快乐，而更高尚的快乐（例如助人为乐）也是快乐，两种快乐没有本质的区别。也正因为如此，边沁的功利主义理论曾被当时的学者们嘲笑为"猪"的伦理学。

为了给老师正名、为功利主义辩护，密尔对功利主义的快乐学说进行了改进。密尔认为，快乐不仅有量的区别，还有质的区别。快乐可分为两种在"质"上存在根本区别的快乐："较低的快乐"和"较高的快乐"。"较低的快乐"指的是单纯感官的快乐；而"较高的快乐"指的则是理智的快乐、感情和想象的快乐以及道德情感的快乐。其中，"较高的快乐"相比于"较低的快乐"是更有价值、更值得追求的快乐。所谓"较低的快乐"与"较高的快乐"之间存在着"质"的区别，指的是"较低的快乐"与"较高的快乐"之间不可通约。也就是说，"较高的快乐"与"较低的快乐"之间并不是数量多少的不同，再多的"较低的快乐"也不等同于"较高的快乐"。例如，再多的物质财富和感官满足，也无法给一个完全不懂音乐的人带来欣赏交响乐的快乐。密尔对"快乐"的二分，在功利主义思想史上具有里程碑式的意义。他将一元主论的功利主义，转变为二元论的功利主义。然而，这一努力并不能彻底解决功利主义的难题。

密尔的"两种快乐"理论似乎为解决功利主义的难题——从"个人功利原则"推导出"社会的功利原则"——提供了一种思路。举例说明：当一个百万富翁在街上遇到一个寒风中瑟瑟发抖的乞丐时，按照边沁的说法，根据"个人利益最大化"原则，这个富翁不应该施舍，因为那样会减少他的钱财。然而，在密尔的功利主义理论中，同样根据"个人利益最大化"原则，这位富翁却应该施舍，因为那样的话，他的钱财虽然减少了，但他获得了基于道德情感的"较高的快乐"，而这种快乐的价值要远远高于他的钱财可能给他带来的感官快乐的价值。

如此一来，依据密尔的快乐理论，我们就可以轻易地从"个人利益最大化"的原则推导出"社会整体利益最大化的原则"。因为在许多情况下，这两者对人们的要求实际上是一致的。即使在士兵们舍去生命保卫祖国的例子中，士兵们虽然永远地丧失了所有的感官快乐，却获得了更为高尚的"为国献身"的快乐。这样，"个人利益"与"集体利益"仍然可以是一致的。基于对"两种快乐"的区分，密尔说出了他经常被引用的那句名言："做一个不满足的人胜于做一只满足的猪；做不满足的苏格拉底胜于做一个满足的傻瓜。"①

密尔的两种快乐学说虽然能够较为完美地解决"个人功利原则"与"社会功利原则"之间的矛盾，但仍然存在着明显的不足，其弱点在于："较低的快乐"与"较高的快乐"之间的根本区分到底在哪。对于这个问题，密尔并没有给出明确的回答，而只是阐述了一种实用的方法。密尔论述说，对于那些两种快乐都体验过的人，他们会自然而然地选择"较高的快乐"；而那些最终选择"较低快乐"的人们，都是只体验过"较低快乐"的人。也就是说，"较高的快乐"确实是一种更吸引人的快乐，是更值得人们追求的快乐。因此，人们会自然而然地放弃"较低的快乐"而选择"较高的快乐"。同时，"个人利益最大化"也将自然导致"社会整体的利益最大化"。

---

① ［英］密尔：《功利主义》，徐大建译，商务印书馆2014年版，第12页。

然而，密尔的这一解释却会遭遇无法上溯的难题：如果说，所有体验过"较高快乐"的人都会选择"较高快乐"，那么，人们第一次选择"较高快乐"时，又是在什么情形下呢？按照密尔的说法，如果人们从未体验过"较高快乐"，就不会选择"较高快乐"，也就永远也体验不了"较高快乐"，所以永远不会选择"较高快乐"……如此循环往复，人们何时才能体验到"较高快乐"并选择"较高快乐"呢？人们是否就会一直如"猪"一般，过着浑浑噩噩的生活呢？而对于这样的状况，功利主义者又能提出什么批评呢？人们选择"较低的快乐"，选择"自我利益最大化"，因为他们确实没有体验过"较高的快乐"啊！？

如此看来，密尔的两种快乐理论还是没有彻底解决功利主义的难题。边沁和密尔阐发的原始功利主义将"功利"定义为"快乐的增加和痛苦的减少"，并试图从"个人功利最大化"推导出"社会整体的功利最大化"。在功利主义后继者们的研究中，人们试图通过对"功利"的适当定义，实现这一推导。然而，对"功利"之定义的讨论将引出更多的麻烦。

第三节　何谓功利

在现当代的讨论中，功利主义者寄希望于重新定义"功利"（utility），以解决功利主义的难题。他们逐渐推翻了边沁和密尔所理解的功利概念——功利即快乐的增加或痛苦的减少，并最终将功利定义为"理性偏好的满足"。然而，"功利"之定义的不断修正，并没能从根本上解决功利主义的困难，反而使一个困难变成了许多个困难。

边沁从人们直觉性的生活经验出发，将功利定义为快乐的感觉。在边沁看来，驱动人们行为的根本原因，就是该行为能给人们带来快乐的感觉，或者避免痛苦的感觉。然而，这似乎并不完全符合生活的现实。恋爱中的人尝尽了相思之苦,却无怨无悔。创作的过程可能充满了忧伤和哀愁,诗人们却乐此不疲。人们的很多行为都并不完全是为了追求一己之乐,快乐也许随着目标的达到而到来,但快乐并不就是目的本身。

将"快乐"当成人生终极目标的人,被称为"享乐主义者"。其远古的著述者是古希腊的伊壁鸠鲁。伊壁鸠鲁用快乐来定义"善",认为快乐就是幸福生活的开端与归宿。甚至将"口腹之乐"当成一切文化、智慧和善的来源。然而,正像人们直接追求快乐时,并不一定会享受到快乐一样,人类价值的多样性决定了"快乐"只能是目的和"善"的一种,而不能是其全部。有些人追求财富,有些人追求名誉,有些人追求高尚,有些人追求闲暇,有些人将毕生经历投入慈善事业……这些不同的目标、不同的人生体验,因人们不同的人生境况和经历,而变得有价值。

如果"功利"很难被归结为单纯的"快乐"感觉,那我们是否可以将"功利"的定义修正为所有值得体验的感觉?创作诗歌的烦恼和忧愁是有价值的,恋爱中的相思也是有价值的,这些体验都有助于当事人"功利"的增加。然而,这种对功利的理解方式,仍然误将目的实现时的"感觉"和"目的"本身混为一谈。人们追求的是"恋人",而不是恋爱的感觉。诗人是在创作作品,而不是在体验创作时的感觉。目标本身和追求目标的过程中人们体验到的各种感觉,有时候是可以分离的。实际上,在生物医药和虚拟现实等技术飞速发展的今天,人们完全有可能并不真实地经历任何相关事件,不达到任何现实的目标而体验到这些目标带来的所有感觉。

我们可以通过当代政治哲学家罗伯特·诺奇克(Robert Nozick)构想的"体验机"了解这一点:"极其出色的神经心理学家会刺激你的大脑使得你认为你在撰写一部很棒的小说,或者在交朋会友,或者在阅读一本有趣的书。在整个过程中你被放置在一个实验舱中，而各种电极接在你的大脑上。"① 在这样的"体验机"中，人们可以经历到任何想要体验的感觉，而自己却成为了机器的延伸。与此类似，在一些影响神经系统的药物的作用下，人们也会产生各种各样的幻觉，而误以为自己经历了一切。诺奇克提出了"体验机"带给人类的最深刻的问题：既然"体验机"能为人们提供任何想要体验的感受，那么人们会自愿永久进入体验机吗？如果答案是"不"的话，那又是为什么呢？

诺奇克认为，人们出于三方面的原因，不会自愿永久进入体验机。第一，人们想要的是实实在在地做某事，而不仅仅是"感觉"在做某事。第二，人们想要真实地成为某一种人，而不是一个泡在实验舱里的"尸体"。事实上，对于一些人来说，永久待在"体验机"里就相当于自杀。第三，"体验机"将人们局限于一个"人造的世界"，使人们远离了真实的世界，而这就使得人们再也无法与真实的世界发生任何实质性的联系。② 实际上，进入"体验机"将使人们永远丧失自由，并且永远失去与真实世界的联系。

所以说，将"功利"定义为那些对人们有价值的感觉和体验，实际上是在舍本逐末：关注人们在追求各种目的时的感受，却错过了人们真正的目的，以及这些目的所具有的价值和体现出的人类"善"。

在人际相异性普遍存在的背景下，一些功利主义者开始将"功利"定义成人们"偏好的满足"。也就是说，人们功利的增长在于其偏好的满足。无论其偏好是什么，追求恋人、创作诗歌或者仅仅是体验某种快乐，只要其偏好得到满足，其功利就增加。然而，这种对人类社会可能出现的所有偏好毫无甄别的处理方式，却

---

① Robert Nozick, 1974, p. 42.
② 关于"体验机"的深入讨论可参见拙作《"体验机"与虚拟现实》(《中国社会科学报》2017 年 4 月 25 日)。

会给功利主义带来更多的麻烦。

举例说明，如果一个人特别喜欢吃糖，他的偏好就是一直不停地吃糖，他最终患上了糖尿病，那么，"吃糖"这一偏好的满足显然无助于其功利的增加。再比如，一个人听说维生素有助于健康，就天天吃维生素，却不知道也许维生素对健康根本就没有帮助，吃多了还会产生副作用，所以"吃维生素"这一偏好也并非有助于其功利的增加。

这在上述两个例子中，"偏好的满足"无助于个人功利的增加；而在下面两个例子中，"偏好的满足"却无助于社会整体利益的增加。比如，一个种族主义者的偏好就是被歧视种族的灭绝，那这一偏好的满足虽然可能有助于其自身功利的增加，但是对于人类来说，却是一种灾难。又比如，在一个专制社会中，人们有可能放弃自己对于自由和平等的追求，在"酸葡萄"的心理下，形成"适应性偏好"："自由、平等，既然得不到或者要付出巨大的代价，那么就改变我自己的偏好，我不再渴望平等与自由。"然而，个人所形成的"适应性偏好"对于全社会来说，确实是一种巨大的损失。对"适应性偏好"的满足，无助于增加社会整体的利益，使功利主义理论失去了批判社会、推动社会进步的功能。

基于上述困难，一些功利主义者进一步修正了"功利"概念，增加了对不同的偏好进行甄别的条件，将功利定义为"理性（rational）偏好的满足"。所谓"理性偏好"就是基于充分信息和正确判断的偏好，排除了基于错误信息或错误判断的偏好。根据这一定义，我们可以轻易地排除上述例子中"不断吃糖"的非理性偏好，以及有可能基于错误信息的"天天吃维生素"的错误偏好。但是，我们仍然没有办法排除掉"种族灭绝偏好"和"放弃平等与自由的"适应性偏好。除非我们将"理性的"进行更狭隘的定义，将那些我们认为正确的"价值"也融入对于"理性的"理解当中。

例如，我们可以将"理性的"定义为符合平等、自由、博爱等价值，基于充分信息和正确判断的偏好。然而，这样做却会让功利主义学说陷入致命的循环：功利主义的初衷是以功利来定义各种价值。有助于功利增加的就是好的、正确的、应当的、合法的，值得人们去做的。所以，如果我们把功利定义为"理性偏好的满足"，并将是否符合特定价值作为是否理性的判断标准；那么，在判断何为"理性偏好"时，我们就必须先知道什么是好的、正确的、应当的；然后，再通过被判断为好的、正确的、应当的"偏好"之满足，来确定什么是好的、正确的、应当的……

由于上述循环的存在，当功利主义将功利定义为"理性偏好的满足"时，必然是含混不清的。功利主义者对于何谓"理性的"，总是语焉不详。当然，这并没有妨碍功利主义者们偏爱"理性偏好的满足"这一定义。这一定义不仅得到大部分当代功利主义者的认同，还对福利经济学产生了巨大的影响。

福利经济学是功利主义的道德学说与经济学相结合的产物。大部分经济学家都是功利主义者。这是因为，只有像功利主义者那样将复杂的人类社会简化成一个二维可度量的世界，对千奇百怪的人类价值进行通约，才有可能对人们的幸福和人类社会的发展方向进行计算，经济学也才能派上用场。福利经济学意图对人们的目的世界进行计算，这些计算中的变量（currency）常常是财富、权力、机会、能力……所以，只有将这些变量都通约为"福利"，才有可能进行量化处理，并以此来衡量经济的增长。总之，福利经济学中的"福利"概念，与功利主义中的"功利"概念相一致。在当代讨论中，"福利"和"功利"指的都是"理性偏好的满足"。在后续讨论中我们将看到，"理性偏好的满足"这一先天不足的概念，将给功利主义学说带来无穷无尽的困难。

第四节　功利主义有什么错？

如上节所言，将"功利"定义为"理性偏好的满足"给功利主义带来了许多麻烦。而所有这些麻烦的根源，都在于功利主义学说意图以一种二维的价值标尺，指导人们的道德行为。

功利主义虽然将"功利"定义为"理性偏好的满足"，但却很难排除掉一些与人们的道德直觉相违背的偏好，这其中包括"不正当的涉他偏好"和"自私偏好"。

"涉他偏好"（external preference）是相对于"个人偏好"（personal preference）而言的。"个人偏好"关涉的是自己意欲实现的目标和想要拥有的东西；而"涉他偏好"则是关于希望他人如何的偏好。例如，母亲希望她的孩子能拥有健康和幸福，这就是一种"涉他偏好"。然而，有一些"涉他偏好"却与人们的道德直觉相悖，可能是歧视性的，甚至可能是"邪恶"的。例如，性别主义者希望所有女性都不要出来工作，也不要受教育。又比如，班里成绩第二的学生希望成绩第一的学生生病、考试失误。歧视、嫉妒、仇恨，这些负面的心理状态，都有可能使人们产生强烈的偏好。而且，如果有这样偏好的人足够多的话，对于这些偏好的满足甚至还有可能增大社会整体的利益。比如说，社会中的大多数人对某一少数民族带有歧视，那么迫害这一少数人群，就有可能增大社会整体的利益。又比如，一个虐待狂从虐童中获得快乐，而他将这一过程在网络上传播，使更多的虐待狂获得快乐；如果有足够多的人从这一视频中获得快乐，那么，这一偏好的满足就有可能增进人们功利的总和。由此看来，功利主义的道德原则很有可能要求人们满足"不正当的涉他偏好"。而这非但不能起到指导人们的道德行为的作用，反而带来荒谬的结论。

"自私偏好"也是功利主义无法排除的不正当偏好。"自私偏好"指的是某人意欲占有超出公平份额的资源。例如，某人认为自己应该占有多于其他人的资源。这种想法忽略了每个人都有获取资源的平等权利，都应该通过自己的劳动去获得相应的资源。对这种偏好的满足，必然导致对其他人的不公平对待。而功利主义在计算功利增长的净余额时，也很有可能把这样的偏好计算进去，并给予满足。

功利主义理论一方面无法排除不正当的偏好，另一方面却无法涵盖一些需要考虑的"特殊关系"。当代学者威尔·金里卡在《当代政治哲学》一书中讨论了"特殊关系"的例子：B 欠 A 一万块钱。人们凭直觉就知道，B 应该在约定的时间归还 A 一万块钱。然而，对于功利主义者来说：如果还钱会让 B 倾家荡产、功利水平大大降低，而 A 是百万富翁，多一万元少一万元对其功利都没有太大影响，那么 B 可以不还钱。当然，功利主义也可能得出"B 应该还钱"的结论：如果 B 不还钱，会让 A 非常愤怒，甚至生病住院，致使 A 的功利大大降低，那么 B 就应该还钱。然而，金里卡认为这种推理完全颠倒了事情的因果关系：不是因为 A 会愤怒，所以 B 不还钱是错误的；而是因为 B 不还钱本身就是错误的，所以 A 才会愤怒。所以说，在"特殊关系"的例子中，对于 B 应不应该还钱，功利主义缺乏判断是非的基本标准。实际上，欠债还钱，是由权利和义务的对应关系决定的，而不是由功利的增大或减少决定的。

不能排除不正当的偏好，无法涵盖"特殊关系"，这些功利主义的困难都出在同一个问题上，这就是：以"善"定义"应当"。"善"（goodness）与"应当"（ought）是道德哲学中的两个重要概念。"善"指的是有价值的东西，好的、漂亮的、幸福的、快乐的、有意义的……这些都可以是"善"。"应当"指的是人们应该去做的，是人们行为的法则。

在功利主义学说中，所谓"善"就是功利，就是快乐的增加，或者是"理性偏好的满足"。与此同时，人们应该做的事，以及人们行为的法则就是——尽可能地增加快乐，寻求功利总和的最大化，也就是追求"善"。由此，在功利主义的学说中，"善"与"应当"并不是两个独立的概念。"善"是比"应当"更基本的概念。功利主义先通过"功利"概念确立了什么是"善"，然后再以"善"这一概念来定义"应当"，并为人们的行为制定法则。

因此，在功利主义的理论中，如果有什么东西是有价值的，是好的、美的、惹人喜爱的，那么人们是没有理由拒绝的，除非其他目标能给人们带来更大的快乐。然而，即使有些人确实是以这样的行动法则生活的，也总还是有另一些人在面对利益、快乐和幸福时，选择别的东西，这种东西就是"道义"。

"君子喻于义，小人喻于利"这句儒家名言最能体现"道义论"与"功利主义"之间的根本分歧。在支持"道义论"的人看来，功利主义者就是"小人"，只知道考虑"利益"，而不考虑任何道德原则。在"道义论"的理论结构中，"善"与"应当"是两个独立的概念。"善"是那些有价值的东西，而"道义"则是人们行为做事的底线原则。德国哲学家康德是"道义论"的支持者，他认为人们应该按照"可普遍化"的道德法则去行动，而不是追求利益的最大化。

在西方现代政治理论中，人们行为做事的原则通常是被"权利"所规定的：不侵犯他人权利，是人们做任何事情的道德约束。而"权利的优先性"也将"应当"至于"善"之上。"善"向人们指明了那些值得追求的东西，但人们的行为要首先满足"不侵犯他人权利"的法则。也就是说，"善"的合目的性并不能为手段的正当性辩护。对于绝对"善"的目标的追求，也必须通过正当手段，不能侵犯任何人的权利和自由。为了"善"的目的，而不择手段，是不道德的。

罗尔斯在《正义论》中论述了在制度设计中自由与权利的优

先地位："自由的主张应该首先被满足，只有自由的主张得到满足之后，其他原则才能发挥作用。……自由的优先性意味着自由只有为了自由本身才能被限制。"① 罗尔斯为什么把基本自由看得这么重要，这是由社会契约论的论证逻辑决定的：没有个人自由，社会契约就没有合法性，国家权力就没有合法性。因此，个人自由既是国家合法性的基础，也是国家政治制度要实现的终极目标。

在自由和权利是否具有优先性的问题上，功利主义者与社会契约论者的观点是截然相反的。在功利主义者看来，自由和权利之所以具有价值，是因为权利的保障在长时间内会增进社会整体的利益。所以，在功利主义学说中，自由并不具有优先性。自由和权利仅仅作为增进整体福利的工具而具有价值。换句话说，自由在功利主义学说中仅具有"工具价值"。与之相反，在社会契约论中，政治共同体的终极目标并不是增进社会整体的利益，而是保障每一个人的"基本自由"。因此，自由和权利在社会契约论中具有"内在价值"，是需要优先满足的目标。

如果我们同意"道义论"的观点，坚持权利的优先性，就能很容易地解决功利主义的种种困难。第一，对于"不正当的涉他偏好"和"自私偏好"，这两种偏好都明显侵犯了他人的权利，是不应该被满足的偏好（即使这符合"善"的要求），可以很容易地被排除掉。比方说，一个健康的人面对着五个需要换不同器官的病人，那么我们绝没有理由将这个健康的人杀掉，而以其器官去拯救五个病人的生命。因为，这侵犯了人的基本权利。第二，对于"特殊关系"。"欠债还钱"这是由权利义务的对应关系所决定的。借钱的人必须在约定的时间内还钱，否则就侵犯了他人的权利。"权利的优先性"决定了欠债必须还钱，即使不还钱有可能增大 A

---

① [美]约翰·罗尔斯：《正义论》，何怀宏、何包钢、廖申白译，中国社会科学出版社1988年版，第242页。

与 B 的功利之和。

总之，功利主义寻求人类道德世界的简化。以"功利"定义"善"，再用"善"定义"应当"，并最终将功利原理作为指导人们行为的法则。殊不知，"鱼与熊掌不可兼得"，并非在所有境况下，人们都可以毫无顾忌地去追求那些有价值的东西，寻求自己偏好的满足。"做事必须有底线"，人们在追求一己之乐，或全体之乐时，都不能逾越"权利"的界限，不能以牺牲他人为代价来增大个人的幸福。即使是为了"最大多数人的最大幸福"，也不能侵犯任何人的自由和权利。

阅读与思考

一　阅读

1. ［英］边沁：《道德立法原理导论》，时殷弘译，商务印书馆 2009 年版。

2. ［英］约翰·斯图亚特·密尔：《功利主义》，徐大建译，商务印书馆 2014 年版。

3. ［加拿大］威尔·金里卡：《当代政治哲学》，刘莘译，上海译文出版社 2011 年版。

二　思考

1. 个人利益与社会整体利益之间总是协调一致的吗？
2. "功利"应如何定义？
3. 为了好的目的，是否可以不择手段？

第七讲
私有权

私有权从何而来？
私有权的限制
对「知识产权制度」的哲学反思

私 有 权

对政治哲学的探索让我们看到，从政治价值中产生出政治原则，由政治原则而构建政治制度，而政治制度最终规范人们的公共生活。政治制度不仅规范人们在政治领域的行动，而且也规范人们在经济领域的各种活动。由此，经济领域的相关规则和理论也进入政治哲学研究的视野之中。在这一讲中，我们将站在政治哲学的立场探索对现代社会尤为重要的经济领域，讨论作为人们自由交换之基础的私有权理论，并在此基础上分析自由市场应受到的限制，以及从"看不见的手"的理论中推导出的国家学说。

第一节 私有权从何而来？[*]

谁第一个把一块土地圈起来并想到说：这是我的，而且找到一些头脑十分简单的人居然相信了他的话，谁就是文明社会的真正奠基者。假如有人拔掉木桩或者填平沟壑，并向他的同类大声疾呼："不要听信这个骗子的话，如果你们忘记土地的

---

[*] 本节以及第二节的部分内容曾以"论私有制的限制——政治哲学的视野"为题，发表在《北京大学学报》2016年第5期。

果实是大家所有的,土地不属于任何人的,那你们就要遭殃了!"这个人该会使人类免去多少罪行、战争和杀害,免去多少苦难和恐惧啊!①

——卢梭《论人类不平等的起源和基础》

卢梭这段著名的关于私有权起源的论述很好地展现了私有财产制度的两面性:一方面,如卢梭所言,人类社会的故事是从分清"你的"和"我的"开始的,私有权财产制度是文明社会的基石;另一方面,私有权制度的发生和发展肯定了富人与穷人之间的不平等,给人类带来无穷无尽的争斗和苦难。如果说"权利"这一概念将自由和平等两种政治价值统一起来,保障所有人获得"平等的自由",而诸种"权利"中的"私有权"却不断地在腐蚀着人们之间的平等关系。人们虽然平等地拥有支配自己财物的自由,但是,人们所占有的财物的多寡却决定了他们之间的不平等。私有权制度究竟给人们带来了什么?为什么有人将其奉为神赐,又有人将其视为魔鬼?下面我们先从洛克对私有权的推导和论证中来探寻人们最初是怎么获取财产的。

在西方政治思想史上,对私有权的论证根源于"自然权利论"。英国政治思想家约翰·洛克在自然法和自然权利的基础上提出了私有权的"劳动获取理论"。该理论得到亚当·斯密、大卫·李嘉图等重要经济学家的认同,成为对私有权的经典论证。

洛克是将私有财产制度奉若神赐的思想家。与霍布斯②和

---

① [法]卢梭:《论人类不平等的起源和基础》,李常山译,东林校,商务印书馆1962年版,第111页。
② 霍布斯认为,在自然状态下,人们没有私有权。参见[英]霍布斯《利维坦》(商务印书馆1985年版)第96页的这段话:"这样一种状况(自然状态)还是下面情况产生的结果,那便是没有财产,没有统治权,没有'你的'、'我的'之分;每一个人能得到手的东西,在他能保住的时期内便是他的。"

休谟①不同，洛克认为私有权是人们在自然状态下就拥有的三项基本权利——自由、生命和财产——之一，不是人们在进入社会状态之后才拥有的。因此，私有权并不是基于人们的同意——社会契约——而产生的权利。洛克还进一步认为，私有权是三项基本自然权利的核心。因为，自由权可理解为支配我所拥有的东西的权利，而生命权可理解为对自我本身的拥有（也就是后文将详细讨论的自我所有权）。所以说，自由和生命两种权利都可以划归为私有权。因此，私有权是自然权利的核心。

在洛克的笔下，私有权有着神圣的来源。在《政府论》（下篇）中洛克对私有权进行了论证，其论证分为两个步骤：第一，论证土地、土地所滋养的植物和动物以及大自然中对人们有益的其他物品属于人类共有；第二，推导人们以何种方式将人类所共有的物品挪为私用，并论证人们对被挪为私用的物品拥有权利（即私有权）。

在论证第一个论点时，洛克给出了"自然的理性"和"上帝的启示"两个理由："不论我们就自然理性来说，人类一出生即享有生存权利，因而可以享用肉食和饮料以及自然所供应的以维持他们生存的其他物品；或者就上帝的启示来说……上帝'把地给了世人'，给人类共有。"② 也就是说，从自然理性和上帝的启示我们都可以得出如下结论：土地以及土地所产出的东西属于人类共有。

接着，洛克开始推导和论证人们对这些共有物的私人占有。洛克举出这样的例子：如果一个人在树下捡拾橡子，并带回家煮了吃掉，我们不能否认这些橡子应由他消受。那么，在这一过程中，从哪一刻开始这些橡子变成他的了呢？是在他捡拾的时候？在他把它

---

① 参见 David Hume, *A Treatise of Human Nature* [1739] L. A. Selby-Bigge and P. H. Nidditch (eds.), Oxford: Clarendon Press, 1978, p.490。

② [英]约翰·洛克：《政府论》（下篇），叶启芳、翟菊农译，商务印书馆1964年版，第17页。

们带回家的时候？在他煮的时候？还是在他消化的时候？洛克的答案是：在他捡拾它们的时候这些橡子就属于他了。因为，"劳动使它们（这些橡子）同共同的东西有所区别……使它们成为他的私有的权利"。①

洛克充分认识到了劳动在人们的最初获取中的重要性，并由此发展出劳动获取理论。对于劳动之所以在人们对外在物品的获取中扮演着关键角色，洛克给出了两个论证"劳动掺入说"和"劳动价值论"。"劳动掺入说"的核心观点是：一个人的劳动将某物从自然的手里取出来，在其中掺入了属于自己的东西，由此确立了此人对此物的专属权利。洛克的这一论证是建立在自我所有权（self-ownership）基础之上的，他认为"每个人对自己的人身（person）享有一种所有权，除他以外任何人都没有这种权利"。② 也就是说，虽然土地及其产出为所有人共有，但是构成我之为"我"的东西是属于我自己的。我的思想、我的欲望、我的身体以及身体的一切活动都是属于我的。基于对自我所有权的理解，洛克进一步推论："我的身体所从事的劳动和双手所进行的工作也是正当地属于我的"，也就是说我的劳动是属于我的。最后，洛克得出结论：那些我通过自己的劳动而改变其自然所处的状态的东西也是属于我的，因为我在其中掺入了属于自己的东西。由此，我们得到洛克"劳动掺入说"的三个论证步骤：（1）确立"自我所有权"；（2）从"自我所有权"推出"我的劳动属于我"；（3）从"我的劳动属于我"推出"我的劳动成果属于我"。

美国当代哲学家诺奇克在《无政府、国家和乌托邦》一书中对洛克的"掺入论证"提出了质疑。诺奇克论述道："把我拥有的

---

① ［英］约翰·洛克：《政府论》（下篇），叶启芳、瞿菊农译，商务印书馆1964年版，第18页。
② 同上。洛克本人并没有提出"自我所有权"这一概念，这一概念是在当代政治哲学的讨论中被归纳出来的。

东西与我并不拥有的东西混合在一起,为什么不是我失去了我所拥有的东西,而是我得到了我并不拥有的东西?如果我拥有一罐番茄汁并把它倒入大海,以致它的分子(使其带有放射性,从而我可以进行检测)均匀地混合于整个大海之中,那么我是拥有了这片大海,还是愚蠢地浪费了我的番茄汁?"[1] 诺奇克的这一质疑可谓击中了"劳动掺入说"的要害,下面我们转向洛克提供的第二种论证——"劳动价值论"。

"劳动价值论"的核心观点是:人们的劳动使得其劳动对象被改善,"使一切东西具有不同的价值"[2],由此确立了人们对其劳动成果的专属权利。洛克认为,自然和土地只提供本身几乎没有价值的资料。一片未经耕种、放牧或栽培的土地只能被称作荒地,几乎没有价值。洛克以我们日常食用的面包为例:生成面包的过程中需耗费各种人力,犁地、收割、打麦、烤面包……甚至还包括训练耕牛,采掘、冶铁和矿石,砍伐并准备木材制造犁……"如果我们正确地把供我们使用的东西加以估计并计算有关它们的各项费用——哪些纯然是得自自然的,哪些是从劳动得来的——我们就会发现,在绝大多数的东西中,百分之九十九全然要归之于劳动。"[3]

诺奇克对"劳动价值论"也提出了质疑。一方面,诺奇克认为,劳动有时候会减少劳动对象的价值而不是增加价值(例如,我在一张纸上密密麻麻地写上没有意义的文字,不仅不美观,而且还浪费了一张纸);另一方面,诺奇克还提出异议:"为什么一个人的资格应该扩展到整个物品上面,而不是仅限于他的劳动所

---

[1] [美]罗伯特·诺奇克:《无政府、国家和乌托邦》,姚大志译,中国社会科学出版社2008年版,第209页。
[2] [英]约翰·洛克:《政府论》(下篇),叶启芳、瞿菊农译,商务印书馆1964年版,第26页。
[3] 同上。

创造的**附加价值**上面?"① 例如，我捡了一块木头，做成一把椅子。此时，我的劳动创造的并不是整把椅子。因为，木头本身并不是我的劳动成果，而是自然资源。那么，我为什么能拥有整把椅子?②

总之，洛克所阐述的劳动获取理论的两种阐释——"劳动掺入说"和"劳动价值论"——都存在理论上的困难。因此，一些西方学者主张，我们只能将洛克对私有权的劳动获取论证当成一种隐喻（metaphor）③。这种隐喻强调的是：对于人们最初获取之正当性证明，劳动在其中占有重要地位。

第二节 私有权的限制

洛克认为，一个东西之所以是属于我的，是因为它是我的劳动成果，我的劳动为其增加了价值。但是，洛克在肯定人们占有劳动所得之正当性的同时并不认为人们可以通过劳动而毫无限制地增加财产，洛克提出了私有财产的限制条款："如果它们（食物或土地）在他手里未经适当利用即告毁坏；在他未能消费以前果子腐烂或者鹿肉败坏，他就违反了自然的共同法则，就会受到惩罚，他侵犯了他的邻人的应享部分，因为当这些东西超过他的必要用途和可能提供给他的生活需要的限度时，他就不再享有权利。……凡是经过耕种、收获、储存起来的东西，在败坏之前予

---

① ［美］罗伯特·诺奇克：《无政府、国家和乌托邦》，姚大志译，中国社会科学出版社 2008 年版，第 209 页。

② 与诺奇克观点相左的"左派自由至上主义者"正是发展了这一观点，所以，他们主张向土地和自然资源收税。诺奇克虽然注意到了这一问题，但并不支持任何税收。关于"左派自由至上主义者"的观点，可参见拙作《源自个人选择的正义——访谈左派自由至上主义代表人物希尔·斯泰纳教授》（《国外理论动态》2018 年第 12 期）。

③ 参见 David Miller, *Market, State and Community: Theoretical Foundations of Market Socialism*, Oxford: Clarendon Press, 1989, pp. 54 – 55。

以利用，那是他特有的权利。凡是圈入、加以饲养和利用的牲畜和产品也都是他的。但是，如果在他圈用范围内的草在地上腐烂，或者他所种植的果实因未被摘采和储存而败坏，这块土地，尽管经他圈用，还是被看作是荒废的，可以为任何其他人所占有。"①

洛克对私有权之限制的论述可以总结为两条限制条款。第一条限制是：一个人通过劳动获取的同时，要将同样好和足够多的土地及其产出留给他人耕种和享用。支持这一限制条款的理由是，上帝将土地及其产品赐给人们所共有，因此，每个人在通过劳动获取的过程中，不能只顾自己而不顾他人。第二条限制是：通过劳动，一个人只可以占有其有能力耕种的土地和可供利用的产品。也就是说，一个人能耕种多少土地就只能占有多少土地，能享用多少产品就只能占有多少产品，其占有不能超出自己可以利用的范围。支持这一限制条款的理由是：上帝造的东西不是供人们糟蹋或败坏的，因此，人们在利用资源的时候不能浪费。

洛克认为，在货币产生之前，人们会自愿地遵守劳动获取的第二条限制，人们并不会想要占有自己所无法利用的土地及其产品。他设想这样的情况："试问，如果一个人在美洲大陆的中部拥有一万英亩或十万英亩上好的土地，他耕种得很好，也有很多牛羊，但他无法和世界的其他部分进行贸易，通过出卖产品换取货币，他将对这块土地做什么评价呢？圈用这种土地不会合算；我们会看到他只保留一块能够供应他自己和他家属以生活用品的土地，而把多余的部分重新放弃给自然的旷野。"② 然而，在货币产生之后人们便开始想要无限制地扩大自己的财富，因为货币并不会腐烂；与此同

---

① ［英］约翰·洛克：《政府论》（下篇），叶启芳、瞿菊农译，商务印书馆1964年版，第24—25页。
② 同上书，第31页。

时，劳动获取的第二条限制条款就失效了。此时，人们可以将自己享用不了的劳动产品换成货币储存起来，而不会让多余的食物腐烂掉。于是，洛克得出结论："这些结实耐久的东西（指货币），他喜欢积聚多少都可以。超过他的正当财产的范围与否，不在于他占有多少，而在于是否有什么东西在他手里一无用处地毁坏掉。"[1] 由此，在洛克看来，货币产生之后对私人占有的限制就只剩下第一条限制："一个人通过劳动获取时，要将同样好的和足够多的土地及其产出留给其他人共享。"

在当代政治哲学的讨论中，诺奇克是洛克所开创的古典自由主义[2]传统最有力的辩护者。他以洛克的权利理论为基础，为私有权和自由放任的市场经济辩护。诺奇克对洛克所论证的私有权极为看重。然而，正如诺奇克自己所说，"任何关于获取的适当正义理论都会包含一个限制条款"。[3] 洛克的私有权理论也包含相应的限制条款。诺奇克分析并发展了洛克给出的私有权之限制条款。下面我将具体论述私有权的洛克式限制条款，并提出质疑和批评。

诺奇克在《无政府、国家和乌托邦》一书中进一步发展了洛克对私有权的第一条限制条款——"将足够多和同样好的东西留给他人共有"。首先，诺奇克批驳了这样一种看法："这一限制条款在过去是成立的，但现在不再成立了。"[4] 诺奇克引入了一个回溯的证明，这一论证可以简化如下：A、X、Y、Z四个人生活在同

---

[1] ［英］约翰·洛克：《政府论》（下篇），叶启芳、瞿菊农译，商务印书馆1964年版，第30页。

[2] "古典自由主义者"（classical liberalist）指的是坚持洛克传统的自由主义者，他们坚持"自我所有权"理论，将私有权看作是绝对不可侵犯的，并因此支持自由放任的市场经济和最小国家理论。为这一理论作出贡献的思想家有：约翰·洛克、亚当·斯密、大卫·李嘉图、弗雷德里希·哈耶克、罗伯特·诺奇克，等等。

[3] ［美］罗伯特·诺奇克：《无政府、国家和乌托邦》，姚大志译，中国社会科学出版社2008年版，第213页。

[4] 同上书，第210页。

一片土地上，A 为了耕种而占有这片土地的 1/3，X 和 Y 也相继占有了土地的 1/3。这时，Y 的占有显然违反了洛克的限制条款，因为他没有给 Z 留下足够多和同样好的东西。Y 之所以会这样做，完全是因为 X 在他之前占用了土地的 1/3，而 X 之所以会这样做又是因为 A 首先占用了土地的 1/3。由此回溯，A 对土地的获取也违反了洛克的限制条款。这一证明似乎向我们表明，如果严格遵循洛克的限制条款，任何违反限制条款的私人占有都涉及之前所有人的占有，并使之前所有人的占有变得不合法。

为了解决这一难题，诺奇克区分了限制条款弱和强的两种表达。诺奇克认为，洛克劳动获取的限制条款——"将足够的和同样好的东西留给他人共有"——的实质是说"一个人的占有不会使另外一个人的处境变坏"。一个人的占有使另外一个人的处境变坏有两种方式：第一，使他失去通过任何一种特殊的占有来改善自己处境的机会；第二，使他不再能够自由地使用他以前（若无占有）能够使用的东西。简言之，某人对某物的占有使他人不能再占有此物或类似物，或者某人对某物的占有使他人不能再使用某物或类似物。诺奇克认为，私有权限制条款的强的表达要求一个人的占有排除第一和第二两种方式；私有权限制条款的弱的表达只要求一个人的占有排除第二种方式。也就是说，洛克式限制条款的弱的表达只要求某人的占有不影响其他人使用他们之前可以自由使用的东西。诺奇克认为，如果我们采用私有权限制条款的弱的表达而非强的表达的话，就不会出现从 Y 的不合法占有回溯至 A 的不合法占有的问题。因为，即使 Y 占有了最后 1/3 的土地，其占有也不一定是不合法的。Y 可以占有 1/3 的土地，但同时允许 Z 使用它，以满足限制条款的弱的表达。由此我们将诺奇克的限制条款表述为：判断某一占有是否正当的标准是——其占有是否允许他人使用他以前能够使用的东西（而不致使其境况变坏）。正如诺奇克所言，如此表达的限制条款并不排除"使他人占有机会减少"的占有。①

诺奇克限制条款的弱的表达不仅解决了无限回溯的问题，还为正当占有开了另一方便之门——通过"赔偿"。诺奇克认为，某些占有或许违反了强的限制条款（例如占有了仅剩的土地），但"只要他对其他人给予赔偿以使他们的处境不致变坏，他仍然可以占有"。② 举例来说，A 和 B 两人生活在同一片土地之上，各自耕种以谋生活。有一天，A 私自占有了整片土地，但是他并没有禁止 B 使用他所占有的土地，并且作为"赔偿"，A 还付给 B 一部分工资，而且此工资甚至高于 A 与 B 共同拥有土地时 B 所得到的土地产出。根据诺奇克所阐释的洛克式限制条款，此时 B 的处境并没有因为 A 的占有而变坏。因为，一方面 B 仍然可以使用以前所使用的土地，也就是说，A 的占有满足弱的洛克式限制条款；另一方面，A 还为自己的占有进行了"赔偿"。因此，在这样的情况下 A 的占有是合法的。

诺奇克所阐述的私有权的洛克式限制条款在当代政治哲学的讨论中极富争议，威尔·金里卡（Will Kymlicka）、G. A. 科恩（G. A. Gohen）、克尔诺汉（Kernohan）等人都对诺奇克的观点进行了深入的批评。他们批评洛克式限制条款的关键之点在于：洛克式限制条款中"不使他人处境变坏"的含义过于褊狭，导致一些违背公平正义的占有变得合法。在诺奇克的阐述中，所谓某人的占有"不使他人处境变坏"，是将受此占有影响的人的处境在占有之前和占有之后进行比较，而且这种比较仅限于此人的福利有没有因他人的占有而受到损害。批评者认为，诺奇克单从经济利益的角度，并且仅与原始的公地状态相比较，这是片面而狭隘的。诺奇克

---

① [美] 罗伯特·诺奇克：《无政府、国家和乌托邦》，姚大志译，中国社会科学出版社 2008 年版，第 213 页。
② 同上。

对私有权的限制忽略了私人占有（尤其是对于土地和固定资产的私人占有）对当事人生活方式和自主权利的影响，以及在占有事件中相关当事人权力地位的变化（在很多情况下，占有往往是剥削的第一步）。由此看来，诺奇克对于私有权的限制过于宽松，没能为私有权这匹野马勒上公平正义的缰绳。缺乏适当限制的私有权在自由市场经济的发生和发展过程中会带来一系列的社会问题，有可能导致社会成员之间巨大的贫富差距、资本占有者对弱势群体的剥削，甚至是"圈地运动"式的强取豪夺。

正如金里卡所述："诺奇克所允许的那些最初占用的行为方式很快导致这样一种状况：所有的有用之物都被占用。那些有占有能力的人拥有大量财富，而没有占有能力的人则处于完全的赤贫状态。这些差异将向后代传递，一些人的后代将被迫过早工作，而另一些人的后代则拥有生活的各种特权。"① 但是，只要没有人的状况比所有人共同拥有土地的原始时代差，那这些极端不平等的状况就是被允许的。我们甚至还能得出更加荒谬的结论：即使资本家的占有方式使得一些人衣不蔽体、食不果腹，这样的占有方式也有可能是合法的，因为如果所有人共有土地和财产的话，大家就会争先恐后地掠夺共有的资源，而人类可能早就灭亡了。这些悖谬的论断告诉我们，诺奇克所阐释的洛克式限制条款所允许的占有方式，已经完全违背了我们对公平正义的基本直觉。

历史可以为鉴，西方可以为戒。当一些人所拥有的财富足够多的时候，私有权有可能从一种平等权利变成压迫性的权力。因此，为了让更多处于不同境况中的社会成员分享经济发展的成果，我们需要通过制度建构对私有权和自由市场进行有效的限制。

---

① ［加拿大］威尔·金里卡：《当代政治哲学》，刘莘译，上海译文出版社2011年版，第127页。

第三节　对"知识产权制度"的哲学反思[*]

一种能够救命的新药被发明出来，价格却无比昂贵，搞得在死亡线上挣扎的患者们倾家荡产；一种能大大提高生产效率的新技术被发明出来，而亟须这种技术的生产者却没有钱付专利费，延误了生产力的发展；一首非常优美的歌曲被创作出来，但是，没有钱买CD也没有钱进音乐厅的贫困者却无缘欣赏到它……在人类文明发展史上，保护创新与普及应用之间的矛盾比比皆是。萌芽于文艺复兴时期的意大利，发展于17世纪的英国，20世纪之后被世界各国广泛接受的知识产权制度，一方面，保护了创新者从自己的作品中获得足够的利益，激励了知识"创新"；但另一方面，却妨碍了新知识、新药品、新技术、新作品的迅速传播。"激励创新"与"普及应用"之间的矛盾关系，使得人类最新的知识很难得到最高效的应用。

"知识产权制度"是智力成果所有人在一定的期限内依法对其智力成果享有独占权，并受到保护的法律制度。广义的知识产权包括一切人类智力创作成果。1967年成立的世界知识产权组织在《世界知识产权组织公约》中列举了创作者对于文学、艺术、表演、发明、科学发现、外观设计、商标等智力成果的各项专属权利，这些都包括在"知识产权"范围内。另外，1994年成立的世界贸易组织也在《与贸易有关的知识产权协议》（简称Trips）中为知识产权划定了范围，包括：版权、领接权、商标权、地理标志权、工业品外观设计权、专利权、集成电路布图设

---

[*] 该部分内容曾以"'知识产权制度'的哲学反思"为题发表在《哲学研究》2019年第8期。

计（拓扑图）权、未披露过的信息专有权，等等。不可否认，知识产权制度的产生及发展对人类社会的经济发展和文明进步具有重要的推动作用，但同时也显现出越来越多的弊端。下面，我将从"私有权的解释困难""激励机制的囚徒困境"以及创新活动之"价值与意义的错位"三个方面深入分析知识产权制度的理论问题。

一　私有权的解释困难

知识产权制度的理论基础是自由主义思想中的私有权理论。如上节所述，在西方政治思想史上，对私有权的论证根源于"自然权利论"。英国政治思想家洛克在自然法和自然权利的基础上提出了私有权的"劳动获取理论"。该理论得到亚当·斯密、大卫·李嘉图等重要经济学家的认同，成为对私有权的经典论证。

支持知识产权制度的学者认为，私有权的"劳动获取理论"同样适用于人们的智力劳动及其劳动成果。人们的智力劳动创造了智力劳动成果。在这一过程中，智力劳动不仅创造了新的价值，为人类社会带来福利，而且也在劳动成果上打上了劳动者的烙印。所以，付出智力劳动的劳动者理应对其劳动成果享有专属权利。私有权制度强调劳动者对其劳动成果的独占性，并对劳动者的专属权利进行法律保护；而知识产权制度则强调智力劳动者对其智力成果的独占性，对智力劳动者的专属权利进行保护。

上述平行推导并没有逻辑问题，知识产权以及知识产权制度是私有权理论的合理应用。然而，这一推导却掩盖了传统私有权理论与知识产权理论之间的一些重要差别。下面我将从"私有权的限制条款"和"公地悲剧"两条线索切入，揭示智力成果的"非排他性"，以及从传统私有权理论推导出知识产权理论的不合理之处。

如上节所述，洛克提出私有权的劳动起源论时还提出了私有权的限制条款：人们通过劳动获取时，要将同样好和足够多的土地及其产出留给他人耕种和享用。①

洛克之所以要为人们的劳动获取划定界限，是因为对于有形的（physical）资源来说，其获取和享用具有严格的排他性。例如，对于一个苹果、一片土地来说，一个人占有，则另一个人就不可能同时占有。然而，智力劳动成果却不具有这种严格的排他性。一本书，一个人占有，另一个人可以通过复印、拷贝等多种方式同时占有。尤其是在网络技术飞速发展的当代，多人同时占有同一智力成果的成本极低，而且常常是"独乐乐，不如与人乐乐"，新知识的分享会促进人们的交流和讨论，带来知识的进一步增长。而且，智力成果的分享还可以增添人们的乐趣，丰富人们的文化生活，增进公共福利。因此，从这个角度来说，知识产权并不像传统意义上的私有权那样必不可少。对于具有排他性的有形资产，如果不确立人们的专属权利，就会使社会陷入你争我抢的争斗之中，甚至退回到生杀予夺的自然状态。相反，如果不确立智力成果的专属权利，也许会降低人们从事创新活动的积极性，但并不会使人们因权利范围不明确而陷入纷争。甚至还可能出现一些有利的现象，人们会争相传播对人类进步意义重大的新知识、新文化，促进人类社会的发展。

在自由主义经济学中，"公地悲剧"通常被用来论证私有权的必要性。1968年英国经济学家加勒特·哈丁（Garett Hardin）首次阐述了"公地悲剧"的思想。哈丁假设：有一片人们共有的牧场，为了增加收入，每一个牧民都尽量增加自己饲养的羊的数量，最终导致牧场上的草被羊吃光。②"公地悲剧"向人们展示了这样的囚

---

① 参见［英］约翰·洛克《政府论》（下篇），叶启芳、瞿菊农译，商务印书馆2007年版，第24—31页。
② Garett Hardin, "The Tragedy of the Commons", 162 *Science* (1968), p. 1243.

徒困境：每个人出于理性，追求自我利益最大化，但最终公共资源被耗尽，所有人的利益都受到损害。如果"公地悲剧"是真实存在的，那么，专属权利的确立就是必须的。然而，对于知识产权来说，由于智识成果的"非排他性"，这种"公地悲剧"却并不存在。

知识生产的原材料不具有"独占性"，与工业生产和农业生产相比，知识生产在这一点上具有很大的独特性。尤其是对于文化创新来说，人们从事文学创作、音乐创作、绘画创作，除了维持创作者所需的生活资料以及绘画的颜料等基本条件外，并不需要投入大量的资金购买"原材料"。特定文化背景下的人类社会在千百年间积累起来的大量精神文明成果为创作者提供了丰富的素材。举例说明，人们进行诗歌创作，必须阅读大量的古典诗词。一方面，阅读古典诗词不需要投入巨大的资金；另一方面，古典诗词资源不具有独占性，任何人都可以方便地获取这些创作所需的"原材料"。可以说，在某种文化背景的人类社会中，所有人共同拥有一个"取之不尽、用之不竭"的"智识公有物"（intellectual commons）。人们对于这种"智识公有物"的共同占有，不仅不会带来"悲剧"，反而会带来更多思想的碰撞，通过交流和辩论激发灵感，创造出新的"智识公有物"。与此同时，任何人也不可能独自占有这些历经千年而沉淀下来的"智识公有物"，无法对其形成专属权利。"智识公有物"是属于整个民族，甚至是全人类的共同财富。打个比方，李白的诗歌，难道只属于李白及其后人吗？其他人不能传唱和欣赏吗？这不仅不可能，而且即使可能，对于李白和全人类来说，也将是巨大的损失。

有学者这样描述"智识公有物"："（智识公有物）是未来的创新者可以从其中借鉴并且对其作出贡献的理智层面的共有财产。这一领域必须被看作是不受保护的智识资源。我们毋宁将其理解为这样一种装置：'一个允许系统内所有创新者随意使用的原始材料'。"① 在网络技术飞速发展的今天，智识公有物的概念变得越来越重要。在网络世界中，还产生了一些不同于传统"智识公有物"的"网络创新公有物"（Internet Innovation Commons）。美国知识产权法专家劳伦斯·莱斯格（Lawrence Lessig）对此进行了论述："互联网构建了一种创新公有物。通过规则和算法，网络创新公有物构建了一个创造性得以蓬勃发展的空间。……在这里我们可以确证这样一种'公地悲剧'：这就是由于某种来自顶层的干预而失去互联网这一创新公有物。"② 可见，对于智识成果，尤其是可以通过网络传播的智识成果来说，并非对资源的共同所有将导致悲剧，恰恰相反，是对资源共同所有的丧失会导致悲剧。

智识成果的"非排他性"揭示了从私有权理论推导出知识产权理论的不合理之处，这让我们不得不重新审视洛克"劳动获取理论"对于智力劳动成果的有效性。我们可以这样来分析这个问题。人们在通过脑力劳动创造出智识成果的过程中，有三个因素最终促成了其成果的价值：第一，创作者的自然才能；第二，创作所需的"原材料"；第三，创作者的智力劳动。

对于第一个因素，"创作者的自然才能"，如果我们同意美国哲学家约翰·罗尔斯的观点，则可认为"自然才能"并非属于创作者专有的财产，而是全人类的共有财产。罗尔斯在讨论社会分配时论述道："这样我们就看到差别原则实际上代表这样一种安排：即把自然才能的分配看作一种共同的资产，一种共享的分配的利益（无论这一分配摊到每个人身上的结果是什么）。"③ 依据罗尔斯的观点，一些人是天才，一些人天生愚钝，这些"天赋"都不是属

---

① Ida Madieha bt. Abdul Ghani Azmi, "The Philosophy of Intellectual Property Rights over Ideas of Cyberspace: A Comparative Analysis between the Western Jurisprudence and the Shari'ah", *Arab Law Quarterly*, Vol. 19, No. 1/4 (2004), p. 197.
② Lawrence Lessing, *Code and Other Laws of Cyberspace* (1999), Basic Books, p. 23.
③ ［美］约翰·罗尔斯：《正义论》，何怀宏、何包钢、廖申白译，中国社会科学出版社1988年版，第102页。

于某个人自己的东西，而是人类基因在某个人身上或优或劣的体现，是属于全人类共有的。

对于第二个因素，创新活动所需的"原材料"往往是属于公共资源的各种文献资料，尤其是对于文化创新来说，在公共领域存在着大量的"智识公有物"，创作者在"智识公有物"的基础上进行创作。例如上文提到的诗歌创作，创作者需要阅读的古今中外的诗词经典，都是"智识公有物"。所以说，对于许多创新活动来说，创作的"原材料"都不是创作者自己的私有财产，或者不完全是。①

对于第三个因素——智力劳动，如果我们赞同洛克的观点，"我的身体所从事的劳动和双手所进行的工作正当地属于我的"②，那么，可以将"智力劳动"看作是确定属于创作者的。由此，在上述构成最终的智识成果的三个因素——人的自然才能、原材料、创新性劳动——之中，仅有一个因素确定无疑地属于创作者自己。这样就很难确定智力劳动者对其劳动成果的专属权利。也就是说，即使人们的"劳动"构成其私有权的基础，人们也仅对其"劳动"拥有权利，而并不对其劳动对象"原材料"拥有权利。就像一个人用一段木头造出了一把椅子，那他只对造出椅子的"劳动"拥有权利，所以他售卖椅子的钱要减去他购买木头的钱才是其所得。而对于智识创新来说，创新者并不是凭空创造出一首歌，或者一部小说，而必然是在前人创作的基础上进行创新性劳动。而这些前人所创造的智识产品，通常是创新者可以免费获取，属于全人类的共

---

① 目前有许多数据库资源仍然属于私有，是收费查阅的；但是，从本书立场出发，只要不涉及国家安全问题，各类文献资源都应该属于公有，免费向公众开放，是"智识公有物"。当然，在现有的制度规范下，如果创作者需要查阅付费数据库的话，可以认为"原材料"部分属于创作者的个人财产。这就像木匠买木料做椅子一样，买木料的钱是其付出的成本。

② ［英］约翰·洛克：《政府论》（下篇），叶启芳、瞿菊农译，商务印书馆1964年版，第18页。

同的精神财富。由此看来,智识创新者的"劳动成果"其专有性很难确定,理应由人们共享。

支持自由经济的学者通常认为,只有确立了人们对于其劳动成果的专属权利,人们才可能加倍努力地创造财富。在每个人寻求自我利益最大化的同时,社会的资源得到最佳配置,社会整体的利益也实现最大化。这对于其他社会资源的配置来说,可能有一定的道理。但是,对于创新性的智识成果,自由市场理论却不完全正确。因为,人们对智识成果的占有具有"非排他性","分享式"的占有不仅不会带来人们争权夺利的纷争,还会增进交流促进公共利益。因此,将传统的私有权理论直接应用于具有"非排他性"的智识产品是不合理的。另外,智识成果的非排他性揭示出,在"个人利益"和"公共福利"的相互关系中,私有权的确立并不总是起到协调二者关系的作用。对智识成果之专属权利的确立,有可能将"个人利益"和"公共福利"对立起来,使得人们在追求自我利益最大化的过程中,损害公共利益。就像上文提到的李白诗歌的例子,如果确立了李白对其诗歌的专属权利,那么,李白的诗歌很可能无法在当时流行(当时的普通老百姓大多买不起书,付不起与专属权利相应的费用),而我们今天就更不可能读到那些豪气万丈的美妙诗篇。不论是对于李白还是对于全人类来说,这都将是一大憾事。

二 激励机制的囚徒困境

在理性选择理论中,支持知识产权制度的论证被称为"知识产权激励说",该学说的主要观点是:如果不对人们所创造的智力成果进行权利保护,那么,人们就会失去创新的动力;而长此以往,整个社会的"公共福利"就会受损,以至于人类社会将停滞不前。中国学者杨明进一步指出了这种"激励机制"的两层含义:"知识产权制度的设置,蕴含了两个层面的激励,对人们投资于创新活动的激励是第一层次的,对社会公共福利之增长的促进是第二层次的,也才是终极目标。前者可以被看作是后者的前提和手段,而后者是前者的集大成者。也许单个的市场主体并不在意,或许也并没有意识到第二层次的激励,但只要第一层次的激励能够吸引足够多的市场主体做出行为选择,最终必然也会促进社会知识财产的总量增长、从而推动社会进步。"①

"知识产权激励说"的论证逻辑类似于英国古典经济学家亚当·斯密以"看不见的手"的理论对自由市场进行的论证:在私有权得到保护的自由市场中,每个人都只关心自己的利益,而在供需关系的调解下,却能达到人力和资源的最佳配置,实现"公共福利"的最大化。以此类推,在知识产权制度的保护下,每位创新者为了自己的利益而从事创新工作,而最终推动社会方方面面的发展,在追求"自我利益最大化"的同时,推动"社会利益最大化"。然而,就像自由市场学说不可避免地要遭遇"经济危机"的重创一样,"知识产权制度"掩盖了"个人激励"与"社会发展"之间的深刻矛盾,在现实应用中漏洞百出。

"知识产权激励说"的根本问题在于:在知识产权制度中,对"个人发展"和"公共福利"的双重激励是不可能同时实现的。因为,在专属权利保护下,"个人利益"和"公共福利"二者从根本上来说是矛盾的。知识产权制度将人们从事创新活动的根本动力假设为"一己私利",即使我们暂且赞同这一假设②,也很难从"个人利益最大化"的前提推导出"社会利益最大化"的结论。因为,在知识产权制度的保护下,如果要实现"个人利益最大化",就必须以加大创新者的权利范围,以加长权利期限、加高专利转让的费

---

① 杨明:《知识产权制度与知识财产创造者的行为选择》,《中外法学》2012 年第 4 期。

② 本节的第三部分将重点分析这一假设的问题。

用等手段增加人们获取创新知识的难度，并借此使智识成果所有人获取尽可能高的经济回报。然而，给予创新者更高的经济回报，虽然有可能激励更多的人投入更大的精力和时间从事创新工作，却必然妨碍人们获取和应用新知识，无助于"公共福利"的增进。所以，在知识产权制度中经常出现这样的悖论，专利转让费用设得越高，人们购买专利的难度越大，专利拥有者越难获利，最终使得专利所有人和公共利益都受损。

如美国经济学家弗里兹·马克卢普（Fritz Machlup）所言：专利制度被用于"激励人们投资于新技术的研发活动，从而实现专利权人利益与公众享受该专利技术的利益之间的平衡"。[①] 也就是说，"投资新技术"与"公众利益"之间并非正相关（如果是正相关就不需要平衡二者关系），而常常是此消彼长、你弱我强的关系。在知识产权的保护机制中，一方面，创新知识被"保护"得越好，金钱"壁垒"越高，其传播越慢，也就越不利于公共福利的增长。另一方面，那些得到迅速传播，并且大大推进公共福利增长的新知识，却往往没有得到很好的"保护"，使创新者利益受损。由此看来，在知识产权制度保护之下，创新者和社会的公共福利两者并不总是"双赢"，反而时时陷入"双输"的囚徒困境。

在上述意义上，知识产权制度甚至不能算作是一种"好制度"，而时常带有"坏制度"的嫌疑。所谓"制度"，指的是一种协调各参与者之间利益关系的规范体系。一种"制度"的好坏，取决于它能否将各参与者的"个人发展"与"公共福利"协调起来。一种既能促进"个人发展"，又能增进"公共福利"的制度就是好制度。相反，如果一种制度将其参与者的"个人发展"与

[①] Friz Machlup, "An Economic Review of the Patent System", *Foundations of Intellectual Property*, ed. by Merges & Ginsburg, New York: Foundation Press, 2004, pp. 55–56.

"公共福利"割裂开来，使得对"个人发展"的激励不能很好地增进"公共福利"，或者使得对"公共福利"的增进阻碍了"个人发展"，那么这样的制度就是坏制度，应该进行改良或者寻找替代方案。举例来说，平均主义大锅饭的分配制度，严重抑制了参与者们的"个人发展"，"干多干少一个样"。这样的制度会打击人们为社会作贡献的动力，而"公共福利"最终也会受到损害。在许多境况下，知识产权制度为了促进"个人发展"，保护人们进行"创新"的动力，以金钱作为壁垒，将"新知识""新技术""新药品""新文化"包围起来，人为地制造了知识传播的障碍，限制了普通人从新知识中获益的机会。从这一点来看，"知识产权制度"是一种需要改良的制度。

另外，知识产权制度将人们创新的动力假设为对"一己私利"的追求，也就是将人类社会前进的根本动力归结为"私欲"，这必然导致人性中"恶"的因素膨胀，甚至会激发"报复""歧视"等"恶劣"的心理机制。这一点在激烈的国际市场竞争中有极为明显的体现。例如，在美国的贸易法中就有关于"报复"的相关规定。美国国内贸易法中的超级301条款规定：美国将对认为对美实施不公平贸易做法的国家进行报复，其中不公平贸易做法包括美国认为对知识产权保护不充分的做法。报复措施包括对进口商品提高关税或采取进口限制，对有关国家服务征税或进行限制，直至终止两国签订的贸易条约。还有，美国国内贸易法中的超级337条款也有类似的报复性内容。[1] 这些规定完全丑化了人们作出创新的初衷，激化国际矛盾，是对世界其他国家人民的歧视和不尊重。还有一些专利技术拥有者以其专属权利而与专利技术买方签订"不平等协议"，"对技术售方进行种

---

[1] 参见朱玉荣《自由贸易的新障碍：知识产权壁垒》，《经贸法规》2005年第3期。

种限制，如强制买方所指定的人购买原材料；对买方在制造、使用或出售与专利技术相竞争的产品或采用与专利技术相竞争的技术方面加以限制，或不合理地限定买方的销售区域等。此种限制性商业条款会扰乱正常贸易秩序，使合理贸易受到限制"。① 另外，知识产权制度下的"恶意抢注商标"等行为，也是这一制度过分刺激人们的"私欲"而引发的恶果。2019年4月，"视觉中国"图片网站在世界各国科学家联合公布的"黑洞照片"图片上打上自己网站的水印，并以此敲诈"侵权费"，甚至还将国旗、国徽的图片都打上自己网站的水印。以如此卑劣的手段，借知识产权制度牟利，简直是罪大恶极，引发天怒人怨。

总之，知识产权制度并不像"知识产权激励说"所论证的那样，能够很好地协调"个人利益"与"公共福利"之间的关系，通过促进"个人利益"而增进"公共福利"；相反，在具体境况中，"个人利益"与"公共福利"往往相互矛盾，甚至陷入"双输"的囚徒困境。"知识产权激励说"的症结在于其基本假设：人们为追求"一己私利"而创新。如果这一假设并没有准确地描述人类的创新活动，那么人们到底为了什么而创新呢？下面我将具体讨论这一问题。

三 价值与意义的错位

2019年3月18日，中央电视台《寻找最美医生》节目介绍了一位发明了治疗白血病的特效药的医生——王振义。在发明出新药后，王振义放弃专利申请，免费供药厂使用。所以，现在该药的售价仅为290元一盒，而国际上同类药物的售价均在600美元左右。95岁高龄的王振义在接受采访时说："制造新药的目的和动力不是

---

① 参见朱玉荣《自由贸易的新障碍：知识产权壁垒》，《经贸法规》2005年第3期。

赚钱，而是治病救人。救助更多的病人，这就是对我最大的回报。"①

这位令人尊敬的"最美医生"的话不禁让我们重新审视人们从事创造性劳动的根本动力。在人类文明的发展史上，许多伟大的创举都不是在对金钱的追逐中完成的，激励人们不断创新的根本动力往往不是"金钱"所代表的利益。文艺复兴时期伟大的意大利科学家布鲁诺，为坚持"日心说"而被教会活活烧死。对于布鲁诺来说，他追求的是比生命还要崇高的价值，怎么可能是为了"金钱"？19世纪末，塞尔维亚裔美籍科学家尼古拉·特斯拉（Nikola Tesla）主持设计了现代交流电系统，却于晚年撕毁专利，将其公之于众，而他自己却死于贫困之中。特斯拉被誉为世界最具创造性的天才之一，其发明创造引发了电力工程、电磁学等多个领域的革命。特斯拉搞发明创造常常废寝忘食，激励他不断创新的动力也绝不会是"金钱"。

"创新的目的和动力不是赚钱"，这个朴实无华的道理得到古今中外许多例子的印证。历史上那些令人敬佩的创新者们的事迹不断向人们表明，除了"金钱"之外，各行各业的从业者还有着让他们全心投入、无怨无悔的价值追求。这些价值追求远远高于金钱所代表的"利益"，甚至是超越生命的。医者以"救死扶伤"为己任；科学家追寻真理；政治家关心公共福利；法律的制定者和实施者坚守社会的公平正义；运动员追求更高、更快、更强……这些丰富而深刻的价值和意义，是金钱远远不能涵盖的。

美国哲学家迈克尔·沃尔泽（Michael Walzer）在《正义诸领域：为多元主义与平等一辩》一书中提出了基于多元价值的正

---

① 参见 CCTV 官网，http://tv.cctv.com/2019/03/18/VIDESywl2vNOL0vMpATz2LRd190318.shtml?spm=C59377.PnlFk9VVatFS.EeAuLoK ZyoC0.27，访问日期：2019年4月8日。

义理论。沃尔则认为，人类的社会合作不仅创造了巨大的物质财富和精神财富，而且还创造了丰富的价值和意义。而每一种价值都有其内在的分配逻辑，并非都可以通过金钱买到。① 例如：文学大奖的荣誉被授予创作出最好作品的人；百米赛跑的奖杯颁发给跑得最快的人；药品被免费或者以较低的价格提供给生病的人；业绩最好的职员将获得晋升的机会……在各式各样的社会分配形式中，金钱或许不可避免地掺入其中，发挥度量的作用，但这并不代表驱使人们的根本动力就是金钱，而金钱也不可能成为人们的终极追求。人们甚至不能将金钱的多少，作为对各行各业的从业者们为人类社会所作贡献的公正的衡量。"金钱"仅仅是在特定社会分配制度下，社会给予那些为公共福利作出贡献的人们的某种回报，或多或少，视具体境况而定。

在市场经济高度发达甚至无孔不入的今天，人们很容易想当然地认为，任何行业的终极追求都是"金钱"。或许，人们先是用这样的逻辑去预设他人，接着自己也陷入这样的假设之中，最终相应的激励机制也由此而订立。同时，制度与人的行为之间又形成相互加强的关系。知识产权制度正是在这样的逻辑预设下形成的激励机制。这一制度通过刺激人们的"私欲"而促进"创新"，进而推动社会进步。这种激励机制将各种创造性活动的内在意义和人们从事这一活动的动机割裂开来，造成一种人们为"金钱"而"创新"的假象。这将造成人的价值追求与内在动力的错位，使人们迷失在对"金钱"的追逐中。

在意义与价值的问题上，知识产权制度的症结正在于将各行各业人们的终极价值追求假设为"金钱"，并以此推断：如果作出创新的人得不到相应的，或者尽可能大的经济回报，那么人们

---

① 参见［美］迈克尔·沃尔泽《正义诸领域：为多元主义与平等一辩》，褚松燕译，译林出版社 2009 年版，第 4 页。

就会停止创新，社会就会止步不前。然而，这一假设和推理与事实并不完全相符。不论是在人类社会的实然层面，还是在道德应然层面，各行各业的从业者都有着高于"金钱"的价值追求：教师追求提高教学质量；公交车司机追求安全驾驶；商店职员追求更好地为顾客服务；作家追求写出更好的作品；学者追求更多的科研成果……而金钱只是当这些价值追求得以实现时，社会给予人们的回报，并不是人们努力工作甚至作出创新的根本动机。这类似于功利主义者误认为人们的所有追求都不过是为了增添"快乐"一样。其实，人们不过是在实现自己的梦想时感到"快乐"而已。换句话说，即使没有金钱的刺激，在理想的状态下，人们也会秉承自己的价值追求而做好本职工作，甚至作出创新。

人们的创新活动有高于"金钱"的价值追求，这一点还可以从世界各族人民的古老智慧中得到印证。子曰："君子喻于义，小人喻于利。"（《论语·里仁》）可见，对于君子来说，人生的终极追求并不是"金钱"。"君子"在儒家学说中代表着理想的道德人格，君子的追求展现了儒家传统对人生终极目的的认识。古波斯诗人鲁米在诗中写道："画家是因为画本身的缘故而画画，还是希望获得随之而来的利益？制陶艺人做罐子，是为了罐子而做罐子，还是打算用它来装水？"① 伊达·马蒂亚哈（Ida Madieha）对鲁米的诗进行了这样的诠释："正如鲁米美妙的诗句所言，人们不应该将利益以及专属权利看作是激发人们创新的唯一的源泉。也许，创造性活动并非仅仅为了功利的目的，还因为自我满足，也许是对'全能神'的一种臣服（ubudiyyah）形式。"② 另

---

① Jalalluddin al Rumi Ma'nawi, iv. 2881 – 92, text ed. Nicholson, translation Nicholson.

② Ida Madieha bt. Abdul Ghani Azmi, "The Philosophy of Intellectual Property Rights over Ideas of Cyberspace: A Comparative Analysis between the Western Jurisprudence and the Shari'ah", *Arab Law Quarterly*, Vol. 19, No. 1/4 (2004), p. 207.

外，上文中提到的美国当代政治哲学家沃尔泽是犹太裔美国人，其思想深受马克思主义传统的影响。沃尔泽的社会分配理论试图重塑人们从事劳动和创造的最初价值和意义，阐发了与自由主义私有权制度不同的立场。

总之，"知识产权制度"植根于自由主义的私有权概念，在理论上存在着三方面缺陷：第一，人们对智识成果的占有不具有"独占性"，不能直接套用私有权理论；第二，"知识产权制度"对创新的保护往往无助于公共福利的增加，使个人利益和公共福利陷入囚徒困境；第三，"知识产权制度"将创新活动的内在动力假设为人们对一己私利的追求，错置了创新活动的内在价值和意义。近年来，一些知识精英和政界精英联合起来尝试不同于"知识产权制度"的创新激励机制，例如，医药创新领域的"健康影响基金"（Health Impact Foundation）[①]。这些新的尝试向人们展示了，一种与"知识产权制度"不同的创新激励机制并非不可能。在知识加速更新的今天，人们可能建构一种优于知识产权的创新激励机制，以协调创新者的利益与公共福利之间的关系，加快创新知识传播，并最终推动人类文明的发展。相反，如果每一种创新都被打上了"专属"的烙印，不能为更多的人方便获取，那么，人类文明只能是"无源之水、无本之木"，裹足不前。

阅读与思考

一 阅读

［法］卢梭：《论人类不平等的起源和基础》，李常山译，东林

[①] 参见 Thomas Pogge, "The Health Impact Fund: Enhancing Justice and Efficiency in Global Health", *Journal of Human Development and Capabilities*, 13/4 (November 2012), 537–559。

校，商务印书馆 1962 年版。

［英］约翰·洛克：《政府论》（下篇），叶启芳、翟菊农译，商务印书馆 1964 年版。

［美］罗伯特·诺奇克：《无政府、国家和乌托邦》，姚大志译，中国社会科学出版社 2008 年版。

［加］威尔·金里卡：《当代政治哲学》，刘莘译，上海译文出版社 2011 年版。

二 思考

1. 私有权如何得到论证？
2. 私有权是否应该受到限制？
3. 知识产权制度有什么弊端？
4. 能否构想一种优于"知识产权制度"的创新激励机制？

第八讲
自由市场

最小国家
自由市场及其限制
「基本需要」领域切不可过度市场化

自由市场

私有权理论对于现代社会的影响极为重大，这一理论不仅是现代经济理论的根基，而且也在方方面面规定着人们的公共生活，甚至引申出相应的国家学说。在洛克阐述的"私有权"理论的基础上，西方右派学者推导出支持放任市场和最小国家的政治哲学。哈耶克和诺奇克是这派学者的重要代表。在当代政治哲学的讨论中，罗伯特·诺奇克被公认为是放任自由经济的杰出阐释者。他发展出了一种"看不见的手"的国家理论，重新建构了古典自由主义者所倡导的最小国家理论。在本讲的讨论中，我们将首先了解诺奇克的最小国家学说，并在此基础上讨论自由市场应受的两种限制，以及"基本需要"领域不可完全市场化的理由。

第一节 最小国家

诺奇克所发展的学说被称作"自由至上主义"（libertarianism），是以"自由"概念（liberty）为根基而构建的政治理论大厦。诺奇克将"是否侵犯他人的自由"作为判断一切个人行为、集体行为以及国家和政府的任何制度、法规和政策的道德底线。在诺奇克看来，任何有侵犯个人自由之嫌疑的政策（例如对自由市场的竞争结果进行调节）或制度（例如超出最小国家的更多功能的国家——福利国家）都包含着严重的道德错误，都是不合法的。作为自由主义的极右派别，诺奇克几乎所有的政治主张：自由放任的市场经济、反对再分配、功能最小的国家、反对福利政策……都基于其对权利和自由的坚持。下面，我们来讨论一下诺奇克所阐述的最小国家理论。

不满于社会契约论中"自然状态""假想的同意""全体一致"等形而上的设定，诺奇克提出了一种"看不见的手"的国家学说。诺奇克深受哈耶克的影响，认为国家是一种自发的秩序，而不是人为的秩序。这种秩序是在人们不断的、利己的选择过程中，自然演化出来的。这就像货币的形成，人们并没有在某一时刻坐下来商议，该以什么作为通用的交换媒介，也没有对任何决议明确地表示过同意或者不同意。货币产生的实际过程是：在人们不断地自愿交换过程中，某种特定的物品因某些特性（不易腐坏、易于称量和分割等）在某一特定的区域内被当成了通用的交换媒介。

货币产生的过程启发了人们对国家产生过程的思考。基于对自发秩序的理解，诺奇克在自由市场理论的基础上阐述了一种"看不见的手"的国家理论。诺奇克认为，第一，在自然状态下，为了获得安全，人们会自愿购买"保护"这种商品。由此，社会中会出现许多提供保护的"公司"——保护性社团。第二，在许多"保护性社团"的相互竞争中，在特定区域内最后会只剩下一家保护性社团，诺奇克将其称为"支配的保护性社团"。至于为什么不会出现多家保护性社团相互竞争的局面，这是因为"保护"这种商品具有特殊性：如果不是最强的保护就很难提供有效的保护。试想，如果某人购买的保护不是最强的，那么当他与购买更强保护的人发生矛盾时，他的安全就无法保障了。所以，人们一定会不惜代价去购买最强的保护，而不会为了省钱而买便宜的、较弱的保护。因为，与钱相比，生命永远是第一位的。基于这一推理，诺奇克认为，在提供保护产品的市场中会自然而然地形成"支配的保护性社团",也就是只剩下最大最强的保护性社团。第三,支配的保护性社团将"禁止"私人使用暴力,也就是禁止那些没有购买保护、想要自己保护自己的人使用暴力。在禁止私人使用暴力之后,支配的保护性社团就可以垄断某个区域内的暴力,转变成垄断的保护性社团,也就是诺奇克所说的超低限度的国家(ultra-minimal state)。第四,垄断的保护性社团向被禁止使用暴力的独立个人提供"赔偿",而这种"赔偿"的具体形式就是免费为这些独立个人提供"保护"。至此,经过"禁止"和"赔偿"两个步骤之后,"支配的保护性社团"最终演变成为向所有政治共同体成员提供保护的合法的垄断暴力,而这就是一个最低限度的国家(minimal state),也是诺奇克心目中的乌托邦。诺奇克的著作《无政府、国家和乌托邦》的书名,正是源于他对国家之形成的理解:从无政府到最小国家,而最小国家就是理想国家。

在诺奇克的推导中,从自然状态到国家的形成经历了四个步骤:保护性社团→支配的保护性社团→禁止私自使用暴力(超低限度国家)→赔偿被禁止私自使用暴力的成员(最小国家)。在这四个步骤中,第三步——禁止私自使用暴力和第四步——赔偿被禁止私自使用暴力的成员,受到了各方学者的质疑。这些质疑的核心问题有两个:第一,禁止私自使用暴力有可能侵犯人们的个人权利。第二,为什么要对那些被禁止使用暴力的独立个体进行赔偿,而这种赔偿的经费又从哪里来?在"赔偿"这一过程中是否包含"再分配"形式、包含对人们权利的侵犯呢?

第一,对于侵犯权利问题,诺奇克解释说,对独立者强行正义的禁止是通过"事实上的垄断"而实现的:每个人都可能要求一种审查别人主张正义之程序的权力,在这个问题上,"支配的保护性社团却凭借他的权力确实占有一种独特的地位。当它认为合适的时候,它并且只有它,可以对其他人的正义程序进行强行禁止。……它承认每个人都有权利正确地应用原则,但作为这些原则的最有权力的应用者,它强行自己的意志,而它真心认为这种意志是正确的"。① 换句话说,在"禁止私自使用暴力"这一步骤中,支配的保护性社团并没有声称自己拥有任何独特的权力,而仅仅是由于其事实上的支配地位而得以审查并禁止独立者强行正义。因此,"禁止私自使用暴力"并没有侵犯独立者的权利和自由。

第二,对于与"赔偿"相关的问题,诺奇克首先给出了进行"赔偿"的理由。诺奇克阐述了一种与权利相关的"赔偿原则":"那些对风险行为强加禁止的人们对因其风险行为被禁止而遭受损失的人应给予赔偿。"② 也就是说,在"禁止私自使用暴力"的过程中,那些想要私自使用暴力的独立个人的利益受到了伤害,这构成了向他们提供"赔偿"的理由。而对于进行"赔偿"的资金从何而来,诺奇克认为,这些资金可以从一些愿意多付保费以避免风险的参保者那里得来。这些人为了避免独立者强行正义的风险,心甘情愿地多付一些保费,而这部分钱就将用来补偿这些不愿付保费的独立者,为其提供保护。

为了理解诺奇克的上述观点,我们可以拿美国的枪支问题打个比方:美国各州都允许人们私自拥有武器,一些人认为这样风险太大,情愿多出一些保护费,让保护性社团(国家)禁止那些想以枪支保护自己的人携带枪支,同时为他们提供保护。而为这些人提供保护的费用,是那些担心风险的人们自愿为他们出的。诺奇克认为,如此理解的"赔偿"过程并不是一种再分配,因为虽然保护性社团将一部分人的保护费用于为其他成员提供保护,但是这些多交保护费的人们是自愿的,而其多交保护费的目的是规避独立者强行正义的风险。由此,诺奇克得出结论,在最小国家形成的第四个

---

① [美]罗伯特·诺奇克:《无政府、国家和乌托邦》,姚大志译,中国社会科学出版社 2008 年版,第 129 页。
② 同上书,第 104 页。

步骤中,"以提供免费保护的方式赔偿被禁止私自使用暴力的成员"不存在再分配,也没有侵犯权利的事件发生。

从上述分析中我们看到,在诺奇克的国家学说中,国家的形成是通过人们自发的交换和购买行为实现的,并不是基于任何人或所有人的共同设计,不需要假想一个理性订约的过程。人们为了生存而购买保护,而出售保护的人则为了扩大自己的利益而最终将其公司做成了一个合法垄断暴力并为其领域内所有成员提供保护的国家。同时,国家这个"公司"在道德上具有合法性。这一合法性的来源在于其形成的过程中没有侵犯任何人的自由和权利。国家以其垄断的暴力为领地内的所有成员提供保护,其功能也仅限于此。任何超出"最小国家",拥有更多功能的国家都会侵犯人们的权利,妨碍人们在自由市场上的相互交换,都是不合法的国家。

第二节　自由市场及其限制[*]

与最小国家这一国家学说相对应的经济理论是放任自由经济。支持放任自由经济的学者通常认为,基于自愿交换的自由市场是一种纯粹程序正义。这意味着,人们自愿交换的累积结果具有天然的正当性,应该无条件地接受。人们无须对市场交换的结果做任何修正,也不应对人们的自愿行为进行限制。为了更深入地批驳上述观点,我们先来了解一下程序正义的相关知识。

罗尔斯在《正义论》中阐述了三种程序正义:完善的程序正义、不完善的程序正义,以及纯粹的程序正义。第一,在完善的程序正义中,对于结果是否正当有独立的判断标准,而且我们有可能设计出一个程序来达到这一标准。例如,当孩子们分蛋糕时,假如

---

[*] 本节的部分内容曾以"自由市场与程序正义"为题,发表在《世界哲学》2019年第3期。

我们设定平均分配是公平的分配，那么在每个人都想多得的情况下，我们设计"分蛋糕者最后拿蛋糕"的分配程序，就必然会达到平均分配的结果。

第二，在不完善的程序正义中，人们虽然有判断正确结果的独立标准，却没有可以保证达到它的程序。罗尔斯以刑事审判作为不完善程序正义的例子。在刑事审判中总会有"冤假错案"存在，也就是说，无论我们怎么设计刑事审判的程序，都不可能达到"被告有罪就被宣判有罪、无罪即被宣判无罪"的目标。这样一来，人们虽然有判断结果是否正当的标准，却无法设计出保证达到这一结果的程序。这也是不完善的程序正义与完善的程序正义的根本区别。

第三，所谓纯粹的程序正义，指的是不存在判断结果是否正当的独立标准，只存在一种正确的或公平的程序。这种程序若被切实地执行，其结果也必然是正确的或公平的（不论其结果是什么）。罗尔斯以赌博作为纯粹程序正义的例子："愿赌服输"，只要赌博的程序是公平的，而参与者自愿参加，那就必须接受赌博的结果，无论其结果是输得精光还是一夜暴富。

自由市场是一个人们用来配置资源、满足各自需求的程序。如果我们将自由市场当作一种纯粹的程序正义，那么，在保证人们最初获取之正当性（即对某物之所有权的正当性）的前提下，累计多次"自愿交换"的结果也必然是正当的。这就是诺奇克"持有正义"理论的核心思想。

在《无政府、国家和乌托邦》一书中，诺奇克将其正义理论称为"持有正义"，并归结出三个原则：（1）获取的正义原则；（2）转让的正义原则；（3）对违反前两个原则的矫正原则。诺奇克认为，从真的前提可以推出真的结果，因此，如果某人对某物的获取和转让都是正义的，那么他对其持有就是有资格的，他的持有就是正义的；如果每个人的持有都是正义的，那么持有的总体

（亦即社会分配）就是正义的。具体来说，对于"获取的正义原则"，诺奇克借用了洛克有关私有权的"劳动获取"理论[①]——"我拥有我的身体和身体的种种能力，我能逐渐拥有种种外在的物体"。对于"转让的正义原则"，诺奇克认为，在信息充分条件下的自愿交换都符合"转让的正义原则"。也就是说，最初的对于无主物的劳动获取，再加上自由市场中的自愿交换或自由市场外的馈赠和接受，构成了诺奇克的分配正义原则。

诺奇克的正义理论暗含着这样的推论：以私有权为基础的自由市场是一种纯粹程序正义，人们应该毫无保留地接受自由市场所带来的分配结果。然而，与自由市场相伴而生的种种丑恶现象却时时在提醒人们，市场必须受到某种限制和规范：资本炒作，钱权交易，涉及毒品、性、暴力的黑市交易，赤贫者的绝望交易，人口买卖……这些源自自愿交换的罪恶很难说有任何正当性。

美国学者迈克尔·沃尔泽在《正义诸领域：为多元主义与平等一辩》一书中阐述了13种应该被禁止的交易：人口买卖，钱权交易，涉及刑事司法的交易，涉及言论、新闻、宗教、集会之自由的交易，婚姻和生育权交易，离开政治共同体之权利的交易，免于公共服务之义务的交易，涉及政治职位的交易，涉及基本福利和基础教育的交易，绝望交易，涉及奖励和荣誉的交易，涉及神的恩宠的交易，涉及爱和友谊的交易。

沃尔泽认为，社会中的每一种"善"都有其自己的"场域"（sphere）和分配规则。人们在不同的"场域"，因为不同的理由而分配到不同的资源。人们在一定范围内可以将自己在某一场域中获得的东西与其他场域分配的物品进行交换。在这些自愿的交换中有

[①] 诺奇克虽然对洛克的"劳动获取"理论颇有微词，但他仍然沿用了洛克对私有权的论证。用诺奇克自己的话来说，他对洛克获取理论的批评是为了给自己持有的正义理论增加一点复杂性（［美］罗伯特·诺奇克：《无政府、国家和乌托邦》，姚大志译，中国社会科学出版社2008年版，第208页）。

一些是合法的。例如：人们在工作这一场域依据"应得原则"获得酬劳，然后用自己获得的工资到自由市场上去购买各种生活必需品。然而，不同场域物品之间的某些交换却并不合法。例如，一些人借助社会救济机制领取了免费的生活必需品，但实际上自己并不需要这些多余的食物或衣物，因此便在市场上将这些免费领取的物品卖掉。这样的交换就不合法，有侵犯那些应该得到救助却没有领到救济品的人之权利的嫌疑。涉及"公租房""廉租房"等保障性住房的黑市交易，也属于这种性质的非法交易。再比如，在权力分配的领域，能力较强的人位高权重。如果这些人将自己手里的权力出卖给那些拥有大量资本的人，进行钱权交易，那么这样的"自愿交换"也是不合法的，有侵犯作为权力授予者的普通公民之权利的嫌疑。沃尔泽指出，在社会分配中，有一些善是"支配性的"（dominant）：只要拥有这种"善"，就很容易通过各种非法交易获得其他社会资源。通常，"金钱"和"权力"就是这样的"支配性的善"：拥有"金钱"或者"权力"的人，总是可以很容易地用"金钱"或"权力"兑换其他东西，荣誉、特权，等等。与此同时，"金钱"与"权力"之间也在进行各种非法的交换，官商勾结、贿选、腐败，如此种种都是非法的交易。

通过列举出13种应该被禁止的交易，沃尔泽对自由市场的运行进行了限制。从根本上来说，自由市场的运行是以人们的"权利"为界限的。上述被禁止的交易都有侵犯人们基本权利的嫌疑。例如：人口买卖涉及人们的生命权，钱权交易涉及交易双方对于第三方的义务以及公民的政治权利，付费的言论自由涉及言论自由权，付费的福利和基础教育涉及公民的福利权利，绝望交易涉及生命权和自由权，等等。自由市场作为资源配置的重要程序，其运行过程应受的限制就是：侵犯人们基本权利的自愿交换都必须被禁止。

当然，诺奇克也非常赞同以"权利"约束自由市场的运作。

他将这称为"边界约束"（side constraints），并认为这"反映了康德主义的根本原则：个人是目的，而不仅仅是手段"①。然而，诺奇克对"权利"过于宽泛的理解——通过"自愿的同意"或者"赔偿"人们可以跨越"权利"的界限——却为自由市场中许多与人们的道德直觉相悖的现象打开了大门。这其中包括"卖身为奴""绝望交易""卖淫""毒品交易"等。其实，在自由主义的思想史上并不是仅诺奇克一个人如此扩展自由贸易的界限。哈耶克最为看重的自由主义者密尔，也曾在《论自由》一书中为毒品、毒药交易辩护，甚至为英国向中国贩卖鸦片的行为辩护。可见，支持放任市场的理论家会以"个人自由"之名，大大放宽贸易自由的界限，甚至伤及社会整体的福利。对于诺奇克来说，以"权利"划定自由市场的界限，但同时允许通过"自愿行为"或者"经济利益的补偿"跨越权利的界限，这恰恰是诺奇克在讨论自由市场之限制的矛盾之处。

在社会正义的理论框架下，人们不仅应该对自由市场运行的程序进行限制，还必须对自由市场运行的结果进行限制。如上所述，自由市场并不能充当资源配置的纯粹程序正义。人们不应该无条件地接受自由市场的分配结果，而应该根据人们达成共识的社会正义观念对"自愿交换"的累积结果进行修正。应该说，对于自由市场的限制有两种：一种是"底线约束"，这种约束体现为对于人们"权利"的维护，那些可能侵犯人们权利的交易是被严令禁止的。另一种是"公平约束"，这种约束是依据人们达成共识的社会正义观念对自由竞争之结果进行调节。

自由市场中的激烈竞争往往带来巨大的贫富差距，而且，既有的不平等状况容易导致更深程度的不平等。所谓"富者愈富，穷

---

① ［美］罗伯特·诺奇克：《无政府、国家和乌托邦》，姚大志译，中国社会科学出版社 2008 年版，第 35 页。

者愈穷"的马太效应,其原因在于,手中拥有较多资源的社会成员处于进一步获取更多社会资源的有利地位。例如,富裕家庭的孩子拥有更好的初期教育和生活条件,这将有助于他们在成年之后获得更大的社会成功。然而,贫富分化的社会现象即使是自由竞争的结果,也可能是不正当的。所以,一个公平正义的社会还必须对市场竞争的结果进行调节,其具体的调节手段通常是税收。而税收制度之所以具有正当性,就在于其"劫富济贫"的本质:以再分配的手段将人与人之间的不平等控制在一定范围内,不至于产生恶劣的社会影响,缓解社会的分层和对立。

当然,依据不同的社会正义理论,人们可能设计出不同的再分配政策。例如,马克思首先提出,并得到当代学者哈里·弗兰克(Harry Frank)等学者支持的"按需分配"理论,要求通过社会再分配平等地满足所有社会成员的"基本需要";罗尔斯的分配正义理论要求社会分配要以社会中"弱势群体"的利益最大化为目的;阿玛蒂亚·森的"能力平等"理论要求通过再分配使每个社会成员获得同等的"能力";德里克·帕菲特(Derek Parfit)的优先主义分配理论要求社会分配优先满足社会中某一贫困线以下社会成员的基本需要;罗纳德·德沃金(Ronald Dworkin)的"敏于志向,钝于禀赋"的平等理论要求通过再分配拉平社会成员之间在社会和自然方面的偶然因素,使得每个社会成员仅凭自己的努力而竞争资源……如此种种,不一而足。20世纪70年代以来的当代政治哲学发展,正是在罗尔斯重申社会正义观念的基础上,对于各种分配方案的探索。关切复杂的社会现实,探索更公平的分配方案,当代学者可谓各显神通、百家争鸣,学术成果蔚为壮观。

总之,自由市场是对社会产品进行资源配置的重要程序,但它并不是唯一合法的程序。诺奇克的"持有正义"理论暴露出的核心问题是:将自由市场作为资源配置的纯粹程序正义在理论上存在困难。自由竞争的结果并不具有天然的正当性,必须依据社会正义观念对自由市场进行限制和调节，从"放任市场"转向"有限市场"。具体来说，自由市场需要受到"底线约束"和"公平约束"两方面的限制："底线约束"要求禁止所有可能侵犯人们权利的自愿交换；"公平约束"要求以人们达成共识的社会正义观念为基础，通过社会再分配手段对市场竞争的结果进行调节。社会正义的观念指引着人们在市场竞争的基础上，通过社会分配建立覆盖全民的社会保障体系、缩小贫富差距，促进社会朝着平等共荣的方向发展。

第三节 "基本需要"领域切不可过度市场化

如果人类社会的所有资源都由市场来进行配置，那将是一个理想的世界还是一个糟糕的世界？如果人们的衣、食、住、行以及教育、医疗、晋升机会，都必须以自己挣来的钱去与别人手里的东西进行交换，这样的社会是否绝对公平？自由市场对资源的配置是否能让所有人都过上满意的生活……人们可能会对这些问题争论不休，很难得到一致的答案。但是，在一个完全市场化的社会中，下述情况却是不可避免的：有病没钱的人会孤独地死去；穷困家庭的孩子不得不早早辍学、帮家里挣钱；街道上可能到处游走着衣不蔽体、食不果腹的赤贫者……当然，还会有另一番景象：亿万富翁们纸醉金迷、挥金如土，太空旅行、极地探险、人工智能……各种奢侈昂贵的新鲜玩意儿应有尽有。

两极分化大概是完全市场化不可避免的后果。这是由于天赋、运气、抉择等各种因素的影响，人们利用自己手中的资源创造财富的能力非常不同。一些人能利用手中的资源和机会集聚大量的财富，而另一些人则迅速地败光自己手里的东西。一个运气不佳的投资者，一个一心追求艺术而不惜倾其所有的艺术家，一个养了许多孩子的家庭……都有可能迅速地成为无力负担自己和家人生活的赤贫者。

一个完全市场化的社会，一个摒弃除市场外其他分配原则的社会，一方面无法解决市场竞争中的"失败者"的生计；另一方面却也给不出合适的理由，为什么我们的社会不用负担这些人的生活？如果追溯每个人失败的原因，我们很难得出结论说：他们自己应该完全为此负责。一些人是因为本来就出生在贫困家庭而生活窘迫，一些人因为天生残疾而难以参与社会竞争，一些人因为运气不佳、投资失败而落入社会底层，一些人因为自己古怪的性格而处处碰壁（而性格大概是由基因和环境决定的，也不能完全归结为行为者自己的原因）。如此看来，我们并不能简单地说，那些社会中的"失败者"就"活该"受罪，因为他们的贫困与无助并不完全是他们自己的原因造成的，不应该完全由他们自己负责。

那么，这些市场竞争中的"失败者"应该由谁来提供帮助，由谁来为他们的生活负责？对这个问题的回答，与我们对人类社会的理解息息相关。一种颇有影响的看法是：人们为什么自愿联合组成国家和政府，是为了过上一种安宁、充足的生活。因此，第一，人类社会的首要目的就应该是保障每一个人的基本生活。人类社会不仅是一个合作竞争的联合体，更是一个"团结的联合体"。在这样的联合体中，每一个成员在保障自己过上一种人之为人的"体面生活"的同时，有义务尽一己之力保障他人也能过上"体面生活"。一些人生活在赤贫当中，没有足够的食物、药品、衣物，居无定所，无力支付基本的教育……这些情形无论发生在谁的身上，都有损整个国家，甚至是整个人类社会的尊严。将人类社会看作一个"团结的联合体"，这为举全社会之力为每个人提供基本生活保障提供了第一个理由。

第二，在人类社会中，只有首先确保了每个人的基本生活，人们才能有实质性的自由去追求自己的理想，实现自己的人生目标，同时为社会创造更多的财富。因此，为所有社会成员提供基本生活保障与对"基本自由"的维护是一致的。如果基本生活得不到保障，自由就无从谈起。

第三，一些研究贫困问题的当代学者，例如获得诺贝尔经济学奖的阿玛蒂亚·森认为，没有基本生活保障的贫困状态是人类社会中一种"明显的不正义"。亦即，无论基于什么理由、什么政治理论，这些现象都会被人们认为是"不正义的"。因此，为所有社会成员提供基本生活保障，是消除不正义的必要步骤。基于上述三方面的论证，涉及人类社会"基本需要"的领域切不可完全市场化，必须借助市场以外的分配手段为市场竞争中的"失败者"负担基本生活。这是由人类社会的目的和本质所决定的。

"按需分配"是与"市场交换"完全不同的分配原则。这一原则要求国家和政府通过对资源和机会的再分配，满足所有社会成员的"基本需要"。"基本需要"是特定社会中的人们维持一种人之为人的"体面生活"所需要的各种物品和机会。对满足人们"基本需要"的资源，依据"按需分配"原则进行分配，可以有效地消除过度市场化的现象。

就像"金钱"是一种支配性的善一样，市场也总有超出自己的边界入侵其他分配领域的倾向。市场原则对于其他分配原则的"入侵"会带来很严重的社会问题，加剧人们之间的不平等状况：第一，在医疗领域，由于过度市场化，有钱没钱的差别就会演变为"生"与"死"的不同命运。更为严重的问题是，如果一些全民保健所需的药品也完全市场化的话，就有可能被人垄断、人为抬高价格，甚至会有商家利欲熏心售卖假药。第二，教育领域的过度市场化，将冲击国家免费提供的义务教育。市场一方面将公立学校的优秀教师吸引过去，另一方面千方百计地蛊惑学生和家长购买额外的教育资源。这不仅增加了学生的课业负担，也大大加重了家庭的经济负担。而穷人的孩子则会因为没有钱购买额外的教育产品，同时在公立学校又得不到足够好的教育，而最终在学业竞争中处于劣势。如此一来，教育领域的过度市场化将进一步加剧人们之间的不平等状况。第三，如果满足人们"基本需要"的某种物品被过度市场化，那么人们的基本生活就会受到威胁。例如资本瞄准"住房"这种人们的"基本需要"，囤积居奇，那么有钱与没钱的区别则将决定一个人是有房住还是没房住。然而，在资本逐利的背后却可能是勤奋创业的年轻人无房可住，找不到立足之地的惨状。

也许，一个完全市场化的世界永远不会到来，也不该到来。市场是个好东西，但仅当其被限定在一定的范围之内。那些满足人们"基本需要"所需的社会资源和机会应靠人类社会集体的力量，免费或以很低的价格向所有社会成员提供。这是人们联合起来建立国家和政府的初衷。只有在像"团结的联合体"这样的社会中，人们才能获得充分的自由，追求自己的理想，同时为整个社会造福。当然，也只有当所有社会成员的"基本需要"都得到满足时，与主张"放任市场"的资本主义相比，主张"有限市场"的社会主义才显示出其优越性。

综合上述各节的论述，我们看到，私有权是市场经济体制的基础。然而，私有权并没有赋予人们无限制地占有财富的权利，人们对财富的占有必须受到适当的限制。与对私有权的限制相关，自由市场也应受到两方面的限制："底线限制"和"公平限制"。"底线限制"是对市场交换的过程进行限制，而"公平限制"是对市场交换的结果进行限制。自由市场并非像古典自由主义者主张的那样是一种纯粹程序正义，只有在适当限制的条件下，将"放任市场"转变为"有限市场"，才有可能实现一个正义的社会。

阅读与思考

一 阅读

［英］弗雷德里希·奥古斯特·哈耶克：《自由宪章》，杨玉生、冯兴元、陈茅等译，中国社会科学出版社 2012 年版。

［美］罗伯特·诺奇克：《无政府、国家和乌托邦》，姚大志译，中国社会科学出版社 2008 年版。

［美］迈克尔·沃尔泽：《正义诸领域：为多元主义与平等一辩》，褚松燕译，译林出版社 2009 年版。

二 思考

1. 自由市场应该受到哪些限制？
2. "最小国家"是不是乌托邦？
3. "基本需要"领域是否应该市场化？

第九讲
社会分配的基本问题

社会分配的对象、主体与客体
社会分配研究的三个领域
社会分配的环境
社会分配的必要性
分配正义：一元与多元
职业操守与多元分配

社会分配的基本问题

在人类社会的分工合作不断深入、公共产品急剧增加、社会竞争日趋激烈的背景下,政治权力对各种资源的社会分配发挥着支配性的作用。与此同时,分配物质产品、教育和就业机会、医疗保健以及社会福利,逐步成为当代社会国家权力的核心功能。新的社会现实激发学者们构建新的政治理论。近五十年来,分配正义成为英美政治哲学研究的重中之重。自从1971年约翰·罗尔斯的政治哲学巨著《正义论》出版以来,各种不同立场的分配正义理论层出不穷,与分配正义相关的各种问题也不断被发掘出来,并得到细致深入的讨论。在这一讲中,我们将首先讨论与社会分配相关的一些基本问题,在下一讲中具体介绍不同立场的分配正义理论。

第一节 社会分配的对象、主体与客体

所谓社会分配,就是在人类社会中所进行的各种分配活动。为了更具体地描述社会分配,我们应进一步确定谁是分配的主体,什么是要进行分配的东西,以及接受这些东西的是哪些人。

第一,进行社会分配的主体视其分配范围的大小而不同。如果是在家庭范围内进行分配,通常一家之主就是主持这一分配的人。例如,妈妈或爸爸给孩子们分配食物。如果在班级范围内进

行分配，那么班主任大概就是主持这一分配的人。例如，分配奖学金、助学金、座位等。如果在一个国家之中进行分配，那么拥有国家最高权力的立法机关、行政部门及其首脑就将为各种具体的分配制定规则，并监督规则的实施。如果在全球范围内进行分配，那么分配的主体就有可能是联合国这样得到各国承认的国际性组织。总之，不论分配范围大小，分配活动的主体都是该人类联合体中掌握公权力的人，或者说"主权者"。在家庭中是一家之主，在国家中就集中体现为立法机构和行政部门。在当代政治哲学的讨论中，学者们讨论的通常是国家范围内或全球范围内的分配正义问题，前者被称为"分配正义"研究，而后者则被称作"全球正义"（global justice）或者"国际正义"（international justice）研究。当然，为了讨论分配正义问题，学者们有时候也会将家庭内部的分配问题和小型集体中的分配问题作为简化的模型进行推演。

第二，对于社会分配是面向谁的分配，将东西都分配给谁？这个问题同样与社会分配所进行的范围有关。如果在家庭之中，那么每一个家庭成员都是得到所分配之物的人。以此类推，在班集体的分配中，获得所分配之物的人是每一个班级成员。在国家范围内，每个公民都是获得所分配之物的人。而在全球范围或国际范围内的分配之中，这一角色既有可能是参与其中的每个国家，也有可能是每一国的公民。在全球范围的分配问题中，如果所讨论的分配是分配给每个"国家"，那么这属于"国际正义"研究的范围；如果是分配给"个人"，则属于"全球正义"的研究范围。也就是说，"国际正义"将分配对象假定为"国家"，而"全球正义"则将分配的对象假定为"个人"，某种意义上的"世界公民"。

第三，对于分配的东西是什么的问题，不同的学者有不同的看法。经济学家大多只关心社会分配对经济利益进行的分配，简单来说就是对收入和财产进行分配。然而，政治哲学学者对社会分配有更为宽泛的理解，认为其分配的对象不仅包括经济利益，还包括所有社会益品（social goods）：财富、机会、职位、奖励、荣誉……甚至还包括人们应尽的义务和负担。社会益品是人们之间联合起来，通过分工与合作而创造出的各种可供分配的资源。这其中不仅包括物质产品，也包括文化产品（例如演唱会、电影、体育赛事等），还包括有关教育和就业的各种机会。同时，社会分配还包括对于人们在政治共同体中应尽的义务和负担的分配，例如税收和服兵役等。在澄清了与社会分配相关的各组成部分之后，下面我们来看看社会分配研究可能涉及的三个学科领域。

第二节 社会分配研究的三个领域

社会分配研究是关于一个社会的收入和财富在不同人群之间的分配的研究。社会分配研究涉及三个方面的问题：第一，一个社会的收入和财富的分配现状是什么；第二，人们对于一个社会的收入和财富应该如何分配持什么样的看法；第三，社会的收入和财富的公正分配应该是什么。在这三个问题中，前两个问题是对实际情况的考察，是"实然"的问题；后一个问题关系到对社会分配的理想的构建，是"应然"的问题。

社会分配研究的第一个领域是现实的经济领域，在这个领域中人们追问的问题是：一个社会的分配到底是怎样的。经济学家通过分析国民收入、消费支出、税收、储蓄、不动产等各种数据，为人们展现出一个社会实际收入和财富的分布状况以及各阶层人们在收入和财富上的差距。在具体的收入分配研究中，经济学家通常以基尼系数为指标，描述一个社会的收入分配的不平等状况。更直观的描述方式还可以通过社会中最富的一部分人（例如 10%）与最穷的一部分人收入和财富的对比，来显示一个社会的分配状况。经济学家对社会分配的研究涉及国家中许多重要的制度安排，这其中包括市场经济制度、税收制度、社会保障制度、医疗保障制度以及保险制度，等等。

社会分配研究的第二个问题关注的是人们对于社会分配所持的意见，是社会学家和心理学家的研究领域。在这个领域中，研究者想知道的是人们对于现行的社会分配状况是怎么看的，人们认为公正的社会分配应该是怎么样的，等等。社会学家或心理学家通过各式各样的调查问卷和抽样调查，企图为人们展现一幅关于不同人群所持的分配公正观的真实画卷，并揭示不同背景人群所持有的分配公正观会受到哪些相关因素影响。在社会学家和心理学家看来，人们所持的分配公正观通常受到下列这些因素的影响：职业、经济收入、家庭出身、个人能力以及性别等。例如，如果一个人个人能力很强，那么他赞同奖励能者的"应得原则"的可能性就很大；而如果一个人天生残疾，那么他就更有可能赞同满足弱者需求的"按需分配原则"。同时，社会学的研究还可以告诉我们在某一阶段的某种社会制度中，持某种分配公正观的人口比例大概是多少，社会中主流的分配公正观是什么等重要的信息。

社会分配研究的第三个领域是应然的领域。在这个领域中，人们追问的问题是：公正的社会分配应该是什么？当然，对于这个问题每个普通人都可以有自己的理由和答案。但是，有这么一些人，他们的理由经得住公共思辨的考验，他们的推理严密而专业，他们思考的答案在相关的公共刊物上发表，并接受来自社会各方的质疑和诘难。同时，他们在应对诘难时也会采纳那些理由充分的意见而对自己的理论和体系进行修正，以期建构更为合理的关于公正分配的理论体系。这一群人就是——哲学家，而他们的工作则构成了社会分配研究的第三个领域——关于公正的社会分配应该是什么的研究领域。

简单地说，在有关社会分配的研究中，经济学研究的是社会分配的第一个问题，考察社会分配结构的现状；社会学和心理学研究的是社会分配的第二个问题，统计分析人们对于社会分配问题的看法；政治哲学研究的是社会分配的第三个问题，为公正的社会分配建构一种理想模型。

然而，社会分配的三个研究领域之间并不是截然分离的。社会分配研究的应然领域与两个实然领域之间有着千丝万缕的联系。第一，经济领域的社会分配研究与哲学领域的社会分配研究之间有相辅相成的关系。这是因为哲学家必须在经济学家准确描述社会现实的基础上，才有可能依据某些确定无疑的原则和理念提出社会分配应该是什么的理想和目标，并进行有理有据的论证（justify）。这正像马克思和恩格斯当年正是在调查英国工人阶级的经济状况的前提下，提出了消灭私有制的革命理想。与此同时，哲学家建构社会分配的理想模型的目的，正是对现有的分配状况进行批评，并促使其改进，以推进现实朝着理想的方向迈进。而这一点也有赖于经济学家对社会分配的现状作出准确的描述。另外，哲学与经济学的合作关系还体现在理想原则的提出必须参考现实的可能性。如果一些社会分配理想非常好，但实施过程过于复杂，甚至无法实现，那么这样的原则也是空洞而无意义的。这也是在许多社会分配的现实中，多采用"平均分配原则"的原因，因为这样的分配是最简单易行而容易实现的。以西方学者罗纳德·德沃金（Ronald Dworkin）提出的"敏于志向，钝于禀赋"的分配原则为例，根据德沃金的理论，为了达到一种公平的分配，我们必须事先考察参与分配的每个人的家庭出身、自然禀赋以及教育背景等因素，这样才能给予每个人与其选择和努力相适应的分配份额。然而，这样的分配原则在实际操作中将过于烦琐，甚至不可能实现。由此，德沃金的理论也只能是空中楼阁，对于现实的推动作用将非常有限。

第二，社会分配的社会学研究与哲学研究的关系是微妙而复杂的。通常来说，哲学家对于"普通民众对于社会分配是怎么想的"并不在意。作为专业人士，哲学家一般认为，普通民众的意见要么基于含混的推理，要么被自身的利益所决定：有能力的人通常赞同按劳分配，有钱的人赞同按资分配，而各方面资源和条件有限的人则主张平均分配。从表面上看，社会学家的研究成果对于哲学家建构一种分配公正的理想模型的意义并不大。然而，在具体的理论结构上，社会分配的社会学研究却在某种意义上击中了哲学家的要害。

哲学家们的"阿喀琉斯之踵"在于：建构公正的社会分配之理想的基础是什么？西方当代政治哲学研究的范式根源于社会契约论和功利主义。简单地说，社会契约论从"所有人的同意"中寻求政治制度和政治权力的合法性，而功利主义则从"增进每个人的利益"来寻求合法性。这两种研究径路在西方现代思想史中一直相互较量、不相上下。然而，在约翰·罗尔斯系统地批评了功利主义之后（参见《正义论》），社会契约论逐步占据上风。在当代许多政治哲学理论体系中我们都能看到社会契约论的框架结构，例如罗尔斯、德沃金、大卫·高蒂耶（David Gauthier）等。不论是传统的社会契约论，还是当代的社会契约论，其根本的推理和论证结构都是一样的：在自由、平等的状态下人们缔结契约，并承诺遵守契约。由此，基于"人人同意"的契约就有了合法性，法律和公权力就有了强制实施的理由。与此类似，一个社会的分配原则也是在每个人自由表达意见并达成共识的情况下得到论证的。罗尔斯的分配原则是如此，德沃金的分配原则也是如此。那么，在社会契约论的推理框架下，哲学家怎么可以轻易地忽略社会学家的研究成果——人们对于何为公正的社会分配的实际想法呢？如果人们实际上并不赞同哲学家们所构想的分配原则，那么哲学家有什么理由说他们所构建的社会分配原则具有合法性呢？社会学家们敏锐地注意到了哲学研究的这一问题，诺曼·福诺里奇和乔·奥本海默的实证研究①以及中国学者丁建峰的实证研究②正是从社会学的角度对罗尔斯的正义原则提出的批评。

  社会分配的社会学研究与哲学研究之间的诡异关系实际上揭示了社会契约论的一个根本问题，这就是"假想的同意"与"实际的同意"之间的矛盾。如本书第二讲所述，社会契约论者将社会制度与国家权力的合法性建构在"人人同意"的基础上，然而，哲学家所说的"人人同意"只能是假想的，而绝不可能是实际的。一方面，在人类历史上从未记载过，也很难说发生过这样一次"人人同意"的投票事件；另一方面，如果真的有这样的事件，必然会有人因为各种各样的原因而投反对票或者弃权票。政治共同体中所有人的"一致同意"只能是假想的，这样的情况只有当我们把具体的、形形色色的个人抽象成完全理性的、处在自由而平等的境况中的理性存在（rational being）时，才有可能发生。事实上，罗尔斯也察觉到了自己的正义理论中的这一问题。他提出"反思平衡"（reflective equilibrium）这一让学者们百思而不得解的概念，就是想架设"实际的同意"与"假想的同意"之间的桥梁。也许确实如罗尔斯所言，只有在现实与理念之间往复求索，才能确立指引现实的社会分配的崇高理想。

  总之，社会分配研究涉及社会科学研究的多个领域，与之相关的既有"实然"的问题，也有"应然"的问题。各领域研究之间相互促进、相互制约。因此，社会分配的政治哲学研究必须立足于经济学和社会学的实证性研究，才有可能以明晰的逻辑和严密的推理为我们的社会描绘美好的未来。

---

① Norman Frohlich, Joe A. Oppenheimer, Cheryl L. Eavey, "Laboratory Results on Rawls's Distributive Justice", *British Journal of Political Science*, Vol. 17, No. 1, Jan., 1987, pp. 1–21.

② 丁建峰：《无知之幕下的社会福利判断——实验经济学的研究》，《经济社会体制比较》2010 年第 3 期。

第三节　社会分配的环境

分配正义的问题是在什么境况下出现的呢？在什么条件下才涉及"正义"的问题？关于正义的讨论，其适用范围有多大？在按需分配的共产主义社会，人们还会为分多分少而斤斤计较吗？在一个其乐融融的家庭之中，父母想要孩子吃饱穿暖，孩子想要孝敬父母，又怎么会出现关于谁得的多，谁得的少的争吵呢？如胶似漆的恋人，巴不得天天黏在一起，绝不会算计谁付出得多、谁付出得少！亲兄弟要明算账，但又有多少账是算得清楚的呢？朋友之间也是如此，你的、我的算得那么清楚，朋友的意义又何在呢？

罗尔斯将正义作为社会制度的首要美德，认为正义就是对人类合作所产生的利益和负担的划分。在推导出自己的正义原则之前，罗尔斯首先讨论了正义这一问题出现的环境。罗尔斯认为，当人们之间的合作可能而且必要的时候，正义问题就产生了。在罗尔斯看来，人类社会是一个增进相互利益的合作冒险体系，人与人之间既有利益冲突又有利益一致。由此，人们就需要在一些公认原则的基础上来决定利益和负担的分配以及权利和义务的安排。分配正义的原则就产生于这样的环境之下。

罗尔斯对正义的环境的讨论继承了休谟的经验主义观点。休谟在《道德原则研究》一书中将正义作为一种"警戒性和防备性的德性"，认为在两种情况下正义都不会有用武之地：第一，当大自然赋予人们的物产和财富极大丰富时，正义对于规范人们之间的关系来说是没有意义的。这时，人们不需要任何努力和争取就可以轻易地满足自己的需求，人们不需要相互合作以应对自然界的艰险和困难，也不会因为有限的资源而相互争斗。第二，当人们之间充满仁慈和温情、相互关爱时，正义就失去了作用。休谟认为，在第二种情况下，"正义的用途将被这样一种广博的仁爱所中止，所有权以及责任的划分和界限也将不被想到"。①

基于休谟所论述的这两点，罗尔斯将正义的环境归结为客观和主观两个方面，并强调客观环境中的"中等匮乏"条件，和主观环境中的"相互冷淡"的条件，亦即对别人利益的不感兴趣。在客观环境方面，罗尔斯认为，许多人生活在一个特定区域，他们在自然和精神方面的能力都大致相同。同时，在人们生活的大部分领域都存在着"中等匮乏"。所谓"中等匮乏"指的是："自然的和其他的资源并不是非常丰富以致使合作的计划成为多余，同时条件也不是那样艰险，以致有成效的冒险也终将失败。"② 也就是说，物质条件的限制使得人们必须而且也能够合作。人们之间需要通过合作以谋生存，同时人们之间的合作足以让人们获得足够多的资源以生活下去。各种资源的"中等程度的匮乏"保证了人们合作的必要性和可能性。可想而知，只要人类社会还没有进步到"物质极大丰富"的理想社会，"中等匮乏"的条件就是成立的。

对于主观环境，罗尔斯认为，一方面，所有人都有大致相近的需求和利益；另一方面，人们的生活计划又各自不同，并且人们是"相互冷淡"的。所谓"相互冷淡"指的是：人们只对自己利益的绝对数值感兴趣，想要最大限度地增加自己的利益，而对于自己利益与他人利益的比较并不感兴趣。如此假设的人是既没有"嫉妒心"也没有"仁爱心"的。他既不希望别人得到的比自己少，也不愿为了别人而牺牲自己的利益。罗尔斯认为，正是因为人与人之间保持相互冷淡，个人只为自己的利益去争取，才会提出相互冲突的要求，而正义也才有用武之地。

显而易见，"相互冷淡"的主观条件在许多人际关系中都不存

---

① ［英］休谟：《道德原则研究》，曾晓平译，商务印书馆2004年版，第36页。
② ［美］约翰·罗尔斯：《正义论》，何怀宏、何包钢、廖申白译，中国社会科学出版社1988年版，第127页。

在。在下述人际关系中,或多或少地包含"相互关爱"的成分:父母与子女、兄弟姐妹、夫妻、恋人、朋友、邻居……处在这些人际关系中的个人对于其他人的利益不可能做到"相互冷淡"。另外,在一些人际关系中,人们之间存在着"竞争",甚至是"敌意"。例如:竞技比赛中的对手,价值观念相互冲突的敌对族群,等等。在这些人际关系中人们也不可能对他人的利益保持"相互冷淡"。对于上述两种关系,分配正义的原则都不适用,需要寻求其他的规范原则。所以,罗尔斯所阐述的社会正义原则是用来规范社会中"陌生人"之间的权利和义务关系的。正是在这个意义上,休谟将"正义"看作是一种"补救的美德",亦即,当人们之间丧失了关爱之心时,正义才开始发挥其规范作用。罗尔斯作了总结:"只要相互冷淡的人们对中等匮乏条件下社会利益的划分提出了相互冲突的要求,正义的环境就达到了。除非这些环境因素存在,就不会有任何适合于正义德性的机会;正像没有损害生命和肢体的危险,就不会有在体力上表现勇敢的机会一样。"①

值得注意的是,正义原则告诉我们的是那些人们应该做的事:对于陌生的公民同胞,人们应尽什么样的义务。至于在应该做的事之外,出于"仁爱"之心,人们还可以做什么(例如"慈善"),那则是每个人的自由。

第四节 社会分配的必要性

社会分配是必要的吗?是的,在"中等匮乏"和"相互冷淡"两个条件得到满足的情况下,人们必须基于一些公认的原则对社会合作产生的利益和负担进行分配。然而,这仅仅是罗尔斯的观点,

---

① [美]约翰·罗尔斯:《正义论》,何怀宏、何包钢、廖申白译,中国社会科学出版社1988年版,第128页。

却不是所有当代政治哲学家的观点。

罗伯特·诺奇克曾是罗尔斯在哈佛大学哲学系的同事,也是罗尔斯最重要的论敌。在罗尔斯的《正义论》一书出版三年之后,诺奇克出版了专门批评罗尔斯的著作《无政府、国家和乌托邦》,对罗尔斯的正义理论进行了系统的分析。在诺奇克看来,由公权力所主导的社会分配并不是必要的。因为,一个遵循程序正义的自由市场可以保证人们对所有资源的持有(holdings)都是正义的,而当所有人的持有都是正义的,如果我们从社会整体的角度去看,整个社会的分配也就是正义的。基于此,诺奇克极力反对"分配正义"的说法,认为这种说法预设了一个主持分配的公权力,而这个公权力的存在时刻威胁着个人自由,不具有合法性。在诺奇克看来,通过"税收"等"再分配"形式而实现某种分配正义的目标,是对个人权利的侵犯。

诺奇克通过对分配正义原则的分类来批评罗尔斯。诺奇克认为,我们可以把分配正义的原则分为两种:分配正义的历史原则和分配正义的即时原则,其中即时原则也可称为目的—结果原则或最终—状态原则。分配正义的历史原则认为:一种分配是否是正义的,依赖于它是如何发生的。过去的状态和人们的行为能够产生对事物的不同资格和不同应得。例如,大米是农民通过自己的劳动种出来的,那么通过追溯这一历史过程,就能知道大米理应属于农民。再比如,强盗手里的东西是通过抢夺而得到的,这一获取过程是不正义的。因此,强盗的持有就是不正义的。

分配正义的即时原则认为:分配正义是由东西如何分配决定的,是由某种正义分配的结构决定的。基于这一观点,任何两种结构上相同的分配是同等正义的。[1] 举例来说,福利经济学中常用的

---

[1] 参见[美]罗伯特·诺奇克《无政府、国家和乌托邦》,姚大志译,中国社会科学出版社2008年版,第七章。

功利主义原则就是一种典型的"即时原则"。这一分配原则只考虑其最终分配状态是否能使得社会整体的福利达到最大值，而并不考虑人们手中得到的资源和机会是怎么得来的，其获取过程是否正当。也不考虑在使社会整体福利达到最大值的分配中，是哪些人获利较多，哪些人获利较少，而这背后的原因又是什么。再比如，罗尔斯正义理论中的差别原则①也是一条即时原则。这条原则只关心社会中弱势群体的利益是否得到最大化，而并不深入探究这些处于弱势地位的社会成员落入困境的原因、过程以及他们自己应负什么样的责任。分配正义的历史原则和即时原则之间最大的不同就在于：历史原则要求对人们获取过程进行考察，要求程序性的正义；而即时原则仅仅考虑人们在社会分配中的各自份额是否符合某一种分配结构。

除了从历史维度讨论分配正义的不同原则，诺奇克还讨论了模式化（patterned）的分配原则和非模式化的分配原则。模式化的分配原则认为，社会分配由人们的某种自然维度、自然维度的权重总和或自然维度的辞典式排序而决定。这里所说的自然维度有可能是"需要""学历""劳动量"等。例如："按需分配"就是一种模式化的分配原则，这种原则要求根据人们的"需要"来分配社会资源。

结合对分配原则的历史维度的考察，诺奇克又将模式化的分配原则分为模式化的历史原则和模式化的非历史原则。举例来说，按劳分配就是一种模式化的历史原则，"劳动"是据以分配的自然维度，"劳动"的量越大，分配到的资源越多。同时，对"劳动"这一自然维度的度量是需要考虑获取的历史的。类似的，按"贡献"分配也属于模式化的历史原则。而另一些模式化的分配原则，例如：按需分配、根据"职位"进行分配、根据"学历"的高低进行分配……则无须考虑获取的历史，只需对"需要""职位"或者"学

---

① 本书第十讲"社会分配诸原则"将详细介绍罗尔斯的差别原则。

历"进行度量。所以，这些分配原则是模式化的非历史原则。

我们可以将诺奇克对各种分配正义原则的分类列在表9-1中：

表9-1　　　　　　　　不同类型的分配原则

分配原则	历史原则	即时原则
模式化的	按劳分配、按功绩分配（模式化的历史原则）	学历、需求、职位（模式化的非历史原则）
非模式化的	持有正义（诺奇克）	差别原则（罗尔斯）

基于上述对分配正义原则的两种区分，诺奇克认为，分配正义的即时原则和模式化的历史原则都应该被抛弃。第一，分配正义的即时原则没有考虑人们手里的东西是怎么得到的，没有考虑人们获取过程的正当性。借用一个形象的说法，所有即时原则都只考虑怎么分大饼，却从来不考虑大饼是怎么做出来的，是谁做出来的。在诺奇克看来，当且仅当对利益和负担的分配是通过合法的程序进行时，分配才是正义的。在诺奇克的分析框架中，罗尔斯的分配正义原则——差别原则——属于非模式化的即时原则，没有考虑人们获取过程的正当性，是应该被抛弃的分配原则。

第二，除了批评分配正义的即时原则，诺奇克还深入批评了模式化分配原则。诺奇克认为模式化分配原则的根本问题在于，必须通过市场以外的再分配手段才能持续地实现某种模式化的分配。诺奇克论述道："为了维持一种模式，或者必须不断干预以阻止人们如其所愿地转让资源，或者必须不断干预从某些人那里取走资源。随着时间的推移，任何一种模式化的分配都会由于个人的自发行为所颠覆。"① 也就是说，为了维持某种分配模式，公权力必须不断

---

① ［美］罗伯特·诺奇克：《无政府、国家和乌托邦》，姚大志译，中国社会科学出版社2008年版。

地扰乱人们的自由交换,而这有可能严重侵犯人们的自由。

以"按需分配"这一模式化的分配原则为例,这一原则要求社会分配要满足所有社会成员的基本需要。由于一些社会成员仅凭自己的劳动并不能满足自身的各种基本需要(例如残疾人,遭遇重大疾病而需要大笔的医疗费用的人,遭受自然灾害的人,等等),为了实现满足所有人的基本需要的分配目标,国家就必须向一些较为富有的社会成员收税。然而,在诺奇克看来,任何由公权力所主导的"税收",都会侵占人们的劳动成果,侵犯人们的基本权利——所有权。诺奇克举例说,如果一个人一星期工作五天,而他须缴纳其收入的百分之二十作为税收,那么他实际上每星期有一天是在进行"无偿劳动"。对劳动所得征税,这实际上是强迫劳动。诺奇克认为,这严重侵犯了人们的自由和权利。

诺奇克如此推论的理论基础在于洛克对私有权的论证:我拥有自己的身体和身体的所有活动,所以我拥有我的劳动和所有劳动成果。由此,诺奇克认为任何形式的再分配都侵犯了人们的基本权利。然而,如本书第七讲第二节所述,诺奇克的这一推论是通过曲解洛克私有权理论中的限制条款而得到的。因此,诺奇克反对任何社会分配,主张完全通过人们的自由交换而实现资源的最佳配置的观点也并不可信。①

总的说来,诺奇克虽然对分配正义原则进行了很有意思的分类,但通过分类,诺奇克并没有从根本上颠覆分配正义的即时原则和模式化的分配原则,也就没有为"社会分配是不必要的"这一论点提供完美无缺的论证。一个公平正义的社会必须根据人们达成共识的正义理念对自由市场进行规范和调节。在这个意义上,社会分配是必要的。以人们达成共识的正义理念,对人们之间的权利和

---

① 对这一问题的深入讨论可参见拙作《自由市场与程序正义》,《外国哲学》2019年第3期。

义务、利益和负担进行规范，是维护一个公平的竞争环境，维护人们的平等和自由的要求。

第五节　分配正义：一元与多元

社会分配是多元的还是一元的？各种类型的社会益品：物质的、文化的、必需的、奢侈的、教育机会、晋升机会……应该在统一的分配原则下进行分配，还是在不同的分配原则下进行分配？

分配正义研究领域存在着"一元"还是"多元"的争论。一元分配正义理论认为，对于不同的社会益品应用同一条分配原则进行分配。与其相反，多元分配正义理论认为，对于不同的社会益品应该应用不同的分配原则进行分配。社会分配不应该是由单一分配原则决定的，而应该由不同的分配原则在各自的领域发挥作用。

多元分配正义理论最有影响的阐发者是迈克尔·沃尔泽（Micheal Walzer）。他在《正义诸领域：为多元主义与平等一辩》一书中提出，正义原则本身在形式上就是多元的；人们应该基于不同的理由、依据不同的程序、通过不同的机构来分配不同的社会益品。这些社会益品中的每一种都有自己的"场域"（sphere），以及相应的分配逻辑。这些不同的分配逻辑与社会益品的获得、历史以及文化等因素紧密相关，体现社会合作特定"场域"的内在价值和意义。例如，药品应该优先分配给需要的人，而不是有钱购买却身体健康的人；职位应该分配给真正拥有相关能力的人，而不应被裙带关系所支配；荣誉应该授予才华出众的人，而不是锦上添花地授予有权有势者；助学金应该给予家庭贫困的学生，而不是给那些和老师关系好的学生；权利应该平等地赋予所有政治共同体成员，并维护每个人的权利不受任意践踏；责任与权力相对应，权力有多大责任就有多重；惩罚则因罪行的轻重而被确定。

沃尔泽认为，在自愿交换无处不在的背景下，那些善于进行市场竞争的社会成员将会获得越来越多的资源。如果像罗尔斯所构想的那样，通过某种统一的分配，所有人得到同样多的财富、机会、权利等"社会基本善"，那么，极有可能的情况是：一些人比另一些人能更好地利用自己手里的财富和机会，通过交换获得更多的资源，而这些多于普通人的资源又可以使其更容易获得更多的财富和机会。如此往复，用不了多长时间就会形成一部分人对所有社会益品的垄断。而为了消除这种垄断、维护共同体成员之间一定限度内的平等，国家就不得不加大再分配的力度，以强制性的国家权力对社会益品进行再分配。而此时，权力就会集中在那些进行这种再分配的人手中，由此就形成一种新的垄断——一些人对权力的垄断。与此同时，权力这种"物品"还有越过边界，渗透到所有其他分配领域的倾向。用沃尔泽的话来说，权力是一种"支配性的善"："如果拥有一种善的个人因为拥有这种善就能够支配大量别的物品的话，那么，我将称这种善是支配性的。"[①] 也就是说，人们只要拥有了权力这种物品，其他的物品也都能得到。由此，一些人对"权力"的垄断不但不能减轻不平等，反而还有可能加剧不平等。因为，那些拥有权力的人，会得到更多其他的东西。权力的"支配性"使得财富、机会、荣誉这些有价值的事物，通过各种"越界交易"向那些拥有权力的人靠拢，而整个社会的不平等状况只能是愈演愈烈。

举例说明：在一个社会分配中，如果在收入方面采用"应得原则"，按"劳"分配或者按"贡献"分配，那些能力较强、对社会贡献大的人将得到较高的收入；在医疗保健领域，如果仍然依据"应得原则"进行分配，能力较强的优势群体将进一步获得更多的

[①] [美]迈克尔·沃尔泽：《正义诸领域：为多元主义与平等一辩》，褚松燕译，译林出版社2009年版，第10页。

医疗资源和较优的医疗服务（这在医疗实践中体现为报销额度较高）。如此一来，那些在社会竞争中处于弱势的社会成员，在医疗保健方面反而要付出比优势群体更多的费用。这必然会加剧社会不同阶层之间的不平等。

由此，沃尔则认为，实现正义分配的关键在于两点：第一，在不同的分配领域应用不同的分配原则，使人们在不同的领域获得不同份额的各种社会益品。例如，根据"按需分配"原则分配人们必需的药品和食物；应用"应得原则"分配奖励和优质的教育资源；应用"市场原则"分配奢侈产品和特殊服务；等等。人们在不同的分配"场域"获得不同的社会益品，这避免了某些人在所有场域中都获得多，或者都获得少的情况。这将有效地控制不同人群之间的贫富差距。第二，阻止一些物品之间的非法交易。如果所有的社会益品都可以毫无阻拦地相互交换的话，社会很快就会形成某些人对于所有资源的垄断。例如，"钱权交易"让有钱人和有权者相互勾结，他们对资源的垄断将给社会带来巨大的不平等；再比如，如果学生的考分可以从老师那里买到，那么最有钱的学生将获得最高的得分，富人凭借手中的财富就可以垄断优质的教育资源。因此，只有阻断非法交易，每个"场域"严格按照其自身的分配逻辑进行分配，各领域专业人士秉承职业操守，才有可能维护各领域的分配正义，并最终维护整个社会的分配正义。

沃尔泽将"多元"分配的理想称为"复合平等"，而将单一分配原则所规定的平等称为"简单平等"。与"简单平等"不同，复合平等追求的不是单一领域分配的平等，而是在各领域各种分配原则的独立作用之下得到各种分配结果的集合。这种多元分配虽然不能保证人们在任何一个领域得到的一样多，却能保证人们因不同的原因在不同的领域得到各自应该得到的那一份。在沃尔泽看来，多种分配原则在各自领域发挥作用，使人们因不同的原因在不同领域得到不同的东西。这样，从社会整体来看就是一种正义的社会分配。

同样支持多元分配理论的还有英国哲学家大卫·米勒（David Miller）。与沃尔泽不同，米勒认为，分配原则之所以应该是多元而不是一元，并不仅仅因为分配的社会益品不同，还因为在不同的分配"场域"中"人类关系的模式"（modes of human relationship）不同。或者说，人的身份的多元决定了社会分配应该是多元而非一元。

米勒认为，与社会分配相关的人类关系模式有三种："团结的社群""工具性联合体"和"公民身份"。第一，社会中的每个人都是作为"团结的社群"中的一员而存在的。这决定了在人们之间有一些东西是遵循"按需分配"原则进行分配的。满足这个团结社群中所有人的基本需要，以保证每一个成员都能健康安全地生活，这是一个"团结的社群"要实现的目标。第二，在充满竞争与合作的社会中，人们通常以功利的方式结合在一起，相互为用。由此，当人们被彼此用作工具时，相应的社会资源应该遵循"应得原则"进行分配。亦即，人们通过满足他人的需要而满足自己的需要，根据对他人贡献的多少而获得自己的份额。所以，工资、报酬、奖励等的分配应遵循"应得原则"。第三，从个人联合起来构建政治共同体的角度来说，每一个社会成员都是平等的。政治共同体中的所有人都是平等的公民。因此，对于权利的分配，应该遵循平等原则，不能将任何人排除在外。

总之，沃尔泽和米勒从不同的角度对多元分配进行了论证。多元分配相对于一元分配的优势在于：多元分配在社会分配的不同领域遵循不同的分配原则，使人们能够因不同的原因而获得不同的社会益品，这将有利于维护人们之间的平等，将贫富差距控制在一定范围之内。

第六节　职业操守与多元分配

多元分配理论与一元分配理论之间的纷争，归根结底是价值多元论和价值一元论之间的纷争。以赛亚·伯林是价值多元论的始作俑者，他在《自由四论》中提出了价值多元以及不同价值之间不可公约的思想，伯林认为："它（多元主义）是更真实的，因为它至少承认这个事实：人类的目标是多样性的，它们并不都是可以公约的，而且他们相互往往处于永久的敌对状态。假定所有的价值能够用一个尺度来衡量，以致稍加检视便可决定何者为最高，在我看来这违背了我们的人是自由主体的知识，把道德的决定看作是原则上由计算尺就可以完成的事情。"[①]

价值"一元"与价值"多元"之间的纷争在社会分配领域直接体现为"一元分配正义"与"多元分配正义"之间的争论。对于以分工合作为基础的人类社会来说，价值一元意味着不同价值之间是可以交换的，或者说是可以通约的。因为，只有当不同价值可以被划约为一种价值，才可能以同一原则对各式各样的社会益品进行统一的分配。然而，不同价值之间的通约以及不同社会益品之间的相互交换，却有可能模糊各行业之间的道德界限，使各行业的职业操守变得岌岌可危。

比方说，一方面，如果体育比赛中的输赢可以用钱来交换：第一名多少钱，第二名多少钱……那么体育比赛这个行业就失去了其追求更高、更快、更强的内在意义，完全变成了金钱的附庸，而人们最终也会对没有内在追求的体育比赛失去兴趣。又比如，如果考生被录取的机会可以用"钱"或"权"来交换，那么高官和富商的子弟就将霸占所有优质的教育资源。长此以往，优质的教育资源

---

① Isaiah Berlin, *Four Essays on Liberty*, Oxford University Press, 2002, p. 216.

也就不再"优质",而相关的学校和老师也将丧尽尊严。再比如,如果科学家和人文知识分子的判断可以用钱买到,谁给钱多就为谁说话,那么人类社会将没有"真理"可言。人类社会中的各个行业都有自己的职业操守,有行业的道德底线,有行业的道德追求。

另一方面,如果不同行业所追求的不同价值之间可以进行交换的话,就会自然而然地产生一种"通用货币",以使交换更加便利。而这种通用货币通常不是"钱"就是"权",而这两种价值最终将扼杀人类社会其他美好的、值得追求的东西。沃尔泽把这种"通用货币"称为"支配性的善",其含义是:"如果拥有一种善的个人因为拥有这种善就能够支配大量别的物品的话,那么,我将称这种善是支配性的。"① 在沃尔泽看来,只有阻断那些通过"支配性的善"而进行的非法交易②,才能维护每一种分配原则在特定"场域"内的自主,才能依据每一种社会益品的内在逻辑进行合理的分配。而"阻断"这些非法交易的关键一环则是各行业的从业人员对职业操守的坚持。

人类社会以分工合作为基础,如果各行各业的人们不能坚守自己行业的道德底线,不能执着于自己行业的价值追求;反而绞尽脑汁地将自己的价值与"钱"和"权"相交换,那么当所有的价值都可以转化成"钱"或"权"而官商又相互勾结的时候,社会就演变成"一家独大"的单极社会。在这样的单极社会中,谁最有钱、最有权,谁就将垄断一切。这样的社会对于普通百姓来说,将再无公平可言。

相反,如果各行各业的社会成员都能秉持自己的价值判断、执着于自己行业的价值追求:科学家追求真理、艺术家追求美、教师

---

① [美]迈克尔·沃尔泽:《正义诸领域:为多元主义与平等一辩》,褚松燕译,译林出版社2009年版,第10页。
② 参见本书第八讲论述的13种非法交易。

以教书育人为本、政治家以增进公共利益为己任、运动员拼尽全力创造最好成绩、医生竭尽所能挽救生命……那么，社会就像被划分成了一个一个的小格子，每个人都在自己的格子里做到最好。同时，这些格子也给每种职业的权力划出了界限。教师的职权不能超出教书育人的范围（例如不应让学生帮忙干与学习无关的事情），政治官员的职权不能超出公共利益的范围（例如不应干涉人们的私人生活），科学家的职权不能超出科学研究的范围（例如不能将科研经费挪为他用），医生的职权不能超出治病救人的范围（例如，不能将病人的隐私泄露给不相干的他人；不能向病人推销与治病无关的药品、化妆品）；等等。若能如此，则不同权力之间就能形成有效的相互制约。人们生活在多元价值交织的网络中，才有立足之地（所谓"立足之地"，即是自己的职业所秉承的价值追求），而各种"限权"的规章制度也才能发挥实际的效力。

人们常常诟病社会中的"官本位"和"金本位"现象。从不同价值之间的关系来说，一方面，"官本位"就是将一切价值都隶属于"政治权力"：社会生活中的各个领域都要以政治权力的意见为准。如此这般，则"政治权力"将不受任何限制，无法被关进笼子里。另一方面，"金本位"所隐含的则是，一切价值都可以和"钱"相交换，钱可以买到一切。尤其是当官商勾结、"钱""权"交易，权力有效地转化为经济利益。有钱的商人将变得有权有势，而大权在握的高官也赚得盆满钵满。那时，人类社会就离专制统治的奴隶社会不远了。

由此看来，为了一个更加公平的社会，为了人类的真、善、美等各种价值都能有各自发挥作用的领域，社会中不同行业的人们都应坚守自己行业的道德底线，秉承自己行业的道德操守，执着于各自行业的价值追求。最终，将金钱和权力限制在应有的范围之内。

以感激回报恩情，以高分回报勤奋，以真理回报孜孜不倦地求索，以爱戴回报公正的权力，以利润回报有良心的企业……如果各行业的人们都能执着于自己的价值追求,那么这个世界就是多极的,各种价值相互制约而达到公平。反之,如果所有的价值都可以相互交换,行业之间的界限被随意僭越,真、善、美被"权力"和"金钱"买断,那么等待人们的必然是一个单极的、极度不平等的世界。

阅读与思考

一 阅读

1. [美]约翰·罗尔斯:《正义论》,何怀宏、何包钢、廖申白译,中国社会科学出版社1988年版。

2. [美]罗伯特·诺奇克:《无政府、国家和乌托邦》,姚大志译,中国社会科学出版社2008年版。

3. [美]迈克尔·沃尔泽:《正义诸领域:为多元主义与平等一辩》,褚松燕译,译林出版社2009年版。

4. [英]戴维·米勒:《社会正义原则》,应奇译,江苏人民出版社2008年版。

二 思考

1. 社会分配研究涉及哪些学科领域?
2. "正义"的环境是什么?
3. 公权力主导的社会分配是否是必要的?
4. 社会分配的原则应该是"一元"还是"多元"?
5. 职业操守与社会分配有什么关系?

第十讲
社会分配诸原则

严格的平等主义分配理论
作为公平的正义
自由至上主义的分配理论
资源平等理论
基于福利的分配理论
基于应得的分配理论
「需要原则」和充足主义
优先主义分配理论

社会分配诸原则

在英美政治哲学近五十年来对于分配正义的讨论中，涌现出许多立场各异的分配正义理论，这其中包括：严格的平等主义分配理论，罗尔斯基于差别原则的分配理论，左派和右派自由至上主义分配理论，罗纳德·德沃金的资源平等理论，基于福利的分配理论，基于应得的分配理论，基于需要的分配理论，充足主义理论和优先主义理论，以及迈克尔·沃尔泽的多元分配正义理论，等等。这些分配正义理论基于不同的道德直觉，表达了对社会分配问题的不同观点，极大地丰富和深化了人们对于社会分配的理解。

第一节 严格的平等主义分配理论

严格的平等主义分配理论（strict egalitarianism）是想要将一切社会益品和负担进行平均分配的分配理论。这种观点认为，应该将所有的物质利益和负担平均地分配给所有社会成员。支持这一观点的道德原则是"人人平等"。在严格的平等主义者看来，只有当所有人拥有同样的收入、财产和服务，并对社会付出了同样的辛苦时，才真正实现了"人人平等"的道德要求。

然而，严格的平等主义分配理论有两个难以解决的内在困难：第一，以什么指标去衡量一种平均的分配？打个比方，假如我们生活在一个社会益品仅限于"苹果"的社会,那么,要实现严格的平均分配是很简单的:只要给每个人分配同样多的苹果就行。然而,在复杂的人类社会中,社会益品五花八门,如果要做到严格的平均分配,就只能是对每一种物质产品和服务都进行平均分配。但是,这种对所有物品和服务进行平均分配的方式则有可能闹出大笑话:一个身体健康的人分到了另一些人急需的药品,一个不会骑自行车的人分到了一辆自行车,一个患糖尿病的人分到了一堆糖果……如此种种,不仅不能通过社会分配满足人们的各种需求,而且还会造成资源的极大浪费。用经济学的术语来说,这样的分配是没有效率的,没有达到帕累托最优①。

当然,为了解决平均分配具体物品的麻烦和不合理,我们可以将所有物品换算成某种通用价值。在这一点上,金钱是所有物质产品和服务之间的最佳通货(currency)。由此,人们可以将所有的社会益品都换算成钱,然后再分配给所有社会成员同样多的钱,亦即保证人们的收入与财产之和的平等。然而,金钱并不能度量所有的社会益品,例如:受教育的机会、就业机会、提拔晋升的机会、人际关系网等,都是无法用金钱去衡量的。也就是说,即使每个人分到了同样多的金钱,仍然有可能在受教育以及职业发展等诸多方面受到不平等的待遇。

---

① 帕累托最优(Pareto Optimality),也称为帕累托效率(Pareto Efficiency),指的是:在资源分配中,当某人所得的增加不得不使其他人的所得减少,这时的社会分配就是有效率的,达到了帕累托最优。例如,两个人分 10 个苹果,当一个人得到 3 个,而另一个人得到 5 个,这时,其中一人所得的增加并不要求另一人所得的减少,说明这一分配还没有达到帕累托最优。如果,一个人分到 5 个,另一个人也分到 5 个,这时,要增加其中一人的所得,就必须减少另一人的所得,这一分配就达到了帕累托最优。在这个例子中,所有两人所得之和为 10 的分配都能达到帕累托最优。严格平等主义分配的最大问题就在于,当对所有社会益品进行平均分配时,一些人可能并不需要自己分到的东西,而另一些人则非常需要这些东西。所以,人们之间的交换可能使各方利益同时增加。如此一来,原有的平均分配就没有达到帕累托最优,就是没有效率地造成资源浪费。

第二，严格的平等主义分配理论的另一个困难在于平等状态无法延续。当我们将时间维度引入严格的平等主义分配当中时就会发现：即使绝对平均的分配是可以实现的，也无法保证这种分配模式能够持续存在。这是因为，出于不同的志向和爱好，人们会将自己手中的资源投入不同的方向，而其回报又将大大不同。可能会有人倾其所有而买一幅不知名的画作，也可能有人将自己所有的积蓄都花在环球旅行上，当然还有人会投资成功、一夜暴富。人们的自愿交换以及在此基础上形成的各种市场，使得人们即使在某一时刻拥有同样多的金钱，而下一刻就会千差万别。那些更善于利用手中的财富、更努力、更明智、运气更好的社会成员，会在平均分配的起点上迅速集聚更多的财富；而那些懒惰的、不幸的、不明智的社会成员则会被远远地抛在后面。

绝对的平等主义分配是不可能持久的，一些严格的平等主义者，例如布鲁斯·阿克曼（Bruce A. Ackerman）和安妮·阿斯多特（Anne Alstott）等人主张，人们应该在某一初始时刻（initial point）拥有同样多的社会益品和负担，而之后则任由其发展。这样的理论被称作"起始门"原则（"starting-gate" principle）。[①] 但是，这一版本的严格平等主义分配，在社会实践中却会导致非常深刻的不平等。因此，更多的严格平等主义者倾向于主张保障人们收入的平等化。然而，"收入平等化"的分配策略也会因每个人"理财能力"的不同，而加深人们财产的不平等。打个比方，一个有固定房产的工薪阶层 A 和一个租房住的工薪阶层 B，假设他们的工资是一样多的。A 因为不需要租房，所以可以将每月工资的一半存起来，而 B 的收入则刚刚足够付每月的房租和生活费。因此，几年下来，A 就将有一笔不小的财产。如果 A 投资得当的话，这部分财产又会给

[①] 参见 Ackerman and Anne Alstott, *The Stakeholder Society*, New Haven: Yale University Press, 1999。

他带来更多的收入。财产的增加,使得 A 获得更多资源的能力越来越强,他可以创业、投资、买新的房产……相反,对于 B 来说,即使在房租不上涨的情况下,也只能维持基本生活需求,很难积蓄财富。

通过上述分析我们看到,严格的平等主义分配要求对所有社会益品和负担进行平均分配。这虽然看似是一个美好的平等理想,但实际上却既不可欲也实现不了。一方面,严格的平均分配为了平均而平均,可能限制人们的发展,达不到帕累托最优,造成社会资源的浪费;另一方面,严格的平均分配无法长时间地维持,人们对各自人生计划的追求必然会打乱这种平均分配的格局。因此,为了实现平等的理想,人们需要寻求优于严格平等主义的分配原则。

第二节 作为公平的正义

出于对严格平等主义分配有可能导致无效率分配的不满,罗尔斯提出了基于差别原则的分配理论。其理论初衷是:如果某种分配与严格平等主义的分配相比将有利于所有人,那么这种分配显然是优于严格平等主义分配的,是一种更可取的社会分配。所以,即使基于"人人平等"的道德原则,我们也应抛弃严格平等主义的分配,而选择一种社会和经济的不平等安排适合于社会中每个人之利益的分配。

罗尔斯进一步认为,在一定范围内,社会的各阶层之间存在着"链式联系"。也就是说,如果一种利益提高了最底层人们的期望,它也能提高了其间所有各阶层人们的期望。由此,社会中的某些不平等安排,能够同时推进最小受惠者的利益和社会中其他各方的利益。罗尔斯将这种由于某种适当的不平等安排,而使得社会中各方利益都得到增进的状态称为"充分正义"(sufficient justice)。这就像通过某种激励机制而使得社会益品这整张"饼"被做大了一样，社会中各阶层的人们都因此而获益。对于那些获取"份额"较小的社会成员来说，他们即使在"大饼"中分得的份额较小，也比平均分配"小饼"而实际得到的要多。

然而，这种"充分正义"的状态当社会中的最小受惠者的利益达到最大值时，就到头了。如果此时社会和经济的不平等进一步加深，那么，社会中的最小受惠者的利益就会开始减少，而不是进一步增加。罗尔斯将社会中最小受惠者利益达到最大值的状态，称为"完全正义"（perfect justice）的状态。如果社会和经济的不平等超出了"完全正义"的限制，社会中最小受惠者的利益就会随着不平等的加深而减少。在罗尔斯看来，那样的分配就是不正义的。此时，一些人的兴盛以另一些人的牺牲为代价，而这完全违背了"人人平等"的道德要求。

上述即是罗尔斯正义理论的核心思想，也是差别原则的核心内容。差别原则的目的是要给社会中的不平等划出界限。对于人们的社会合作来说，某一限度内的社会和经济不平等是有益的，可以增进所有社会阶层，尤其是社会中的弱势阶层的最终获得。然而，当这种不平等超出了一定的限度，不平等就变得有害，甚至会导致社会中的优势群体对弱势群体的剥削和欺压。用罗尔斯的话来说，这就是不正义。"差别原则"正是致力于划定"正义"与"不正义"之间的界限。与"充分正义"和"完全正义"两种情况对应，差别原则可以有两种表达形式："社会的和经济的不平等应这样安排，使它们被合理地期望适合于每一个人的利益"（充分正义）；以及"社会的和经济的不平等应这样安排，使它们被合理地期望适合于最小受惠者的利益"（完全正义）。

当然，差别原则并不能单独规定一种社会分配结构。差别原则仅仅规定了社会和经济利益的不平等安排，还需要通过别的原则对权利、机会、义务和负担进行进一步的规定。由此，罗尔斯导出其正义理论的两条核心原则。第一条原则：每个人对与其他人所拥有的最广泛的基本自由体系相容的类似自由体系都应有一种平等的权利。第二条原则：社会的和经济的不平等应这样安排，使它们①被合理地期望适合于每一个人的利益；并且②依系于地位和职务向所有人开放。① 其中，第一条原则规定所有人平等地拥有基本自由，这些基本自由包括：政治自由（选举和被选举担任公职的权利）以及言论自由和集会自由；良心自由和思想自由；人身自由以及拥有（个人的）财产的权利；由法治观念所规定的免于被任意逮捕和剥夺财产的自由。第二条原则的第一部分即是上述讨论的"差别原则"。第二条原则的第二部分被罗尔斯称为公平机会的平等原则（Fair Equality of Opportunity，FEO），其含义是："在社会的所有部分，对每个具有相似动机和禀赋的人来说，都应当有大致平等的教育和成就前景。那些具有同样能力和志向的人的期望，不应当受到他们的社会出身的影响。"这一原则规定了对职位、地位、教育机会等社会益品的安排要符合实质意义上的机会平等。

在罗尔斯的正义理论中，不同的正义原则之间还有确定的优先顺序。罗尔斯认为，在进行制度安排时，我们必须首先满足第一条正义原则，保证所有人的权利平等；接着满足第二条原则中的第②项，保证机会平等；最后再满足第二条原则中的第①项——差别原则，使不平等安排有利于社会中的最小受惠者。

对于正义原则的推导，罗尔斯借鉴了传统的契约论模型。罗尔斯认为，适用于社会基本结构的正义原则是人们之间的原初契约，"这些原则是那些想促进他们自己的利益的自由和有理性的人们将在一种平等的最初状态中接受的，以此来确定他们联合的基本条件。这些原则将调节所有进一步的契约，指定各种可行的社会合作

---

① ［美］约翰·罗尔斯：《正义论》，何怀宏、何包钢、廖申白译，中国社会科学出版社1988年版，第61页。

和政府形式"。① 由此，罗尔斯将自己的正义理论称为"作为公平的正义"（justice as fairness），其含义是：正义是人们在公平的环境中达成的契约。罗尔斯将传统契约论的论证结构作了进一步的抽象，将正义理论与理性选择理论结合起来，试图通过符合规则的程序推导出正义的原则。

罗尔斯基于差别原则的分配理论虽然允许一定程度的不平等，但为了保障社会中最小受惠者的利益，一方面要求公权力对人们通过市场进行的自愿交换之结果进行再分配；另一方面忽视造成社会中最小受惠者之处境的原因及其自身应负的责任。所以，罗尔斯的正义理论在这两方面受到了学者们激烈的批评。

自由至上主义者诺奇克认为，在市场之外进行的"再分配"侵犯了人们的一项重要基本自由——私有权，是不正义的，因而主张一种基于私有权和市场交换的社会分配。自由主义左派学者德沃金则认为，罗尔斯忽视了人们对于自己的行为及其结果应负的责任，没有分清哪些是"个人"该负责的，哪些是"社会"该负责的。总之，罗尔斯正义理论的提出激起了各派学者的热烈讨论，这些讨论极大地丰富了人们对社会分配的研究。

第三节　自由至上主义的分配理论

罗伯特·诺奇克是罗尔斯在哈佛大学的同事。在罗尔斯出版了《正义论》之后，诺奇克对其主张——通过再分配以维护和保障社会中弱势群体利益——非常不满。为了对罗尔斯的正义理论进行彻底的批评，诺奇克发展出了一种被称作持有正义（justice of holdings）的分配理论，并提出了反对税收、补贴等一切由公权力主导

---

① ［美］约翰·罗尔斯：《正义论》，何怀宏、何包钢、廖申白译，中国社会科学出版社1988年版，第11页。

的再分配的主张。①

第一,诺奇克非常反感罗尔斯使用的"分配正义"这一术语。因为,这一术语隐含着一个进行社会分配的"主体"——公权力——的存在。而公权力对于人们的自由交换的干涉,却正是诺奇克极力反对的。所以,诺奇克更愿意将自己的分配理论称为"持有正义"而不是"分配正义"

第二,诺奇克将人们在社会合作中最终应当持有什么,视作一种纯粹程序正义,并且认为通过正义的步骤从正义的状态中产生的任何东西自身都是正义的。基于这一理解,诺奇克将持有正义阐述为三个原则:持有的获取原则,持有的转让原则,以及对违反前两个原则的矫正。对于"持有的获取",诺奇克借鉴了洛克在《政府论》(下篇)中对于"劳动获取理论"的经典论述,亦即一个人付出的劳动使其对无主物的持有具有资格。对于"持有的转让"原则,诺奇克将"自愿交换"作为正义的转让原则,这其中既包括市场上的自由交易,也包括朋友之间的礼物馈赠,以及遗赠、慈善,等等。至于第三条"持有的矫正"原则,诺奇克只是提出了对违反前两条原则的情况要进行"矫正"这一观点,但对于如何矫正,以及应该从当前的不正义追溯到哪个时刻的不正义,诺奇克都没有进行深入具体的分析。这一点可算是诺奇克持有正义理论中最薄弱之处。

诺奇克所构想的正义世界,是一个基于每个人的私有权得到完全保护的自由放任的市场。诺奇克实际上将"自由市场"当成是一种纯粹的程序正义,即只要这一程序得到不偏不倚的遵循,其结果自身就是正义的,就是人们应该接受的。因为,正当的程序本身保证了结果的正当性。然而,"自由市场"却很难真正成为一种能

---

① 参见[美]罗伯特·诺奇克《无政府、国家和乌托邦》,姚大志译,中国社会科学出版社2008年版,第七章。

保证结果正义的程序正义。人们仅凭直觉就能知道一些"自愿交换"是不正义的：钱权交易、违禁药品交易、黄色交易等。至于，"自愿交换"的不断积累，最终导致社会中优势群体与弱势群体之间在财富和权势上的巨大悬殊，也不能由其产生的程序而保证是正义的。因此，诺奇克受到的最大的批评就是其完全取消公权力对自由市场的监管和调控的主张。这种取消对自由市场之限制的政治主张，必然会导致社会中强者与弱者之间的力量失衡，最终对人们的基本权利和自由造成威胁。

诺奇克因主张人们拥有不受限制的私有权而被称为自由至上主义者（libertarian），是自由主义中的极右派别。但是，另一派自由至上主义者，虽然也坚持不受侵犯的私有权，却提出了许多左倾的政治主张，被称为左派自由至上主义者。[①] 与之相对，诺奇克被称为右派自由至上主义者。左派自由至上主义者的主要代表有希尔·斯泰纳（Hillel Steiner）[②]、菲利普·凡·帕里斯（Philippe Van Parijs）、彼得·瓦伦丁（Peter Vallentyne）、迈克尔·大冢（Michael Otsuka）和伊恩·卡特（Ian Carter）。他们认为，土地和自然资源并非人们的劳动成果，所有人应共同享有世界上的土地和自然资源。所以，当某些人私自占有某一块土地以及土地上所富含的自然资源时，就应该上缴"土地税"，以补偿其他人因其占有而遭受的损失。

左派自由至上主义者试图将不可侵犯的私有权和平等主义缩小贫富差距的政治诉求结合起来，试图通过税收来调节人们的收入分配。他们中的一些人还主张征收"遗产税"，其理由是：当某人去世时，其财产权也随之消失，因为已经没有了行使权利的主体。因

[①] 参见 Vallentyne, P. and H. Steiner (eds.), 2000a, *Left Libertarianism and Its Critics: The Contemporary Debate*, New York: Palgrave Publishers Ltd. 。

[②] 关于斯泰纳教授的思想，可参见拙作《源个人选择的正义——访谈左派自由至上主义代表人物希尔·斯泰纳教授》，《国外理论动态》2018 年第 12 期。

此,"遗产"又重新回到无主物的状态,应该由所有人共同分享。而如果某人因亲缘关系而想获得这些物品的话,就要以缴税的方式补偿其他人因其占有而受到的损失。"土地税"和"遗产税"被左派自由至上主义者视作仅有的两种"合法的"税收。在他们看来,其他的税收都会侵犯人们的基本自由,而只有这两种税收可以在保护私有权的同时得到辩护。总之,左派与右派自由至上主义,虽然都将基本自由作为最核心的价值,却提出了完全不同的政治主张。

第四节　资源平等理论

罗纳德·德沃金赞同罗尔斯的平等主义分配主张,在政治理论光谱中,与罗尔斯同属于自由主义的中左派。但是,德沃金对罗尔斯的分配正义理论也有很深刻的批评,他认为罗尔斯在考虑社会分配问题时,没有体现出个人的选择和努力对于分配结果所发挥的作用。德沃金提出了"敏于志向,钝于禀赋"的分配目标,想要建立一种将人们所拥有的资源平等化,而仅依据每个人的选择和努力而进行社会分配的正义理论。这也被称作资源平等理论。

我们可以利用"机会平等"的相关理论来考察德沃金、罗尔斯和诺奇克的分配理论之间的区别。"机会平等"的核心思想是:人们享有达到社会中较优位置的平等机会。这种平等理想与"结果平等"不同,追求的不是每个人在社会竞争中最终结果的平等。"机会平等"意图在资源有限的情况下,实现人们之间的"公平竞争"(fair play)。然而,什么样的竞争可以算作是公平竞争呢?"拼爹""拼妈"的竞争是公平竞争吗?一些人富可敌国,另一些人贫病交加,这样的竞争是公平竞争吗?一些人天资聪慧,另一些人天生愚钝,这样的竞争是公平竞争吗?诺奇克、罗尔斯和德沃金在这些问题上给出了三种不同的回答。

对于诺奇克来说，所谓公平竞争就是每个人可以使用自己所拥有的一切，在不侵犯他人基本自由的原则下所进行的竞争。如果我们认为人们在社会竞争中的位置最终决定于三个因素：社会境况、自然禀赋、个人的选择和努力（其中，社会境况指的是一个人的社会地位、经济条件、文化背景、交往的朋友圈子等社会因素；自然禀赋指的是一个人在各方面的自然才能以及身心健康），那么，诺奇克所理解的"公平竞争"就是这三种因素共同起作用的竞争。在这种竞争中，国家不需要为了达至公平而通过再分配补足一些人在社会禀赋方面的弱势（例如贫穷、生活在边远山区、少数民族等），也不需要为那些天生不足或遭遇大病的人们付出额外的负担。每个人凭借自身在社会境况、自然禀赋方面的优势或劣势，以及自己的选择和努力而竞争。这种机会平等理论被称为"前途向才能开放"，即只要某人拥有相应的才能，不论该才能是如何通过社会和自然方面的优势而获得的，都应该获得相应的机会。同时，这种机会平等理论是最浅层次的机会平等要求，所以也被称为"形式的机会平等"。"前途向才能开放"的机会平等虽然可以排除性别歧视、文化歧视、裙带关系等影响人们获得公平机会的歧视，但却肯定了人们因社会经济地位的不同以及自然禀赋的差异而受到的不平等对待。这一点对于罗尔斯和德沃金来说是不可接受的。

罗尔斯在其正义原则的第二条中给出了"机会平等"的具体含义，这就是罗尔斯所说的"公平机会的平等"原则。罗尔斯认为，社会中每个具有相似动机和禀赋的人，都应当有大致平等的教育和成就前景。罗尔斯所理解的机会平等比诺奇克所理解的要更进一步。对于罗尔斯来说，所谓"公平竞争"是在拉平人们的社会禀赋的前提下所进行的竞争。亦即，只有当国家或政府通过再分配等手段，补足了那些在经济和社会地位上处于劣势的社会成员，所有社会成员仅凭自己的自然禀赋和个人努力相互竞争，这样的竞争才是公平的竞争。罗尔斯如此构思的理由在于他认为，社会和经济的不平等不是人们"应得"的，很多情况是人们生下来时就已注定，不应该由每个人自己去负责。换句话说，在罗尔斯看来，"拼爹""拼妈"的竞争并非公平竞争。公平竞争是自然禀赋和个人努力及选择两个因素共同发挥作用的竞争。

然而，说到"不应得"，罗尔斯在这个问题上做得并不彻底。如果说，上天注定的东西不是人们"应得"的，那么人们的自然禀赋也是"不应得"的，这种由遗传因素决定的品质并不是某个人努力的结果。既然"自然禀赋"不应得，那人们就应该仅凭自己的选择和努力而竞争。而所谓的公平竞争，就应该同时排除社会境况和自然禀赋两方面的因素。德沃金正是基于这一思路提出了"敏于志向，钝于禀赋"的分配目标。对于德沃金来说，公平竞争应该是每个人凭着自己的努力和选择而进行的竞争。每个人在社会竞争中的结果以及在社会分配中所得的份额，最终只与每个人自己的努力和选择相关，与其他自然和社会因素无关。

德沃金将影响社会分配的自然和社会因素称为"资源"，并且将其中的自然因素称为"人格资源"，包括生理和精神健康及机能；将社会因素称为"非人格资源"，包括财富、可支配的财产、利用财产的机会。德沃金认为，在一个正义的社会中，国家和政府应该通过再分配、正向歧视、补贴等政策使得所有人在"人格资源"和"非人格资源"两方面保持平等。只有这样才能实现一种"敏于志向，钝于禀赋"的分配结构。①

德沃金还对"运气"进行了区分，分为原生运气（brute luck）和选择的运气（option luck）。德沃金认为，两种运气之间的根本区别在于，选择的运气是可以经过概率计算而预测的，就像是一种

---

① 参见［美］罗纳德·德沃金《至上的美德》，冯克利译，江苏人民出版社2007年版。

赌博，而原生运气则是不可预测的。"人格资源"和"非人格资源"是人们无法通过计算和预计而改变的"运气"，是"原生运气"。所以，德沃金的分配理论实际上是要求政治共同体通过公权力将人们的"原生运气"平等化，其道德初衷是要求政治共同体成员共同分享各自的"好运"与"厄运"。

德沃金的分配理论在英美学术界颇具影响，吸引了大批学者讨论和发展"敏于志向，钝于禀赋"的分配理论。这些学者被伊丽莎白·安德森（Anderson, Elizabeth S.）称为"运气均等主义者"（Luck Egalitarian），其中包括理查德·阿内逊（Richard Arneson）、G. A. 柯恩（G. A. Cohen）、罗纳德·德沃金（Ronald Dworkin）、托马斯·内格尔（Thomas Nagel）、埃里克·拉克斯基（Eri Rakowski）、约翰·罗默（John E. Roemer）以及菲利普·范·帕里斯（Philippe Van Parijs）等人。[1]

然而，"敏于志向，钝于禀赋"的分配理论也受到了许多质疑和批评。其中最重要的有两个观点：第一，"敏于志向，钝于禀赋"的分配原则在进行补贴和再分配时必须首先弄清楚人们落入弱势地位的原因并计算出"个人"应付多少责任，而这一过程很容易造成对弱势者的歧视。假设，人们考察一位贫困者的生活状况，发现其贫困的原因是酗酒，那么德沃金的分配理论就会拒绝帮助这样的贫困者，并要求他为自己的贫困负责。在这一过程中，弱势者不仅没有得到帮助，还受到了羞辱。即使是相反的情况，受帮助者也可能受到冒犯。假设，人们发现一位贫困者是因为残疾而身陷囹圄，并决定帮助他，但这位贫困者在得到帮助的同时却可能因为人们调查其隐私而被冒犯。第二，对于"敏于志向，钝于禀赋"的分配原则来说，最重要的是分清"个人责任"

---

[1] 参见 Elizabeth S. Anderson, "What Is the Point of Equality?", *Ethics*, Vol. 109, No. 2, 1999, pp. 287 – 337。

的界限,亦即分清"个人"与"环境"的界限,以及"原生运气"与"选择运气"的界限。然而,在现实生活中,这些界限往往是模糊的。例如,生活习惯不好的人容易患上癌症,但是,生活习惯良好的人也可能患上癌症。患上癌症的原因到底是什么?是基因?是生活习惯?还是心情?癌症病因的因果链条并不清晰,在这样的情况下,人们很难判断"个人"应对患病负多大的责任。由此,也就很难判断,社会应对患者进行多大的资金补助。

总之,"资源平等理论"主张以"敏于志向,钝于禀赋"的分配原则来主导各种资源的分配。其理想是通过社会再分配,补足人们在社会境况和自然禀赋两方面的不平等状况,使人们能够仅凭自身的努力和选择而展开对于社会益品的"公平竞争"。

第五节　基于福利的分配理论

与罗尔斯在发展分配正义的差别原则时,将功利主义作为批评的对象类似;德沃金在讨论资源平等理论时,其主要批评的对象是福利平等理论。功利主义与基于福利的分配理论在西方政治思想史上是同源的。在功利主义思想产生之初,功利主义的鼻祖边沁使用的是"功利"这一概念,只是后来在经济学深入发展和应用功利主义思想的过程中,才更多地使用福利的概念。然而,不论是道德哲学中的"功利主义"还是经济学中的"福利经济学",其理论出发点都是要求社会制度的安排能够最大限度地增进社会总体的福利(功利)。

功利主义和福利主义都有一个共同的难题,这就是如何确定"功利"或"福利"的含义。社会中哪些东西对于人们是真正重要的?是纯粹经验的快乐吗?是金钱吗?是家庭幸福吗……基于广泛的人际差异性,功利主义和福利主义最终将福利定义为"理性偏好的满足"。① 也就是说，不论一个人的价值观是什么，他喜欢什么、厌恶什么，其福利的增加都在于其理性偏好的满足。

基于福利的分配理论可能会有两个理论目标：第一，将社会整体的福利总和最大化。这与传统的功利主义者（例如边沁和密尔）提出的社会进步目标——"最大多数人的最大幸福"——相契合。第二，让社会中每个人的福利水平保持平等。这与功利主义者对于平等的理解相一致，也是支持福利平等的理论家的观点。在当代政治哲学讨论中，罗尔斯批评的是福利主义的第一个目标，而德沃金批评的则是福利主义的第二个目标。

罗尔斯对福利最大化的最著名的批评就是：社会整体福利最大化的要求有可能以牺牲个别人的利益或自由为代价，而这是不正当的。② 福利主义的分配理论之症结在于，将福利最大化作为判断好与坏、善与恶、对与错、正当与不正当等的最终标准，而这必将忽视个人的权利和自由，给个人的生活造成威胁。与之相关，福利主义的另一个弊端是缺乏对不同的"偏好"进行甄别的判断标准。在合作冒险的人类社会中，人们之间的利益并不总是协调一致的。在很多情况下，甚至是相互冲突的，其根源在于人们的价值观不同。例如，一个歧视女性的人的"偏好"就有可能是支持重男轻女的"就业歧视"。如果要追求整体福利最大化，就有可能需要满足这样的偏好（如果歧视女性的人足够多的话），而这显然是不正当的。归根结底，如果在整体福利最大化之外，没有对"偏好"进行评判的价值标准，那么社会的发展只能是被人们的"偏好"牵着鼻子走，而很难有纠错的机会。

德沃金对福利主义的批评针对的是其第二个理论目标——福利

---

① 参见本书第六讲的讨论。
② 参见［美］约翰·罗尔斯《正义论》，何怀宏、何包钢、廖申白译，中国社会科学出版社 1988 年版，第一章第 5 节 "古典的功利主义"。

平等。福利平等这一平等主义目标要求，社会分配应通过再分配转移资源，直至所有人的福利都达到同一水平。其中"福利"指的仍然是个人"偏好"的满足。德沃金认为，福利平等理论一方面不对人们的"偏好"进行筛选，另一方面又要求每个人的偏好得到同样程度的满足，这种要求"结果平等"的分配严重忽视了个人应为自己的"偏好"所负的责任。德沃讨论的最著名的例子就是"奢侈嗜好"的问题。如果一个人有一种很奢侈的爱好（例如凤头麦鸡蛋），那么为了满足其奢侈爱好，社会需向其转移比其他社会成员更多的资源。于是，追求福利平等的分配理论就会出现这样的情况，艰苦奋斗的社会成员实际得到的资源要远远少于那些穷奢极欲的人，而这显然是违背人们道德直觉的。

面对各方的批评，坚持福利平等理论的学者对基于福利的分配理论进行了各种改良。这其中包括理查德·阿内逊的福利机会的平等理论。这一理论的意图是想要在福利平等理论中加入对"选择"和"责任"的考虑，将追求结果平等的理论转变为追求机会平等的理论。阿内逊借用"决策树"的概念来阐释福利的机会平等理论："我们构建一个决策树来给出个人可能的完备的生活历史。然后我们把每个可能的生活历史的偏好满足期望相加。这样做时，我们将把每个人在决策点遇到的特定范围的选项所考虑的那些偏好纳入考虑。当所有人面临决策树时，福利机遇是平等的——每个人选项的最优的、次优的……第 N 优的选择的期望值是相同的。"[1] 也就是说，如果每个人所面临的决策树是等价的，那么每个人的福利机遇就是平等的。此时，如果某人由于自己的选择或粗心大意而在实际实现的福利水平上低于其他人，那么他自己就应为此负责。

---

[1] Richard Arneson, "Equality and Equal Opportunity for Welfare", *Philosophical Studies* 56, pp. 77-93. 中文翻译见葛四友编《运气均等主义》，江苏人民出版社 2006 年版，第 79—90 页。

挽救福利平等的另一个尝试是阿玛蒂亚·森的能力平等理论。森用"可行能力"（capacity）取代"福利"作为要进行平等化的变量，这一概念被定义为人们所能实现的"功能"的集合。① 但是，为了找到可以度量不同的"功能"集合的标尺，弥合"人际相异性"，能力平等理论也很难逃出以收入和财产为指标衡量人们是否平等的福利主义怪圈。

第六节　基于应得的分配理论*

社会分配中的应得原则与人们的道德直觉相一致，是一条历史悠久的分配原则。亚里士多德早在两千多年前就曾讨论过这种分配原则。在《尼各马可伦理学》一书中，亚里士多德将正义理论分为三种：交换的正义、分配的正义和矫正的正义。其中，对于分配的正义，亚里士多德认为，应该分配给每个人符合其"美德"的利益。② 所以，亚里士多德所开启的应得原则也被称为道德应得（moral desert）。当然，在古希腊的语境中，"美德"（virtue）并不直接等同于今天人们所理解的"道德"（morality），更倾向于指人们在某一方面的"卓越"。例如，古希腊人会认为跑得最快的人、唱歌好听的人、骁勇善战的人等，都是拥有美德的人。按照这种理解，亚里士多德的应得理论实际上主张社会分配应给予人们与其"卓越"和"优秀"程度相应的份额。

应得原则要求根据某种应得之基础来分配各种社会益品和资源。例如，根据考试成绩来分配获得优质教育的机会；根据付出的

---

① Amartya Sen, *Inequality Reexamined*, Clarendon Press, Oxford, 1992.
* 对"应得原则"的深入讨论可参见拙作《"应得原则"与社会分配》，《北京大学学报》2019年第2期。
② 参见 Aristotle, *Nicomachean Ethics*, edited by Roger Crisp, Cambridge Press, 2000, p. 87.

劳动量来计算报酬；根据贡献大小来分配奖励；等等。这些分配中的成绩、劳动量、贡献等，就被称为应得的基础。在当代政治哲学的讨论中，学者们提出了三个具有代表性的应得基础：第一，大卫·米勒（David Miller）以及乔纳森·赖利（Jonathan Riley）主张将贡献（contribution）作为应得的基础，应该根据人们对于社会生产所贡献的价值来进行分配。第二，沃伊切赫·萨杜尔斯基（Wojciech Sadurski）和希瑟·米尔恩（Heather Milne）提出将努力（effort）作为应得的基础，应该根据人们在社会合作中所付出的努力来分配社会益品。第三，詹姆斯·迪克（James Dick）和朱利安·拉蒙特（Julian Lamont）主张社会分配应补偿人们在社会合作中的花费，将花费作为应得的基础。

在分配实践中，应得原则以许多"细分原则"的形式主导着人类社会不同领域的分配活动。每个领域内具体的应得原则都是由该领域的资深从业人员，在经验和学识的基础上制定的。例如，在体育竞赛中，以比赛成绩为基础对奖励进行分配，具体的比赛规则和评分标准则由该项竞赛的资深运动员和教练员商议制定。又比如，在高等教育领域，优质的高等教育机会以申请者的考试成绩为基础进行分配。"高考"成为对高等教育资源进行公平分配的核心机制。高考的程序、考题等具体设计在资深教育工作者商议的基础上设定。再比如，某行业的薪酬可能以"劳动量"为基础进行计算，至于如何度量"劳动量"，如何计算，等等，则由该行业的资深工作人员商议决定。由此可见，应得原则以各式各样"细分原则"的形式广泛地应用于社会分配的各领域，奖励和鼓励那些对人类社会各行业的发展目标具有积极推动作用的行为、品质和功绩，以推动人类社会的进步。

值得注意的是，应得原则并非一个可以应用于所有社会益品之分配的分配原则。它在绝大多数情况下应用于人们的学习和工作领域，主要解决的是学习、就业以及晋升等各种机会的获取，以及酬劳和奖励的计算等问题。对于一些基本物质需要的分配以及基本医疗需求的分配则需借助于另一种原则——按需分配原则。例如，对于人人所需的医疗服务，就不存在"应不应得"的问题，而是如何满足基本需求的问题。

应得原则受到的最大的批评来自罗尔斯和德沃金。在罗尔斯和德沃金看来，应得原则使得人们所获得的利益受到许多自己无法控制的因素的影响，例如社会境况和自然禀赋。打个比方，如果人们认为应该按照每个人的劳动量来计算工资，那么那些天生力大无穷的人就必然会得到比别人多的工资。而"天生力气小"这样的弱势，并不应该由个人来负责。由此，罗尔斯和德沃金共同支持一种"反应得"（less desert）理论。用罗尔斯的话来说："没有一个人应得他在自然天赋的分配中所占的优势，正如没有一个人应得他在社会中的最初有利出发点一样。"① 罗尔斯认为，"自然才能"是人类的"集体资产"（collective asset），是人类基因在个别人身上的优越的表现。因此，罗尔斯和德沃金共同主张，人们与生俱来的自然禀赋和社会禀赋都不是人们所应得的。在罗尔斯和德沃金看来，不仅"拼爹""拼妈"的社会竞争是不公平的，即使排除掉社会因素，仅凭智商和天赋的而进行的竞争，也不能算作公平竞争。

然而，"反应得理论"在分配现实中的应用却会导致许多荒谬的结论。例如：在跑步竞赛中，如果我们考察跑得最快的选手的家庭状况，发现这位选手是一个"体二代"。他不仅遗传了父母良好的运动基因，而且还在很小的时候就开始接受专业的跑步训练。那么，这位选手在自然禀赋和社会境况方面所占有的优势地位是否能够成为我们不奖励他的理由？如果我们不把第一名的奖牌发给他，那我们应该把奖牌发给谁？难道应该根据"补偿原则"，将奖牌发

---

① ［美］约翰·罗尔斯：《正义论》，何怀宏、何包钢、廖申白译，中国社会科学出版社1988年版，第104页。

给自然禀赋和社会境况最差的选手吗？如果是那样的话，跑步比赛就完全失去了其自身的意义，以后也不会再有人参与和关注这样的比赛了。由此看来，即使"反应得理论"有一定道理，指出了"应得原则"的弊端，但在社会分配的实践中，仍然要以应得原则奖励各种卓越优秀的表现。

应得原则的公平应用取决于其他一些原则是否得到满足。例如，权利平等原则是否得到满足。再以体育竞赛为例，如果一些人平等参与比赛的权利没有得到保证（例如女性或者少数族群没有获得平等参赛的权利），那么在比赛中即使应用了"应得原则"，这种比赛也是不公平的。再有，按需分配原则是否得到满足，也是影响"应得原则"的应用是否公平的重要原因之一。以"高考"为例，如果一些人对于初等教育的基本需求没有得到满足，一些孩子没有能够接受良好的初等教育，那么"高考"对于这些人来说就是不公平的。"应得原则"对优质高等教育资源的分配是根据高考分数，而一些人是在没有接受良好的初等教育的情况下参加考试的，这使得他们在考试中处于天然的弱势。而这种弱势地位并不是由他们自己造成的。如果参加高考的每个人都接受了品质相当的初等教育，那么"应得原则"的应用就会公平很多。所以说，"应得原则"的应用有可能是不公平的，而这种不公平的根源并不在于"应得原则"本身，而在于社会分配的其他正义原则是否得到适当的满足。

第七节 "需要原则"和充足主义

社会分配的"需要原则"要求通过再分配等手段，平等地满足社会成员的基本需要，这其中包括基本的医疗服务、干净的饮用水和食物、基础教育等。在当今世界的大部分国家中，这些物品和资源都是以很低的价格平等地向所有公民提供的。

哈里·弗兰克（Harry Frank）于1987年发表的文章《作为道德理性的平等》①引发了人们对于"需要原则"的激烈讨论。在这些讨论的推动下，弗兰克等人在"需要原则"的基础上发展出了分配正义的"充足主义"（sufficientarianism）理论，要求将社会中的资源优先用于满足人们的基本需要。

弗兰克认为，满足人们的基本需要是比"平等"更为重要的道德要求。在许多情况下，人们并不是厌恶不平等，而是厌恶那些没能有效地满足人们的基本需要的分配。打个比方，对于"朱门酒肉臭，路有冻死骨"的社会人们会深恶痛绝；但是，对于千万富翁和亿万富翁之间的差别，人们却不会那么在意。弗兰克认为，"需要"向人们提出了一种道德要求：当A"需要"（need）某物，而B"想要"（want）但并不"需要"时，应优先满足A的"需要"。例如：A是残疾人，他出行需要电动代步车；而B是身体健全的人，B虽然也想要这样的电动代步车，但并不是缺了这种车就不能出行了。此时，我们就有充足的理由，将这辆电动代步车分配给A。

"需要原则"最大的困难在于如何确定"需要"。在存在人际相异性的情况下，如何确定哪些需要能向人们提出道德要求？在这个问题上，我将介绍以下四种影响较大的理论。第一，弗兰克认为，具有道德意义的"需要"是那些其缺乏会给人们造成伤害的需要，而这种伤害是人们的自愿行为无法控制的。第二，大卫·维金斯（David Wiggins）认为，从自然法引出的需要可算作"基本的"需要，是关乎人类生存的环境条件。第三，大卫·布雷布鲁克（David Braybrook）从人的"社会功能"的角度发展出一种确定"基本需要"的理论。他认为，人们完成四种社会角色——公民

---

① Frank, H., "Equality as a Moral Ideal", *Social Research*, Vol. 64, 1997, pp. 3 – 15.

（citizen）、父母（parent）、家庭成员（householder）以及工作者（worker）所必需的东西就是"基本需要"。据此，布雷布鲁克列出了"基本需要"的清单：与环境有关的维持生命的需要；维持身体不受损伤所必需的东西（包括食物、水、锻炼以及周期性的休息）；陪伴；教育；社会接受与认同；性活动；娱乐；免于骚乱和持续的恐惧。第四，伦·杜亚儿（Len Doyal）和伊恩·高夫（Ian Gough）主张，需要是人们不受伤害地参与任何形式的（人类）生活的普遍条件。他们将下列物品列为"基本需要"：营养的食物、干净的饮用水、遮风避雨的居所、无害的工作环境、无害的物理环境、适当的保健、童年时期的安全、意义重大的原初关系、人身安全、经济安全、适当的教育、安全的生育控制、生产孩子的安全。总之，虽然不同的学者提出了各种关于"基本需要"的理论，给出了各式各样的"清单"，但在有一点上各方能达成共识，这就是：那些与人类生存息息相关的需要，具有道德意义，能够对社会分配提出规范性的要求。这些需要被称作"基本需要"，是社会分配应该优先满足的。

基于"需要原则"的分配主张被称为充足主义，该分配理论主张尽量多地满足人们的基本需要。在社会分配中，社会资源有可能足够满足所有社会成员的"基本需要"，也有可能不足以满足所有人的基本需要。下面，我将分两种情况讨论充足主义的分配理论。

第一，在社会资源足以满足所有人的"基本需要"的情况下，社会分配是否还应该将人们之间的差距控制在一定范围内？在这个问题上存在着两种不同的观点：一种认为，只要满足了社会中所有成员的基本需要，让所有人都过上了一种体面的生活，那么社会优势群体和弱势群体之间的不平等就是无关紧要的。因为，社会分配的主要目的就是保证所有社会成员过上一种体面的生活。这种充足主义被称为"目标与截止充足主义"（target and cut-off sufficientarianism)。另一种观点则认为，社会分配不仅要保障每个社会成员的体面生活，还要维护社会成员之间的相对平等的社会关系。因此，社会分配在满足了所有社会成员的基本需要之后，仍然要将贫富差距限制在某一范围之内。例如，邓肯·格林（Duncan Green）和里德尔（R. C. Riddell）等人，即主张一种"关系平等主义中的充足主义"（sufficientarianism within relational egalitarianism）。

第二，当资源有限，无法满足所有人的基本需要时，应如何进行社会分配呢？两种不同的充足主义理论在这个问题上存在着分歧。弗兰克主张，以有限的资源满足尽可能多的人口的基本需要。例如，如果人们的基本需要是两个苹果，而此时10个人一共只有16个苹果，那么就应该将这16个苹果分配给8个人，每个人两个，以满足最大人数的基本需要。这样的充足主义被称作最大化充足主义（maximizing sufficientarianism）。在这一思路下，资源将被更多地分配给那些需要之满足接近"门阈值"（threshold）（即"基本需要"的标准）的人。这样就能以有限的资源满足最多的人。最大化充足主义的弊端就在于那些处于社会最底层，其需求之满足距离"门阈值"甚远的社会成员会受到忽视。由此，克里斯普（R. Crisp）提出了"优先充足主义"，主张优先满足那些距离"门阈值"较远的社会成员的基本需要。也就是说，谁的生活越困难，就应优先满足谁的需要，而不是一味地扩大基本需要得到满足的人数。

总之，充足主义分配理论主张优先满足人们的"基本需要"，在社会资源足够满足所有人的基本需要的情况下，对于是否还应该将人们之间的不平等控制在一定范围内，"目标与截止充足主义"与"关系平等主义中的充足主义"之间存在着分歧；当社会资源不足以满足所有人的"基本需要"时，是先满足距离"门阈值"近的社会成员的基本需要，还是先满足最弱势者的基本需要，"最大化充足主义"与"优先充足主义"在这个问题上针锋相对。

第八节　优先主义分配理论

社会分配的优先主义的发展起源于学者们关于"平等"与"优先"的争论。托马斯·内格尔在1979年的《平等》[1] 一文中阐明了平等原则：在社会分配中一些人得到的比其他人少，这本身就是错误的，这种错误甚至超出了人们之间的差别所带来的不良影响。"不平等"之错误的根源在于，一些人并非因自己的原因而受到不公平的区别对待。依据内格尔的说法，"不平等"本身就是错误的。分配正义的平等原则要求对所有社会益品和负担进行平均分配。

1995年，英国学者德里克·帕菲特在《平等还是优先》一文中对平等主义的分配方案发出了质疑。[2] 帕菲特认为，平等主义为了平等而平等，将"平等"本身作为分配的目的。这种"模式化"的分配方案会遭遇"拉平反驳"（levelling down objection）。亦即，某种包含不平等的分配方案有可能有利于所有人，但仅仅因为其不平等而有可能被平等主义者否定掉。也就是说，为了达到绝对的平均，情愿让所有人都受到损失。如本讲第一节中讨论的"严格的平等主义"，这种分配是无效率的社会分配，没有达到帕累托最优。

帕菲特在批评平等主义的基础上，提出了分配正义的优先主义（prioritarianism）原则：在分配的问题上应该优先考虑社会中那些最穷困的人。帕菲特阐述了平等主义与优先主义的区别：平等主义关注优势群体与弱势群体之间的相对差距，而优先主义只关注社会

---

[1] Nagel, T., "Equality", *Moral Questions*, Cambridge: Cambridge University Press, 1979, pp. 106 – 127.

[2] 参见 Derek Parfit, "Equality and Priority", *Ratio* (new serious) X3 December 1997 0034 – 006, pp. 202 – 221。

中弱势群体的绝对水平,并且认为,当一些人的生活水平越低时,给予他们帮助就越重要。在帕菲特、迈克尔·大冢、拉比诺维奇等学者的争论和推动下,基于优先主义的分配理论得到长足发展。

结合上一节的内容,我们看到基于"需要原则"的优先充足主义与基于"优先原则"的优先主义分配方案,都强调要将社会资源优先分配给生活水平绝对值较低的社会成员。这两类分配原则的结果可能是一致的,但是其理由却不同。对于充足主义来说,主导社会分配的理由是"需要",而对于优先主义来说,主导社会分配的理由则是"贫困者优先"。

综上所述,自从 1971 年罗尔斯出版《正义论》一书以来,分配正义的相关问题日益成为西方政治哲学研究的重点。在近五十年来的学术讨论中,学者们对于正义、平等、消除贫困、程序正义……这些社会分配中的热点问题进行了细致的探讨和深入的考察。与此同时,政治哲学作为一种抽象的理论研究,也与社会现实产生了紧密的联系,启发人们对社会现实进行反思,并对现实问题的解决提供理想模型。

阅读与思考

一 阅读

1. [美]约翰·罗尔斯:《正义论》,何怀宏、何包钢、廖申白译,中国社会科学出版社 1988 年版。

2. [美]罗纳德·德沃金:《至上的美德》,冯克利译,江苏人民出版社 2007 年版。

3. [美]罗伯特·诺奇克:《无政府、国家和乌托邦》,姚大志译,中国社会科学出版社 2008 年版。

4. [英]戴维·米勒:《社会正义原则》,应奇译,江苏人民出版社 2008 年版。

5. 葛四友编：《运气均等主义》，江苏人民出版社 2006 年版。

二　思考

1. "不患寡，而患不均"这种说法正确吗？

2. "一部分人先富起来，带动所有人实现共同富裕"这一政策体现了什么样的分配原则？

3. "需要"是否可以成为一种分配理由？

4. 有限的资源应该"优先"分配给社会中的哪些人？

参考文献

一 英文原著

Anderson, Elizabeth S. , "What is the Point of Equality?", *Ethics*, Vol. 109, No. 2, 1999.

Ackerman, Bruce A. , *Social Justice in the Liberal State*, New Haven: Yale University Press, 1980.

Berlin, Isaiah, *Two Concepts of Liberty*, Oxford: Clarendon Press, 1958.

Colin Bird, *An Introduction to Political Philosophy*, Cambridge University Press, 2007.

Dworkin, Ronald, *Taking Rights Seriously*, Harvard University Press, 1977.

Dworkin, Ronald, *Sovereign Virtue: Theory and Practice of Equality*, Harvard University Press, 2002.

Robert E. Goodwin, Philip Pettit (ed.), *Contemporary Political Philosophy*, Blackwell Publishing Ltd., 1997.

Frank, H., "Necessity and Desire", G. Brock (ed.), *Necessary Goods: Our Responsibility to Meet Others' Needs*, Oxford: Rowman and

Littlefield, 1998.

Freeman, Samuel, *Justice and the Social Contract: Essays on Rawlsian Political Philosophy*, Oxford University Press, 2007.

Freeman, Samuel, *A Companion to Contemporary Political Philosophy*, Blackwell Publishing Ltd., 2007.

F. A. Hayek, *The Constitution of Liberty*, University of Chicago Press, 1978.

Hume, David, *A Treatise of Human Nature* [1739], L. A. Selby-Bigge and P. H. Nidditch (eds.), Oxford: Clarendon Press, 1978.

Kymlicka, Will, *Contemporary Political Philosophy*, Oxford University Press, 2001.

Miller, David, *Market, State, and Community*, Oxford: Clarendon Press, 1989.

Miller, David, *Principles of Social Justice*, Harvard University Press, 2001.

Nagel, Thomas, *Equality and Partiality*, Oxford University Press, 1991.

Nozick, Robert, *Anarchy, State, and Utopia*, Basic Books Inc., 1974.

Parfit, D. (1995), "Equality of Priority?" The Lindley Lecture, The University of Kansas.

Phillipe van Parijs, *Real Freedom for All*, Oxford University Press, 1995.

Phillipe van Parijs, *Political Liberalism*, Columbia University Press, 1995.

Raymond Plant, *Modern Political Thought*, Blackwell Publishers, 1991.

Rawls, John, *A Theory of Justice*, The Belknap Press of Harvard University Press, 1971.

John Rawls, *Collected Papers*, ed. by Samuel Freeman, Harvard

University Press, 1999.

Sen, Amartya, *Inequality Reexamined*, Clarendon Press, Oxford, 1992.

Sen, Amartya, *The Idea of Justice*, The Belknap Press of Harvard University Press, 2009.

Sen, Amartya, and Bernard Williams (eds.), 1982, *Utilitarianism and Beyond*, Cambridge: Cambridge University Press.

Leo Strauss, *The City and Men*, Chicago: University of Chicago Press, 1978.

Leo Strauss, *What is Political Philosophy and Other Studies*, The University of Chicago Press, 1988.

Charles, Taylor, "What's Wrong with Negative Liberty", *Liberty*, edited by David Miller, Oxford University Press, 1991.

Vallentyne, Peter, "Brute Luck, Option Luck, and Equality of Initial Opportunities", *Ethics*, Vol. 112, No. 3, 2002.

Vallentyne, P. and H. Steiner (eds.), 2000a, *Left Libertarianism and Its Critics: The Contemporary Debate*, New York: Palgrave Publishers Ltd.

Michael Walzer, *Spheres of Justice*, Basic Books, 1984.

Bernard Williams, *Utilitarianism: For and Against*, with J. J. C. Smart, Cambridge: Cambridge University Press, 1973.

Wolff, Jonathan, *An Introduction to Political Philosophy*, Oxford University Press, 2016.

二 中文译著

［古希腊］修昔底德：《伯罗奔尼撒战争史》，谢德风译，商务印书馆2009年版。

［古希腊］亚里士多德：《尼各马可伦理学》，廖申白译注，商务印

书馆 2009 年版。

[古希腊] 亚里士多德：《政治学》，吴寿彭译，徐大同选编，商务印书馆 2006 年版。

[古希腊] 亚里士多德：《形而上学》，吴寿彭译，商务印书馆 1997 年版。

[古罗马] 波里比阿：《罗马帝国的崛起》，翁嘉声译，社会科学文献出版社 2013 年版。

[古罗马] 爱比克泰德：《爱比克泰德论说集》，王文华译，商务印书馆 2009 年版。

[意大利] 尼科洛·马基雅维利：《君主论》，潘汉典，商务印书馆 1985 年版。

[英] 霍布斯：《利维坦》，黎思复、黎廷弼译，杨昌裕校，商务印书馆 1985 年版。

[英] 约翰·洛克：《政府论》（下篇），叶启芳、翟菊农译，商务印书馆 1964 年版。

[法] 卢梭：《论人类不平等的起源和基础》，李常山译，东林校，商务印书馆 1962 年版。

[法] 卢梭：《社会契约论》，何兆武译，商务印书馆 1982 年版。

[法] 孟德斯鸠：《论法的精神》，张雁深译，商务印书馆 1959 年版。

[英] 边沁：《道德立法原理导论》，时殷弘译，商务印书馆 2009 年版。

[德] 伊曼努尔·康德：《道德形而上学原理》，苗力田译，上海人民出版社 2012 年版。

[英] 大卫·休谟：《人性论》，关文运译，商务印书馆 1980 年版。

[英] 休谟：《道德原则研究》，曾晓平译，商务印书馆 2004 年版。

[法] 邦雅曼·贡斯当：《古代人的自由与现代人的自由》，阎克文、刘满贵译，上海人民出版社 2005 年版。

［美］汉密尔顿、杰伊、麦迪逊：《联邦党人文集》，程逢如、在汉、舒逊译，商务印书馆2009年版。

［英］约翰·密尔：《论自由》，许宝骙译，商务印书馆1959年版。

［英］J. S. 密尔：《代议制政府》，汪瑄译，商务印书馆2009年版。

［英］约翰·斯图亚特·密尔：《功利主义》，徐大建译，商务印书馆2014年版。

［英］亚当·斯密：《国富论》，郭大力、王亚南译，商务印书馆2015年版。

［德］马克斯·韦伯：《伦理之业：马克思·韦伯的两篇哲学演讲》，王容芬译，中央编译出版社2012年版。

［英］以赛亚·伯林：《自由四论》，胡传胜译，译林出版社2003年版。

［英］以赛亚·伯林：《自由及其背叛：人类自由的六个敌人》，赵国新译，译林出版社2005年版。

［英］弗雷德里希·奥古斯特·哈耶克：《自由宪章》，杨玉生、冯兴元、陈茅等译，中国社会科学出版社2012年版。

［德］卡尔·马克思：《资本论》，中共中央马克思恩格斯列宁斯大林著作编译局编译，人民出版社2018年版。

［美］乔万尼·萨托利：《民主新论》，冯克利、阎克文译，上海人民出版社2009年版。

［美］约翰·罗尔斯：《正义论》，何怀宏、何包钢、廖申白译，中国社会科学出版社1988年版。

［美］罗伯特·诺奇克：《无政府、国家和乌托邦》，姚大志译，中国社会科学出版社2008年版。

［美］罗纳德·德沃金：《至上的美德》，冯克利译，江苏人民出版社2007年版。

［印度］阿玛蒂亚·森：《论经济不平等/不平等之再考察》，王利文、于占杰译，社会科学文献出版社2006年版。

[印度] 阿玛蒂亚·森:《以自由看待发展》,任赜、于真译,中国人民大学出版社 2013 年版。

[印度] 阿玛蒂亚·森:《正义的理念》,王磊、李航译,中国人民大学出版社 2012 年版。

[加拿大] 威尔·金里卡:《当代政治哲学》,刘莘译,上海译文出版社 2011 年版。

[美] 迈克尔·沃尔泽:《正义诸领域:为多元主义与平等一辩》,褚松燕译,译林出版社 2009 年版。

[英] 戴维·米勒:《社会正义原则》,应奇译,江苏人民出版社 2008 年版。

三 中文著作

慈继伟:《正义的两面》,生活·读书·新知三联书店 2001 年版。

葛四友编:《运气均等主义》,江苏人民出版社 2006 年版。

葛四友:《正义与运气:自由与平等的统一》,中国社会科学出版社 2007 年版。

葛四友:《分配正义新论:人道与公平》,中国人民大学出版社 2019 年版。

高景柱:《在平等与责任之间——罗纳德·德沃金平等理论批判》,人民出版社 2011 年版。

高宣扬:《当代政治哲学》,人民出版社 2010 年版。

李惠斌、李义天编:《马克思与正义理论》,中国人民大学出版社 2010 年版。

李石:《积极自由的悖论》,商务印书馆 2011 年版。

李石:《平等理论的谱系——西方现代平等理论探析》,中国社会科学出版社 2018 年版。

吕增奎编：《马克思与诺奇克之间：G. A. 柯亨文选》，江苏人民出版社2007年版。

任剑涛：《政治哲学讲演录》，广西师范大学出版社2008年版。

谭安奎：《政治哲学：问题与争论》，中央编译出版社2014年版。

谭安奎：《自然权利的遗产：福利权问题与现代政治秩序》，商务印书馆2018年版。

姚大志：《当代西方政治哲学》，北京大学出版社2011年版。

周保松：《自由人的平等政治》，生活·读书·新知三联书店2010年版。

周穗明：《当代西方政治哲学》，江苏人民出版社2016年版。

后记　当代政治哲学的新进展

20世纪的西方政治哲学，在自由主义关于正义之讨论的基础上，在许多方面都展现出新的动向。其中，女性主义政治哲学、分析马克思主义哲学、社群主义政治哲学以及动物权利论是成果颇丰的几个研究领域。下面，我将具体介绍这几个方向的政治哲学研究成果，以便读者可以对当代政治哲学进行进一步的探索。

一　女性主义政治哲学

"平等"是现代政治思想的核心理念和根本性的政治追求。这一政治目标也体现在女性追求平等的过程中。20世纪60年代，随着第二波女权运动的兴起，西方女性主义政治哲学蓬勃发展。自那时起，与女性有关的各种主题：家庭关系中的两性平等，女性参与社会化工作的机会、报酬、晋升途径，两性在抚养子女中的义务分配，堕胎，家庭暴力，性侵，猥亵儿童，等等，都成为政治哲学的重要议题。同时，各种女性主义学说和观点不断涌现出来，呈现百家争鸣的态势。

众多的女性主义学说大致可以归结为两种立场：第一，主张改良现有的婚姻制度、工资制度、就业制度等各种社会制度，以消除对女性的歧视并实现男女平等。第二，主张彻底推翻现有制度

（例如：婚姻制度），以根除女性被支配的地位，从根本上实现女性的平等。前者是较为温和的女性主义，而后者则是激进的女性主义。

较为温和的女性主义立场可以归结为美国学者凯瑟琳·麦金伦（Catherine MacKinnon）所说的"差异论"。这一理论的根本观点是：无法从性别差异中找到根据的差别对待都是性别歧视，都应该被根除。例如，人们因性别差异而要分别使用不同的厕所（男厕所、女厕所），这种区别对待并不是性别歧视。但是，如果一个大学教师的职位只接收男性而拒绝女性，这就是明显的性别歧视。因为，大学教师的职位与性别并没有直接的关系，这种招聘时的区别对待并不能从两性的生理差异中找到任何根据。较为温和的女性主义立场主张根除所有与性别差异无关的性别歧视。

然而，女权运动的推动者很快就发现，"差异论"版本的男女平等是远远不够的，不足以实现男女之间实质性的平等。其根本原因在于，现行的许多制度就是在以男性作为潜在人选的前提下制定的。威尔·金里卡在《当代政治哲学》一书中举例讨论了这一问题[1]：消防员的招聘广告中要求应聘者的身高达到某一标准，而大多数女性的身高都达不到相应的要求。像这样的招聘制度表面上并没有限制女性应聘的机会，但实质上却将女性排除在外。究其原因，招聘消防员的广告为什么会对应聘者的身高有限制，是因为相应的消防设备要求消防员有特定的身高，而这些设备实际上是依据普通男性的身高来设计的。由此看来，男性与女性的不平等已经深刻地渗透到社会生活的每一个细节之中。其根本原因不在于制度化的性别歧视，而在于男性在社会生活中的支配地位。这种支配地位体现为绝大部分制度都由男性设计，而且仅为男性而设计。

---

[1] 参见［加拿大］威尔·金里卡《当代政治哲学》，刘莘译，上海译文出版社2011年版，第394页。

正是考虑到男性在权力关系中对于女性的支配地位，激进的女性主义者认为，消除性别歧视的根本途径不仅仅在于消除与性别差异无关的性别歧视，更重要的是要取得"权力"，打破男性对权力的垄断，并进一步根除男性在社会关系和家庭生活中的支配地位。这种立场被称为女性主义的"支配论"。凯瑟琳·麦金伦（Catherine MacKinnon）、苏珊·奥金（Susan Okin）、玛莎·纳斯鲍姆（Martha Nussbaum）等女性学者都对"差异论"和"支配论"相关问题进行了深入讨论。

女性主义政治哲学的另外一个重要议题是对"公共领域"和"私人领域"的划分。在传统的自由主义政治哲学中，"家庭"被当作私人领域，是一个不应该被公权力过多干涉的领域。然而，这种"非干涉"的自由主义立场，却为女性在家庭关系中的不平等地位埋下了伏笔。激进的女性主义者认为，当人们将"家庭"当作私人领域时，在"隐私权"等个人自由的名义之下，女性很容易成为不受法律保护的角色。"家庭"被当作私人领域，为男性在家庭中的支配地位创造了机会。在家庭中，缺乏公权力的监督，强者为王，男性凭借其强力而支配女性。致使家庭暴力、婚内强奸等等侵害女性权益的事件得不到有效的遏制。因此，女性主义者认为，将"家庭"归为私人领域是不恰当的，这实际上是纵容了家庭生活中不正义的两性关系。关于私人领域与两性关系的讨论，可进一步参考鲁思·加维森（Ruth Gavison）、琼·兰德斯（Joan Landes）、阿妮塔·艾伦（Anita Allen）等学者的相关研究。

二　分析马克思主义哲学

以分析哲学的方法研究马克思主义哲学，是当代政治哲学研究的一个重要进展。以 1978 年 G. A. 科恩的《卡尔·马克思的历史理论：一种辩护》和 J. 埃尔斯特的《逻辑和社会》两本书的出版为标志，西方的一些学者开始尝试以分析哲学的方法解释和重构马克思主义哲学中的重要命题和概念。所谓分析哲学的方法，指的是：澄清概念，以逻辑推理的方式厘清论证，去除那些不可靠的推理和不合理的结论，尝试提供更为可靠的论证，等等。同时，分析马克思主义的讨论还应用自由、平等、公平、权利等概念对马克思思想进行分析和阐释。这在客观上使得马克思主义学说与自由主义正义学说之间有了对话的可能。

从 1979 年 9 月开始，这些以分析哲学方法研究马克思主义哲学的学者每年 9 月都会聚在一起开一次分析马克思主义的学术会议。所以，这些学者也被称为"九月小组"。这批学者包括 G. A. 科恩（G. A. Cohen）、约翰·罗默（John Romer）、范·帕里斯（Philippe Van Parijs）、普舍沃斯基（Adam Przeworski）、赖特（Eric Olin Wright）等等。

分析马克思主义学派的讨论涉及马克思主义哲学的许多重要问题，其中最重要的主题有正义和剥削。对于马克思主义哲学中是否有正义问题，学者们存在极大的争议。一些研究者认为，在马克思的哲学中，正义并非如罗尔斯所说，是社会制度的首要价值。实际上，真正优良的政治共同体是超越正义的。尤其是在物质极大丰富的条件下，人们之间的利益会自动地协调一致，并不需要以"权利"概念为基础的正义调节人们之间的利益分配。持这一观点的学者有艾伦·伍德（Allen W. Wood）、罗伯特·塔克（Robert C. Tucker）、艾伦·布坎南（Allen Buchannan）等等。然而，另一派学者却认为，马克思主义哲学中包含着以"权利"为基础的正义理论。而且，马克思还根据正义原则，谴责资本主义的生产方式。持这一观点的学者有科恩、诺曼·杰拉斯（Norman Geras）等等。

剥削是马克思批评资本主义生产方式最重要的理由。分析马克思主义学派对剥削的本质进行了鞭辟入里的分析。科恩认为，马克

· 271 ·

思所谓的剥削不可能仅仅是"资本家从工人的劳动中榨取的价值超过了对工人劳动力的报酬"。因为，劳动虽然创造了价值，但是，具体多少劳动创造了多少价值，是随着市场价格而变动的，很难进行量化。进而，一些学者将"剥削"归结为"工人被迫为资本家工作"。然而，工人是"被迫"还是"自愿"签订劳动合同，是一个主观心理判断，也很难有客观的判断标准。同时，学者们也反对将"剥削"定义为"对剩余劳动的强迫转移"，因为一些"强迫转移"有可能是正当的。例如，对高收入者收取一定的个人所得税，以建立覆盖所有公民的医疗保健系统。最终，罗默认为，剥削之所以是违背人们道德直觉的，其根本原因在于一些人因其"对生产资料的不平等占有"，而使别人的境况变差。因此，罗默认为，剥削根源于人们对生产资料的不平等占有。这种生产资料的不平等分配改变了人们之间的平等关系，使得一些人可以欺压另一些人。正是在这个意义上，剥削是一种恶。[①]

分析马克思主义学派的研究对中国学者产生了很大的影响。中国学者从20世纪80年代中期开始关注这派学者的研究成果。例如，余文烈出版了《分析学派的马克思主义》一书，系统介绍分析马克思主义学派的研究方法、理论、观点等等。另外，段忠桥、何增科、李佃来等学者也都对分析马克思主义学派的理论进行了论述和分析。

三 社群主义政治哲学

西方当代政治哲学的主流是以罗尔斯、诺奇克、德沃金等学者为代表的自由主义学说。这些学者内部虽然也存在诸多分歧，但他

---

① 参见 John Roemer, *Free to Lose: An Introduction to Marxist Economic Philosophy*, Harvard University Press, Cambridge, Mass, 1988, p. 130。

们都共同地赋予个人自由以优先性，主张在维护个人权利的前提下，考虑公平、效率等其他政治标准。然而，有一派学者却从根本上反对这种个人主义的政治哲学径路，这一派学者认为维系政治共同体的根本价值不是个人自由，而是共同善（common good）[①]，他们将"自我"理解为"嵌入"在社会关系中的个人，这些学者被称为社群主义者。当代著名的社群主义者有：迈克尔·桑德尔（Michael Sandal）、查尔斯·泰勒（Charles Taylor）、麦金泰尔（Alasdair Chalmers MacIntyre）、丹尼尔·贝尔（Daniel Bell）、迈克尔·沃尔泽（Michael Walzer）等等。

在罗尔斯出版了当代政治哲学的巨著《正义论》之后，"正义"成为自由主义政治哲学的核心理念。然而，社群主义者却反对自由主义者讨论正义的方式，反对将正义作为一种抽象的、批判社会制度的价值标准。在社群主义者看来，所谓"正义"，不过是在某一社会历史阶段、某一文化背景下的某一政治共同体的成员达成共识的某种价值标准。换句话说，"正义"并不具有普世价值，其基础是特定人群的"共识"。因此，将"正义"从某个特定的社群中抽象出来讨论是不恰当的。持这一观点的社群主义者有桑德尔、沃尔泽、贝尔等等。

社群主义与自由主义的另一个巨大分歧在于对"自由"的理解。"自由"是自由主义的核心概念。对于古典自由主义来说，"自由"之所以具有价值，是因为"自由"与环境的多样性是个人自我发展所必需的。个人只有在不断的"选择"与"反思"之中才能建立自己的价值观念，才能按照自己的意志，主导自己的人生。因此，对于自由主义者来说，"自由"本身就具有价值，是人

[①] 一些学者也将"common good"翻译成"共同利益"，关于"good"的翻译，详见刘莘《关于"good"的翻译的哲学解释》，《当代政治哲学》，上海译文出版社 2011 年版，第 444—451 页。

们实现"自主性"的必要条件。然而，社群主义者却认为，自主的人生并不一定都是有意义的人生。有一些所谓的自由是"琐碎的"，例如吸烟的自由；而有一些自由则是"有害的"，例如毒品交易的自由。因此，政治共同体应该基于"共同善"，引导人们去做那些有价值、有意义的事情，而不是任由人们无目的地自由发展。

源于对"个人自由"的不同理解，社群主义者对自由主义者所倡导的"中立国家"也多有批评。自由主义者认为，为了给个人发展营造宽松自由的环境，国家和政府不应该借助政治权力倡导某种特定的价值观念，而应该在所有价值观念之间保持中立。任何举国家之力灌输某种意识形态的行为都是不正当的，而且国家也不能对各种价值观念进行高低不等的排序。然而，在社群主义者看来，"中立国家"的构想是荒谬的，人们的"共同生活"就是对不同生活方式以及价值观念进行排序的基础。国家应该倡导那些符合"共同善"的生活方式。对最根本的价值问题保持沉默的"中立国家"，既不可欲也不可能实现。查尔斯·泰勒、桑德尔以及麦金泰尔都对上述问题进行了深入讨论。

四　动物权利论

20世纪以来，地球环境不断恶化，许多物种濒临灭绝。严峻的生态危机引发了人们对于与动物相关的政治伦理问题的反思。正是在这样的背景下，"动物权利论"应运而生。皮特·辛格（Peter Singer）、汤姆·雷根（Tom Regan）、詹姆斯·里查尔斯（James Rachels）、玛丽·沃伦（Mary Anne Warren）、加里·弗兰西恩（Gary L. Francione）等学者都对"动物权利"相关问题进行了深入的讨论。

"动物权利"的概念最早出现在英国学者亨利·赛尔特

（Henry Salt）1892年撰写的《动物权利：让社会进步的关系》一书中。赛尔特认为，"权利"概念应从人扩展到动物，甚至应制定相关制度，并通过教育和立法防止人们对动物进行伤害。赛尔特还对动物应该拥有哪些具体权利进行了规定。在他看来，动物应该拥有自然生命权、有限的自由权、免遭不必要的痛苦的权利、免受奴役的权利、被善待的权利等等。

在当代政治哲学的讨论中，对动物应该拥有"权利"的论证有两种路径，一种是基于康德的道德学说，一种是基于边沁所代表的功利主义学说。汤姆·雷根对"动物权利"的论证基于康德所阐述的人的平等价值。雷根认为，动物也是生命主体，其生命也具有天赋价值。因此，动物也要求被平等地对待和尊重。皮特·辛格是当代支持动物权利论的重要思想家，他撰写了《动物解放》一书，并且认为应该将平等原则推广至动物。辛格的理论支点在于功利主义思想。辛格同意边沁的观点，认为动物与人类似，拥有感受快乐和痛苦的能力，而这种能力正是功利主义者推导出"权利"的理论基础。

当然，也有许多学者反对"动物权利"论，认为"权利"概念只适用于人类。这些学者给出的理由有：第一，动物没有道德情感，无法体验内疚、悔恨、羞愧等与道德行为相关的情感。因此，动物的世界是非道德的世界，不能为"权利"奠定基础。第二，"权利"是与"义务"相对应的，如果说动物也拥有"权利"的话，那么动物就应该负有相应的义务。然而，这对于动物来说是不可能的。第三，权利与利益不同，人类应关心动物的利益，应关心动物的痛苦和快乐，但这并不能成为动物拥有"权利"的理由。甚至，对动物的尊重，也不能推导出动物拥有权利的结论。反对"动物权利"论的学者有卡尔·柯亨（Carl Cohen）、罗杰·斯克鲁顿（Roger Scruton）、杜安·维拉德（Duane Willard）等等。

上述即是当代政治哲学研究的一些重要进展。当然，除此之外，当代政治哲学研究还涉及更广的领域和更多的议题，例如国际关系领域的全球正义、同性恋权利、身份认同等等。

总之，政治哲学研究并不是一项关在书斋里自娱自乐的语言游戏，而是一门关注人类社会的各种政治议题，以抽象推理和思想实验的方法，解剖各种社会病症，以期推进政治改良的学问。做政治哲学研究，要像跳芭蕾舞那样，一方面极尽思维之能事，在抽象的空间中画出精美而复杂的图案；另一方面却必须脚尖着地，立足于政治现实的土壤。世界上不存在纯粹理论的研究，即使有这样的研究，也只能是没有价值的臆想。只有立足于现实，不断地反思现实，追问现实，才可能创作出真正精致而深刻的理论作品。